高等院校化学实验新体系系列教材

化学实验教学论

刘一兵　沈　戮　主编

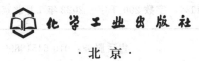

·北京·

本书是"高等院校化学实验新体系系列教材"之一,也是高校化学专业师范生必须要学习的一门重要课程。本书是为培养师范生实验教学能力、实验技能综合训练及实验研究能力而编写的。全书主要包括化学实验教学原理、化学实验设计及其教学、微型化学实验研究和传感技术在化学教学中的应用等。教材具有系统性、探究性、创新性和定量化的一些特点。其中,成套微型化学实验研究的汇集,是本书编写者最新的原创性研究成果,已获三项国家专利,在国内处于领先水平,对于中学化学课程资源的开发具有重要价值。

本书不仅可作为高等师范院校化学专业化学实验教学论课程的教材,也可作为化学课程与教学论硕士生、化学教育硕士生及在职中学化学教师的实验设计、实验教学与研究课程的教学参考书。

图书在版编目（CIP）数据

化学实验教学论/刘一兵,沈戮主编. —北京:化学工业出版社,2013.1（2022.1重印）
高等院校化学实验新体系系列教材
ISBN 978-7-122-15997-7

Ⅰ.①化… Ⅱ.①刘…②沈… Ⅲ.①中学化学课-化学实验-教学研究-师范大学-教材 Ⅳ.①G633.82

中国版本图书馆 CIP 数据核字（2012）第 295524 号

责任编辑：杜进祥	文字编辑：向　东
责任校对：蒋　宇	装帧设计：韩　飞

出版发行：化学工业出版社（北京市东城区青年湖南街 13 号　邮政编码 100011）
印　　装：北京七彩京通数码快印有限公司
787mm×1092mm　1/16　印张 11¼　字数 290 千字　2022 年 1 月北京第 1 版第 4 次印刷

购书咨询：010-64518888　　　　　　售后服务：010-64518899
网　　址：http://www.cip.com.cn
凡购买本书,如有缺损质量问题,本社销售中心负责调换。

定　　价：36.00 元　　　　　　　　　　　　　　　　　　　　版权所有　违者必究

前　言

　　早在20世纪90年代，刘知新先生在《化学教学论》前言中建议各师范院校开设"化学教学论"课程，同时开设"化学实验教学研究"课程。时至今日，"化学实验教学论"学科经历理论研究和教学实践的探索，正处于充实和发展时期。该课程是普通高等师范院校的化学教师教育类必修课程之一，对于职前化学教师的实验教学、实验研究的培养，对于其教师专业化发展具有不可替代的作用。

　　关于化学实验教学论，我们有四点基本认识：一是化学实验教学蕴含着丰富的教学理论和基本规律，有其坚实的理论基础；二是科学探究已成为化学实验教学研究的核心；三是化学实验教学中的微型实验日益引起重视；四是化学实验从定性到定量发展的趋势比较明显。

　　基于上述认识，参考国内各师范院校编写的有关化学实验教学的教材，我们编写的《化学实验教学论》教材具有以下几方面的特征。

　　1. 实验教学理论的系统性。教材的第一章明确了"化学实验教学论"学科的研究对象和方法，梳理了该学科发展历程。第二章按照美国泰勒的课程与教学原理，系统地构建了化学实验教学目标、化学实验教学内容、化学实验教学模式和化学实验教学评价的基本框架。它有利于学习者从整体上把握化学实验教学理论及其应用。

　　2. 实验教学及实验设计的探究性。教材的第三章选编了化学演示实验教学与实验设计。演示实验教学的编写通过学习者自行进行"实验方案的设计"和"实验教学方案的设计"，从而完成实验学习任务。学习者既是探究者，又是讲授者。第四章介绍了化学探究性实验的设计。所选的探究性实验突出了问题、实验设计、探究、验证、问题解决等过程。上述编写有利于训练和培养师范生实验探究技能、实验创新能力，从而转化为组织和指导中学生进行以实验为主的探究学习活动。

　　3. 实验的创新性。实验的创新性集中体现于教材的第五章，即微型化学实验教学研究。该研究荟萃了本书的编写者之一——湛江师范学院沈戮副教授的研究成果，涵盖初、高中课程的主要微型化学实验，实验设计新颖、美观和精巧，效果明显，为中学微型化学课程资源的开发和利用，提供了范例，也可为师范生如何开展实验创新，展现了一条重要途径。

　　4. 实验的现代化和定量化。本书第六章是基于传感技术的化学定量实验，按照中学化学课程的不同内容，将传感技术引入化学实验，使信息技术与化学课程进行了有效的整合，对中学化学实验教学的定量化进行了探索。

　　本书各章编写分工：刘一兵编写第一章、第二章、第四章及第三章的实验一、实验八～实验十八，沈戮编写第五章，席艳丽编写第六章，骆进保编写第三章的实验二～实验七。全书由刘一兵统稿。

　　本书的出版，得力于教育部第六批高等学校国家级特色专业建设的资助及化学工业出版社的大力支持，在此特致以诚挚的感谢！

　　由于编者学识与水平所限，书中肯定存在疏漏、偏颇之处，诚望读者批评和指正。

编　者
2012年10月

目 录

第一章 绪论 … 1
第一节 "化学实验教学论"学科的研究对象 … 1
第二节 "化学实验教学论"学科研究的基本方法 … 1
一、化学实验问题的确立 … 2
二、化学实验设计的基本方法 … 3
第三节 "化学实验教学论"学科发展历程、特征及设课目的 … 5
一、"化学实验教学论"学科发展历程 … 5
二、"化学实验教学论"学科特征 … 7
三、"化学实验教学论"设课目的 … 7

第二章 化学实验教学的基本原理 … 9
第一节 化学实验教学目标 … 9
一、化学实验教学目标的分类 … 9
二、化学实验教学目标的确定 … 11
第二节 化学实验教学内容 … 13
一、化学实验课程内容、教材实验内容和实验教学内容概念辨析 … 13
二、化学实验教学内容的选择与处理 … 15
第三节 化学实验教学模式 … 17
一、化学实验教学模式的构成要素 … 17
二、化学实验教学模式的形成 … 18
三、化学探究性实验教学模式及教学策略 … 19
第四节 化学实验教学评价 … 22
一、化学实验教学评价的内容与指标 … 22
二、化学实验活动表现评价的方法 … 24

第三章 化学演示实验教学与实验设计 … 27
第一节 化学演示实验教学 … 27
实验一 常用化学仪器的规范操作技能训练 … 27
实验二 氧气的制取和性质 … 32
实验三 氢气的制取和性质 … 36
实验四 氯气的制取和性质 … 40
实验五 二氧化硫的制取和性质 … 43
实验六 胶体的制备和性质 … 46
实验七 甲烷的制取和性质 … 49
实验八 乙醛的氧化反应 … 52
实验九 过氧化氢的催化分解 … 56
第二节 常见化学实验设计 … 60
实验十 硝酸钾溶解度的测定 … 60

  实验十一 阿伏伽德罗常数的测定——单分子膜法 ……………………… 62
  实验十二 钠及其化合物的性质 ……………………………………………… 64
  实验十三 铝及其化合物的性质 ……………………………………………… 67
  实验十四 氨的制备及性质实验 ……………………………………………… 69
  实验十五 电解质溶液 ………………………………………………………… 71
  实验十六 乙酸乙酯的合成及乙酸丁酯的水解 …………………………… 74
  实验十七 石油的催化裂化 …………………………………………………… 76
  实验十八 水果电池的设计 …………………………………………………… 78

第四章 化学探究性实验的设计 …………………………………………………… 80
第一节 化学探究性实验中变量的控制 ……………………………………… 80
  一、化学探究性实验中变量控制的基本模式 ………………………………… 80
  二、基于化学探究性实验中变量控制的问题解决 …………………………… 82
第二节 化学探究性实验条件的优化——正交实验法 ……………………… 83
  一、正交实验设计的基本概念 ………………………………………………… 83
  二、正交实验设计的基本步骤及实验安排 …………………………………… 84
  三、正交实验结果的直观分析 ………………………………………………… 86
第三节 化学探究性实验的研究案例 ……………………………………… 86
  实验一 不同价态硫元素间的转化 …………………………………………… 86
  实验二 氢氧化亚铁制备实验的探究 ………………………………………… 88
  实验三 蓝瓶子实验最佳反应条件的探究 ……………………………………… 90
  实验四 纤维素水解制备葡萄糖的最佳实验条件探究 ……………………… 94
  实验五 碳酸钠、碳酸氢钠固体与盐酸反应过程热效应的实验探究 …… 97
  实验六 H_2O_2 使含酚酞的氢氧化钠溶液红色褪去的原因探究 ………… 99

第五章 微型化学实验教学研究 ……………………………………………… 102
第一节 微型化学实验仪器及其教学 ……………………………………… 102
  一、配套微型实验仪器 ………………………………………………………… 102
  二、仪器组装与使用 …………………………………………………………… 102
  三、微型化学实验课堂教学简介 ……………………………………………… 107
第二节 化学典型教学微型实验研究 ……………………………………… 107
  实验一 氧气的制备及性质微型实验 ………………………………………… 107
  实验二 氢气的制备及性质微型实验 ………………………………………… 110
  实验三 空气中氧气含量测定的微型实验 …………………………………… 112
  实验四 二氧化碳的制备及性质微型实验 …………………………………… 113
  实验五 碳跟氧化铜反应的微型实验 ………………………………………… 116
  实验六 一氧化碳的制备及性质微型实验 …………………………………… 117
  实验七 灭火的原理和方法微型实验 ………………………………………… 119
  实验八 可燃性粉尘爆炸的微型实验 ………………………………………… 120
  实验九 钠与水反应的微型实验 …………………………………………… 121
  实验十 铁与水蒸气反应的微型实验 ………………………………………… 123
  实验十一 碳酸钠和碳酸氢钠热稳定性比较的微型实验 ………………… 124
  实验十二 氯气的制备及性质微型实验 …………………………………… 125
  实验十三 二氧化硫的制备及性质微型实验 …………………………… 127

实验十四	浓硝酸、稀硝酸跟铜反应微型实验	131
实验十五	电解食盐水的微型实验	132
实验十六	喷泉微型实验	135
实验十七	乙烯的制备及性质微型实验	138
实验十八	乙炔的制备及性质微型实验	139
实验十九	乙酸乙酯的制备和水解微型实验	141

第六章 传感技术在化学实验中的应用 …… **144**

第一节 传感技术实验操作指南 …… 144
- 一、传感器 …… 144
- 二、数据采集器 …… 145
- 三、实验数据处理程序 …… 146
- 四、注意事项 …… 147

第二节 利用传感技术感受物质变化中的能量转换 …… 147
- 实验一 锌粉与硫酸铜溶液反应 …… 147
- 实验二 碳酸氢钠与柠檬酸反应热效应的研究 …… 148

第三节 传感技术在化学平衡中的应用 …… 150
- 实验三 反应条件对化学平衡的影响 …… 150
- 实验四 化学反应平衡常数的测定 …… 152
- 实验五 浓度、催化剂对双氧水分解速率的影响 …… 155
- 实验六 氢氧化钠溶液的浓度对酯的水解反应速率的影响 …… 156
- 实验七 镁与盐酸反应速率的测定 …… 158

第四节 利用传感技术研究溶液的导电性和酸碱性 …… 160
- 实验八 测定溶液的导电性 …… 160
- 实验九 温度、浓度、盐等对冰醋酸电离度的影响 …… 161
- 实验十 绘制酸碱中和滴定曲线 …… 163
- 实验十一 酸碱指示剂及自制指示剂变色范围的测定 …… 164

第五节 利用传感技术研究离子反应的实质 …… 166
- 实验十二 稀硫酸与氢氧化钡在水溶液中的反应 …… 166

第六节 传感技术与探究性实验 …… 167
- 实验十三 酒精灯火焰温度的测定 …… 167
- 实验十四 探究简易化学电池 …… 169

参考文献 …… **172**

第一章 绪 论

"化学实验教学论"作为高等师范院校教师教育的学科之一，是师范生走上中学化学教学岗位之前的一门实验技能综合训练和实验教学能力培养的必修课。它在提高学生从教技能、技巧和综合教学能力，实现培养目标方面具有独特的作用。作为一门学科，首先，要明确研究什么，这就需要建立学科研究对象范畴；其次，要明确用什么方法去研究，这就需要有学科方法范畴；再次，要了解该门学科的发展历程及课程目的。

第一节 "化学实验教学论"学科的研究对象

任何一门学科都有自己特定的研究对象和所要探索的领域，正如王策三教授（1985）所言："对于一门学科来说，生死攸关的一个问题就是明确自己的研究对象和任务。"那么，化学实验教学作为一门独立学科，它的研究对象是什么呢？目前，人们的看法并不一致。

有种观点认为，化学实验教学研究的对象是中学化学实验教学，包括化学实验研究和化学实验教学研究。另有种观点认为，化学实验教学主要通过研究中等学校化学实验和化学实验教学的原理、过程、内容和方法，使师范生掌握它们的基础知识和基本技能。我们认为，前者观点没有区分研究内容和研究对象之分，后者观点体现实验教学的基本任务，没有反映矛盾的特殊性。

"化学实验教学论"在其研究对象的确定过程中应确立问题意识，即以化学实验教学实践中的问题为对象，并通过问题的研究，抽象、概括而揭示出化学实验教学的本质和规律。因此，我们提出："化学实验教学论"的研究对象，就是研究化学实验教学实践中的一般问题，揭示实验教学过程、本质、规律及其具体运用。

从"化学实验教学论"研究的对象和基础教育化学实验教学实践，可以概括化学实验教学研究的基本任务为：①在总结化学实验教学实践的基础上，研究探讨化学实验教学基本理论和基本规律问题，包括化学实验教学目标、功能、分类、内容、模式、策略、评价等。②系统总结和发掘前人化学实验研究成果，总结中学化学实验研究的一般规律，并且探索新的化学实验技术和方法，设计方法科学、构思巧妙，有利于实验教学的新方案；③研究运用现代教学论，如何利用实验教学促进学生思维能力、元学习能力，让学生学会如何学习。

第二节 "化学实验教学论"学科研究的基本方法

"化学实验教学论"学科的研究方法与该学科的研究对象有关，由于"化学实验教学论"是一门以化学实验为载体的交叉科学，因此，化学实验教学研究必须综合运用各种方法才能真正取得突破性成果，从而建立起一个比较完整、合理的体系。我们认为，从宏观上看，

"化学实验教学论"研究方法包括两个层面,其一,化学实验研究方法;其二,化学实验教学研究方法。化学实验教学研究方法以一般教育科研方法为指导,可参考有关教育科学研究方法的专著。鉴于化学实验教学的实践品格,化学实验教学研究方法要突出课堂观察研究法、课堂"深描"解释法、实验教学案例法、实验教学行动研究法等。

化学实验研究方法可以划分为概括性和通用性程度不同的若干层次,例如,适用于一切科学的最普遍方法,适用于各门自然科学的一般研究方法,只适用于化学实验研究的特殊方法。由于实验研究方法的多样性,以下仅介绍如何确立化学实验问题以及化学实验设计的基本方法和策略。

一、化学实验问题的确立

化学实验问题的寻找是一个化学实验思维的过程。化学实验思维是指在化学实验问题发现和解决过程中,具备一定化学知识和理论的实验者对实验要素如实验手段、实验对象及其之间关系的反映。它包括物质的性质、反应机理或反应原理、实验条件、实验装置、实验现象、实验数据、实验结果等的本质属性、内部规律以及要素之间相互关系的间接的、概括的、能动的反映。这种反映集中体现为明确所研究的实验问题,收集和应用已有知识和信息,设计合理、有效的实验方案,实施实验并监控实验过程,解释实验现象,得出实验结论并对结论进行分析的思维行为。有的研究者将化学实验思维的内容表征为如图1-1所示,为寻找化学实验问题提供了依据。

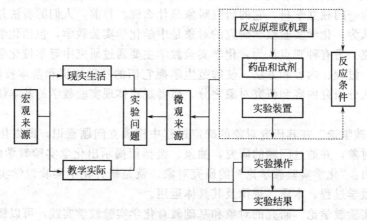

图1-1 化学实验思维的内容表征

化学实验问题是化学实验主体在某个给定的化学实验中的当前状态与所要达到的目标状态之间存在的差距。"当前状态"是指实验主体目前已知的知识或理论;"目标状态"是指实验主体目前未知但准备去探索的新知识或新理论。因此,化学实验问题是已知与未知之间的桥梁和纽带。此处的化学实验主要是指课程与教学中的实验,而不是科研中的实验。确立化学实验问题可以结合化学课程与教学,从上述图1-1中各个要素及相互关系的矛盾中探寻。我们认为实验问题的研究价值不仅在于实验选题是否新颖,更重要的是在实际教学中能否充分发挥实验的价值,以达到启迪学生的科学思维、培养学生能力的目的,以下提出的实验问题值得教师研究:

① 基于化学抽象知识学习的新实验的研究;
② 常规实验反应条件改进的研究;
③ 常规实验微型化的研究;
④ 化学实验"异常"现象的研究;

⑤ 化学实验的创新设计；
⑥ 基于实验设计方法寻求的研究；
⑦ 从社会生活中寻找与化学知识有关的实验研究；
⑧ 趣味化学实验研究。

二、化学实验设计的基本方法

化学实验设计是指实验者在实施化学实验之前，根据一定化学实验目的和要求，运用有关的化学知识和技能，对实验的仪器、装置、步骤和方法在头脑中所进行的一种规划。广大化学教师对化学实验设计进行了许多探索，取得了丰富的设计方法、技巧和经验。

1. 目标优化的方法

在构思、设计实验前，通常先要把教学需求译解为研究目标。化学实验可以满足多方面的要求，但是，对实验的教学需求常常只突出某些方面。例如，要求配合某一内容的教学，而对其他方面没有明确地、强烈地提出要求。因此，研究者对实验技术研究的目标要进行筛选和优化，可以采用如下方法。

（1）优点综合法　优点综合法是指在设计或者改进实验之前，先进行创造性想象，对要开发的实验提出各种希望。此时，研究者可以通过思考"如果这个实验……该多好！"来一一列出优点，然后从化学科学原理和实验技术基础方面判断这些优点实现的可能性，把有可能实现的实验综合起来，设定为技术目标域。它的一般步骤为：①定课题；②列出希望点；③制订具体实施方案。例如，在"黑面包实验"（即浓硫酸与蔗糖的混合实验）中，我们希望进一步检验反应的产物，并且保护环境，沿着这一目标，可以设计出利用多孔井穴板串联检验的微型实验。

（2）缺点排除法　缺点排除法是指在改进某实验前，先去努力寻找原方案的缺点，思考"还有什么缺点需要克服？"然后按轻重缓急顺序一一列出需要排除的缺点，在此基础上设定实验的技术目标。它的一般步骤为：①选定化学实验（可以是整体，也可以是局部）；②确定与该实验有关的信息种类，如材料、功能、结构等；③根据确定的信息一一列出缺点；④针对缺点（可以是全部，也可以是其中的一个或几个）研究改进方案。例如，多年来，已经有不少人对$Fe(OH)_2$制备实验进行了改进，主要有两种方法：其一，使用苯、煤油、石蜡油等有机溶剂液封从而隔绝氧气；其二，使用Fe与H_2SO_4反应生成的H_2作为保护气，在还原性气氛下反应。这两种方法确实可行，但也存在一些不足：前者，有机溶剂易挥发，气味较大或有毒，对环境不友好；后者，由于Fe与H_2SO_4反应往往使用过量Fe粉，当H_2气体压Fe^{2+}溶液进入NaOH溶液时，过量的Fe粉容易随溶液转移，对实验现象产生干扰。为了克服这些缺点，我们又可以进行该实验的创新设计。

2. 构思、设计的技巧和方法

（1）"物化"技法　这里的"物化"是指将有关的化学概念、定律或原理（尤其是抽象的概念或原理等）借助实验手段直接复原为实验这种具体的物质形态的一种思路。"物化"实验就是运用该思路将化学知识"物化"所设计的实验。例如，取10mL 0.1mol/L醋酸溶液，使用pH试纸测定溶液的pH。向其中加入少许固体醋酸钠，待完全溶解后，再测定溶液的pH，发现pH增大。为什么加入醋酸钠后醋酸溶液的pH会增大？可以有2种假设。假设①：醋酸钠溶液呈碱性，中和醋酸电离出来的H^+，使溶液$c(H^+)$降低；假设②：加入固体醋酸钠后，溶液中CH_3COO^-浓度增加，使醋酸电离平衡向左移动，$c(H^+)$降低。为此，可以设计实验方案：在0.1mol/L醋酸溶液中加入少量醋酸铵固体，测定混合溶液的pH。实验结果是溶液pH增大。实验结论：醋酸铵溶液呈中性（因醋酸和一水合氨的电离常数接近,故醋酸铵水解结果呈中性),却同样使醋酸溶液的 pH 增大,说明假设①错误,假设②正确。该实验给我们的启示是:教学中可选择一些抽象的理论作为实验研究的对象,以验证实验或探究实验形式将这些理论"物化"后,生动地展示在学生面前,以深化学生对该知识的认知。

(2) 组合技法　组合技法是把一些相关的化学实验按照某种关联因素或特征进行新的组合,构成新的实验方案的设计。爱因斯坦说过,为了满足人类的需要而找出已知装置的新的组合的人就是发明家。同样,将已有的化学实验按一些共同特征或功能进行合理组合,使其具有某种新的功能,也是对化学实验的一种创新。例如,典型化学反应与喷泉实验的优化组合——"铜和浓硝酸的反应——蓝色喷泉实验"。该实验的步骤是在烧瓶中滴加 4mL 浓硝酸,并在靠近橡皮塞(预先将石蜡熔融均匀涂抹在橡皮塞上)的长导管上缠上螺旋状粗铜丝,缓缓倒置烧瓶,接上一个盛水的塑料瓶,塑料瓶上连接一气球。现象是铜与浓硝酸即开始反应,红棕色气体由下而上充满烧瓶,空气被排出,塑料瓶中有气体逸出,逸出的少量气体被收集在气球中。当整个烧瓶充满二氧化氮气体时,用手挤压塑料瓶,使少量水进入烧瓶,立即形成美丽的蓝色喷泉。实验结束,烧瓶中剩余气体的体积约占烧瓶体积的 1/3。这个组合创新实验的效果是实验将铜与浓硝酸反应的实验、二氧化氮与水反应的喷泉实验巧妙地组合在一起,装置简单、仪器少;两个反应连贯性强,一气呵成;操作简便,无污染(少量从水瓶中逸出的一氧化氮被收集在气球中);实验现象明显,趣味性浓;既有定性的展示,又有定量的呈现。

运用组合技法设计化学实验应注意下列问题:①组合并不是几个化学实验的简单连接和共同演示,经过组合的实验应具有原先实验所不具有的教学功能,能获得 1+1>2 的教学效果;②组合应是在对原先实验进行变形的基础上再将它们进行有机融合,切忌将一些不相干的实验生搬硬套地拼凑在一起;③组合的实验应易操作、仪器装置应简单明了。目前,有些通过组合而改进的实验有往"高、大、长"发展的趋势,组合的实验很复杂,分散了学生的注意力,这种做法不值得提倡。

(3) 强化(或弱化)技法　强化(或弱化)技法是强化(或弱化)某些实验条件,即增加关键的需要感知部分的强度(称正强化),或排除一些无关和次要的现象(称负强化)。例如,换用温度更高的热源、换用浓度或活性更大(或更小)的反应试剂,减小某些干扰因素的影响,改变试剂用量等,使实验的成功率更高,实验现象更加鲜明。

(4) 变换输出技法　变换输出技法是通过变换信息输出形式,使得实验现象更加鲜明、直观、观测更加方便。例如,CO_2 气体与 $NaOH$ 溶液反应没有明显现象,为现象鲜明、直观地说明二者发生了化学反应,可设计如图1-2所示的四种实验装置,使"无"现象的反应转化成有现象的反应。

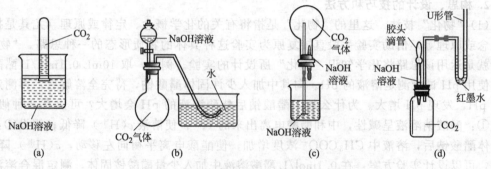

图1-2　CO_2 气体与 $NaOH$ 溶液反应装置

(5) 技术置换技法 技术置换技法是通过某些技术要素的置换，达到使实验效果更佳，或者使实验更加简便等目的。被置换的技术要素可以是：①仪器或装置；②反应试剂；③条件和控制措施（例如用电加热技术代替常规灯加热技术）等。如实验室制 C_2H_2，教材上选用 CaC_2 与饱和食盐水反应，其反应速率难控制，且有 PH_3 和 AsH_3 等有毒气体产生，污染了环境。现可采用 16％的 NaOH 溶液代替饱和食盐水，一次性投入反应器就能达到满意的效果，且无 PH_3、AsH_3 逸出。同时，我们也欣喜地看到，新版初中化学教材中制氧气实验，反应原料已由 H_2O_2 取代 $KClO_3$，克服了 $KClO_3$ 分解有少量 Cl_2 产生的缺点，这也是绿色化设计得以应用的良好体现。

(6) 技术移植技法 技术移植技法是把某些比较成熟的实验构思、设计移植到类似的实验中，这实质上是一种类比迁移策略。例如，把加热的铂丝伸入盛有少量浓氨水的锥形瓶中，可以演示氨的催化氧化。仿照这一构思，把擦亮的铜丝在氧化焰上灼烧，在铜丝表面生成黑色氧化铜后，趁热伸入盛有 CO 或 H_2 的集气瓶，可以形成演示 CO 或 H_2 的还原性的新方案。

(7) 逆向技法 逆向技法是指沿着事物的相反方向，用反向探求的思维方式对现有的实验设计进行逆向思考，从而提出新的实验设计。例如，稀释浓 H_2SO_4 时，我们一般喜欢正向强调安全的实验操作，即将浓 H_2SO_4 沿器壁缓缓加入水中，且应边加边搅拌。但是，若反过来设计一个实验，将水加入浓 H_2SO_4 中这一违规操作造成的后果展示给学生，必将大大提高学生的安全意识（参见图 1-3）。

又如在演示完用碳棒（惰性电极）电解 $CuCl_2$ 溶液的实验，引导学生弄清电解原理后，将原实验中阴、阳两根电极（此时电极上已经附着红色的铜）调换再进行电解，一段时间后阳极的碳棒上附着的铜消失。显然将阴、阳两极调换后，可以为非惰性电极做阳极时的电解原理的学习设置探索情境。

(8) 化学实验仿真技法 "仿真"技法就是利用计算机多媒体系统进行模拟化学仿真实验。常规的、传统的化学实验不可避免地消耗许多药品和大量的水资源，尤其是对一些试剂昂贵、实验中容易引起爆炸或必须采用有毒、有害的试剂。如苯、苯酚、砷化物、重金属等

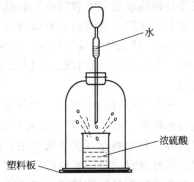

图 1-3 水加入浓硫酸的爆沸现象

的实验，并在整个实验中排放较多的有毒气体、有毒废水、给师生身体健康带来极大的危害，且对环境造成较大的破坏实验，采用计算机多媒体系统进行仿真实验显得尤为重要。

在实践中，化学实验设计的方法是灵活多变的，经常是多种方法的交叉与综合。而且，各种方法间没有绝对的界限，往往是互相渗透。上述实验设计方法和策略的概括，是为了启发思维，开拓探究的路径，而不应该成为思维的桎梏。

第三节 "化学实验教学论"学科发展 历程、特征及设课目的

一、"化学实验教学论"学科发展历程

学科产生和发展的过程实际上是学科的分化过程，高师"化学实验教学论"正是从"化学教学论"中逐步分化出来的一门学科。"化学教学论"学科发展经历了"中学化学教材教

法"、"中学化学教学法"到"化学教学论"几个阶段,而"化学实验教学论"和这些阶段的学科发展紧密相连。

我国的化学教育始于1865年。纵观这一百多年的历史,化学实验和化学教育、教师教育是密不可分的,这是因为化学是一门以实验为基础的学科,实验是化学学习的载体,在化学教与学中起着举足轻重的作用。

1932年,北京师范大学化学系正式开设了"中等学校化学教材教法"课程。1952年高师院校化学系均开设了"中学化学教材教法"课程。1957年北京师范大学、河北师范学院等编写和出版了《化学教学法讲义》一书,该书较系统地介绍了化学教学法的原理、专题研究和实验等内容。这是"化学教学论"学科发展的初创时期,"中学化学教材教法"学科中蕴含的一些化学实验研究的经验总结,也是"化学实验教学论"学科发展的萌芽时期。

20世纪80年代,《中学化学教材教法》、《中学化学教学法》、《中学化学教学论》等多部教材问世。1988年11月,原国家教委在北京师范大学化学系召开了"高等师范院校本科化学专业化学学科基本要求审订会。"与会的化学教育组的教授、专家学者在审订《高等师范院校化学系本科化学教学法课程基本要求(草案)》时,一致认为改用"化学教学论"这一名称代替"中学化学教学法"或"中学化学教材教法"、"化学教学法"等学科名称是必要的。此时,"化学教学论"学科名称得到了初步的统一,标志着该学科的确立。这一时期,有的师范大学开设的"化学教学论"课程,其中包含了"中学化学实验教学研究"内容,它主要是训练职前化学教师的实验基本操作,熟练掌握中学化学演示实验的技能,认识实验异常现象的原因,并进行实验改进等。例如,掌握"氧气的制取和性质"实验的方法,并探讨"氧气是一种无色无臭的气体,但用氯酸钾分解制得的气体常呈烟雾状,同时还带有刺激性气体,为什么?"等问题。典型化学实验的研究为"化学实验教学论"学科奠定了坚实的基础。

进入20世纪90年代,刘知新主编的《化学教学论》由高等教育出版社出版(1990),其后出版第二版(1997),获得国家教委优秀教材二等奖,该教材中包括化学实验及教学研究内容。刘知新在《化学教学论》(第一版)前言中建议各师范院校开设"化学教学论"课程,同时开设"化学实验教学研究"课程,以替代并加强原有课程中的实验部分。为与"化学教学论"教材配套使用,王希通(1990)主编《化学实验教学研究》;西南师范大学化学系(1991)编写《中学化学教学法实验》;梁慧妹,郑长龙(1996)著《化学实验论》;李广洲,陆真(1997)编写《化学教学论实验》;毕华林(1998)等主编《化学实验教学研究》,这些教材内容主要是从"化学教学论"课程中拓展延伸出来,多数涉及化学实验教学理论、化学实验研究,化学实验室的建设与管理等,上述多本教材面世,标志着"化学实验教学论"作为一门独立学科的初步确立。

随着21世纪初,第八次基础教育课程改革以来,"化学教学论"学科建设处于历史转型时期,日趋活跃。为适应基础教育新课程改革的需要,学界力图实现由"移植"研究转向"本体"研究,实现由"演绎"研究转向"归纳"研究,构建"化学教学论"学科理论的新体系,拓宽理论研究的新领域。这一时期,新版"化学教学论"教材中,有的仅仅含"化学实验教学研究"一章内容,有的完全省去这部分内容。"化学实验教学论"学科完全从"化学教学论"学科中分离出来,"化学实验教学论"学科也处在逐步深化发展,学科体系得到了较为完整的确立。例如,文庆城(2003)主编《化学实验教学研究》;郑长龙等(2003)编著《化学实验教学新视野》;李广洲,陆真(2006)编著《化学教学论实验》;肖常磊,钱扬义(2008)主编《中学化学实验教学论》;郑长龙(2009)主编《化学实验课程与教学论》;王磊(2009)主编《中学化学实验及教学研究》等。这些教材的编写在吸收和借鉴化学实验和化学实验教学最新研究成果的基础上，大幅增加联系生活实际的实验、探究性实验、基于传感技术的实验及微型化学实验等，尤其是郑长龙（2009）率先提出了化学实验的课程理论，构建并拓宽了"化学实验教学论"学科的新视野，标志着"化学实验教学论"学科处于充实和发展时期。

"化学实验教学论"学科的形成和发展，大体上经历了四个阶段："化学实验教学论"学科的萌芽期；"化学实验教学论"学科的依附期；"化学实验教学论"学科的初步确立期；"化学实验教学论"学科的充实和发展期。

目前，该学科的多个名称如"化学实验教学论"、"化学教学论实验"、"化学教学实验论"、"中学化学实验教学法"、"中学化学实验教学研究"，基本上是指同一门学科。同一学科，名称不一，反映学科学术性不严谨。我们认为，化学教学论是一门学科，其后，加上实验二字，逻辑上不够通顺；教育学中的教学实验是一种探讨教学因果规律的科学方法，而"化学教学实验论"中的教学实验和前者含义不同，同名歧义应当避免。因此，我们建议高等师范院校本科化学专业的有关学术共同体规范"化学实验教学论"作为该门学科的统一名称。

二、"化学实验教学论"学科特征

"化学实验教学论"课程既不同于大学化学基础实验课，又不同于中学化学实验研究课。其他化学实验课着重帮助学生认识和掌握本门学科的基础知识和基本技能。"化学实验教学论"学科特征表现为：一方面，它是以无机化学实验、分析化学实验、有机化学实验为基础，以中学化学实验为研究载体，但绝不是单纯地去重复中学化学实验，而是师范生在熟练掌握典型中学化学实验操作的基础上，形成一定的实验设计和研究能力，初步掌握中学化学实验基本的教学方法和实验探究教学的基本能力，因而具有"教学性"；另一方面，由于"化学实验教学论"课程更多考虑的是实验的教学方法的因素，即如何成功地将化学实验运用于化学教学中。这就经常会遇到设计或选择实验的最优化方案，寻求实验仪器、药品的代用品或实验方法的改革与创新等问题，因而必须引导学生进行实验的设计及实验研究与探索等。因此，"化学实验教学论"课程具有明显的研究和探索的性质，具有探究性。除此之外，与其他化学实验课程比较，概括地说，还有如下几个方面不同：

① 实验课的目的和任务不同；
② 实验课的性质不同；
③ 学生对实验课内容熟悉程度不同；
④ 学生实验操作方式不同；
⑤ 学生学习方式不同。

三、"化学实验教学论"设课目的

"化学实验教学论"作为高等师范院校化学教育专业的一门必修课，其设置首先要符合学校人才培养的总目标——立足于基础教育的师资培养；其次要与时俱进，符合社会发展对师资培养的要求；最后是目标本身要切实可行，既不能高不可攀，也不能陈旧落后。为此，我们将"化学实验教学论"的设课目的概括如下：

① 理解化学实验教学目的和要求，熟悉中学实验教学内容及其知识体系；
② 掌握中学化学实验教学的特点、分类和功能；
③ 掌握中学化学实验教学的一般原理和主要教学模式，学会演示实验和探究实验教学的基本策略；

④ 了解化学实验教学评价的标准与方法；

⑤ 认识常用的化学仪器，并知道其用途，熟练掌握中学化学实验的基本操作技能和实验装置图的规范画法；

⑥ 掌握中学化学典型实验的操作，了解中学化学实验中的"异常"现象和疑难实验并能进行分析和解释；

⑦ 初步具备中学化学实验改进、优化和实验设计的基本能力；

⑧ 熟悉传感实验和微型化学实验的设计和操作，并能运用于化学实验教学设计；

⑨ 形成化学实验教学的能力。包括：观察能力、实验操作能力、设计实验教学的能力；根据教学目标，选择实验教学方式的能力；实验语言引导、讲解和演示进行实验教学的能力；组织和指导学生进行实验探究的能力；改进化学实验及实验教学研究的能力。

第二章 化学实验教学的基本原理

美国课程论专家泰勒的课程与教学的基本原理是围绕着4个中心问题运转的。他认为，如果我们要从事课程编制活动的话，就必须回答以下这些问题：①学校应该达到哪些教学目标？②提供哪些教育经验才能实现这些目标？③怎样才能有效地组织这些教育经验？④我们怎样才能确定这些目标正在得到实现。参照这一架构，我们将化学实验教学的基本原理确立为由化学实验教学目标、化学实验教学内容、化学实验教学模式及化学实验教学评价组成的体系。

第一节 化学实验教学目标

化学实验教学目标是对实验教学活动预期结果的标准和任务的规定或设想。实验教学活动的效果主要体现在学生的身心发展变化上，实验教学目标是通过一定的教学活动准备在学生身上实现的预期变化。它表现为对学生学习成果及其终结行为的具体描述，是在化学实验教学中所预期应该主动获得的全部经验，是化学教学目标的重要组成部分。

一、化学实验教学目标的分类

20世纪50年代以来，人们提出了不同的教学目标分类设想，影响较大的有美国布鲁姆的教学目标分类理论，加涅的学习结果分类，奥苏伯尔的教学目标分类等。依据布鲁姆的教学目标分类学，中学化学实验教学目标应包括认知、操作和情感三个领域的内容。

20世纪80年代以来，科学课程培养学生科学素养的宗旨得到国际科学教育的普遍重视。如何应对科学素养相匹配的化学实验教学目标？我国化学教学目标的内容一般地被确立为知识与技能，过程与方法，情感、态度与价值观的3维目标。与之相对应，化学实验教学目标的内容构成，也分为3个维度，即实验知识，实验能力和实验情感、态度与价值观。

1. 实验知识目标的内容及水平

化学实验知识目标的内容主要包括：化学实验事实知识；化学实验原理知识；化学仪器和药品方面的知识；化学实验安全方面的知识。

（1）化学实验事实知识　主要指学生通过化学实验所获得的直接实验事实和通过查阅文献、上网、访问他人等其他方式获得的间接实验事实。通常，化学实验事实知识包括反映物质的性质、存在、制法和用途等多方面内容的元素化合物知识。例如，二氧化碳气体能使澄清的石灰水变浑浊是实验事实，是一性质判断。

（2）化学实验原理知识　是指化学实验过程所遵循的化学理论依据。例如，酸碱中和滴定实验，其遵循的化学原理是酸碱中和反应的实质，即酸和碱反应时，酸溶液中的氢离子和碱溶液中的氢氧根离子相结合，生成水。实验操作不仅仅是一个"做"的问题，要想主动地做和能动地做，必须首先明白为什么要这样做，也就是要弄清楚有关操作的原理。因此，操作原理知识也是重要的化学实验原理知识。

（3）化学仪器和药品方面的知识　主要指常见化学药品的颜色、状态、浓度、主要化学性质以及存放、取用等知识；常见化学实验仪器的名称、构造、规格、用途、操作、连接等知识。

（4）化学实验安全方面的知识　主要包括化学实验中易燃、易爆、有毒和腐蚀性药品的使用、贮存，以及一些安全操作和防止事故发生的知识。例如，氢气、一氧化碳、甲烷等混合气体的安全点燃操作；稀释浓硫酸等。

上述目标主要分为三级水平（见表2-1）：了解、理解、应用。

表2-1　化学实验知识目标的水平

水　平	含　义	对应的行为动词
了解	再认和回忆知识；识别、辨认事实或证据；举出例子；描述对象的基本特征等	知道、记住、认识、说出、列举、描述、找到等
理解	把握内在逻辑关系；与已有知识建立联系；进行解释、区分和扩展；提供证据；收集、整理信息	看懂、辨认、识别、区分、能表示、比较、理解、解释、说明、判断、预期、分类、归纳、概述等
应用	在新情境中使用抽象的概念、原则；进行总结、推广；建立不同情境下的合理联系等	评价、优选、使用、解决、检验、证明、设计

2. 实验能力目标的内容及水平

操作技能，主要包括仪器、药品的使用和选择，仪器的洗涤、气体的收集、过滤、蒸发、加热等基本操作。物质的制取（或合成）实验、物质的分离与提纯实验和物质的表征（检验、鉴别与鉴定）实验等综合操作。

基本过程技能，指观察、推断、预测、分类、测量、交流等技能。

化学实验技能目标的水平见表2-2。

表2-2　化学实验技能目标的水平

水　平	含　义
初步学习	在教师指导(讲解或示范操作)下进行实验操作。该层次的操作主要表现为机械模仿，规范性与协调性比较差，参与意识不强
初步学会	在教师指导下，能够正确地进行操作。该层次的操作表现为学生动作基本规范、协调，基本能做到会拿、会放、会接、会调、会测

例如，初中化学课程标准（2011年版），规定了初中学生的化学实验技能应达到如下要求：

① 能进行药品的取用、简单仪器的使用和连接、加热等基本的实验操作；
② 能在教师指导下根据实验需要选择实验药品和仪器，并能安全操作；
③ 初步学会配制一定溶质质量分数的溶液；
④ 初步学会用酸碱指示剂、pH试纸检验溶液的酸碱性；
⑤ 初步学会根据某些性质检验和区分一些常见的物质；
⑥ 初步学习使用过滤、蒸发的方法对混合物进行分离；
⑦ 初步学习运用简单的装置和方法制取某些气体。

实验探究能力，主要包括：发现和提出问题、猜想与假设、实验设计、控制实验条件与操作、收集证据、得出结论、反思与评价、讨论与交流等能力。

化学实验探究能力目标的构成要素及目标水平见表2-3。

表 2-3　化学实验探究能力目标的构成要素及目标水平

构成要素	目 标 水 平
发现和提出问题的能力	从生活经验和已有化学知识中，经过启发或独立发现有实验探究价值的问题；用口头或书面的形式比较清楚地表述所发现的问题
猜想与假设能力	主动地或在他人的启发下，对化学实验问题的可能结论，大胆提出猜想或假设；对假设所依据的事实或证据的可靠性进行初步的论证
实验设计能力	根据所要解决的化学实验问题，独立或与他人合作，设计简单的化学实验方案；对实验方案的可行性进行初步的论证
控制实验条件与操作能力	在实验中，进行简单的实验条件控制和正确的实验操作
收集证据能力	用多种方式和方法对物质及其变化进行观察和记录；将观察与思考相结合，对所获得的证据运用化学用语、表格、线图等进行处理
得出结论能力	运用比较、分类、归纳和概括等方法得出结论，或对猜想与假设进行解释
反思与评价、讨论交流能力	对结论的可靠性进行简单评价；对自己在化学实验活动中的表现进行反思；较为规范地独立撰写化学实验报告，并主动与他人讨论和交流化学实验探究的结果

3. 实验情感、态度与价值观的内容

实验情感是学生在化学实验教学中所形成的一种对实验活动的感情指向或情绪体验。这种感情指向或情绪体验，既可能是积极的，也可能是消极的；既可能是满意的、喜欢的，也可能讨厌的、反感的。

实验态度是指学生在化学实验教学中对实验活动的一种内在反应倾向，它是通过学生的外显行为表现出来的。

实验价值观是指学生在化学实验教学中所形成的对实验价值的最基本看法。这种看法既包括实验对学生认识化学科学知识、学习基本实验技能、发展实验探究能力、形成正确的实验态度和积极的实验情感的价值；也包括实验对化学科学发现和化学科学理论的建立与发展所发挥的重要作用等。

二、化学实验教学目标的确定

化学实验教学目标的确定，主要是指具体课时的实验教学目标，涉及两个方面的问题：化学实验教学目标确定的依据和化学实验教学目标的陈述。

1. 化学实验教学目标确定的依据

（1）以化学课程标准为依据　课程标准是教材编写、教学、评估和考试命题的依据，是国家管理和评价课程的基础。其中，内容标准是课程标准的核心部分，是学生学习本课程所要达到的最基本的要求，它既有学习内容的规定，也有学生学习程度的具体规定。内容标准是教师确定化学实验教学目标的基本依据。

当然，内容标准是最基本的要求，比较简单，教师还可以根据实际情况再对它从"实验知识"、"实验能力"和"实验情感、态度和价值观"三个维度进行分解。

例如，"燃烧的条件"实验教学目标的确定，参见表 2-4。

表 2-4　"燃烧的条件"实验教学目标

目标维度	内容标准（课标）	具体目标
知识	认识（物质）燃烧的条件	知道发生燃烧的物质要具有可燃性 知道可燃物燃烧的条件
能力		在教师指导下，能够完成上述三个条件的实验 确认上述三个实验中的变量（包括自变量、控制变量和因变量） 解释各组实验中产生不同实验现象的原因
情感、态度与价值观		体会运用控制变量进行对比实验探究的过程 说出完成上述实验、得出结论后的感受

（2）以具体的实验教学内容和学生的特点为依据　化学实验教学目标的制定，一定要结合具体的实验教学内容，有较强的针对性。如上述案例中"实验知识目标"的制定上，不宜陈述为"认识物质燃烧的条件"，因为这是整节课的化学教学目标，而不是通过这一组实验所展开的实验教学活动的目标。这组实验教学活动的知识目标应该是完成这三个实验后所获得的化学实验事实，是化学教学目标的组成部分。

化学实验教学目标的制定，还要考虑学生的知识与技能基础、实验探究能力的发展水平，以及情感、态度与价值观的发展情况。例如，上述案例中的实验能力目标中的技能目标，就不能定位在"用酒精灯加热点燃可燃物质"。因为，在前面的学习中，学生已经通过具体的化学实验，接触到了一些用酒精灯加热点燃可燃物质的操作。因此，在制定"实验技能目标"时，应定位于"确认上述三个实验中的变量"、"解释各组实验中产生不同实验现象的原因"等技能上。

（3）以规定的教学时间能够实现为依据　所谓"规定的教学时间能够实现"，实际上是指所制定的实验教学目标要切实可行。上述案例在"实验能力目标"和"实验情感、态度与价值观目标"的制定上，就不宜这样陈述：培养实验探究能力；学会确认、控制变量的方法；认识实验的价值等。因为，这些目标过于宽泛，是整个实验教学才能实现的，难以通过单个实验来完成。

2. 化学实验教学目标的陈述

准确、清晰地陈述化学实验教学目标，有利于教师的实验教学设计、有利于指导学生进行实验的有效学习，也有利于化学实验教学的评价。

教学目标的陈述有多种方式。以下介绍一种比较流行的行为性教学目标。一个规范的行为性教学目标应包含四个组成部分，可用一个公式简单地描述为：

教学目标=行为条件+行为主体+行为描述+行为标准

（1）行为条件　它是指影响学生产生学习结果的特定限制或范围，主要说明学生完成指定学习任务的情境和条件，其中包括仪器、药品、材料、时间、信息（所要用到的图表、资料、书籍、数据库、网络等）、活动方式（是个人独立完成、小组集体完成，还是在教师指导下完成等）、地点……"行为条件"一般放在"行为主体"之前。

（2）行为主体　化学实验教学目标陈述的主体应该是学生，而不是教师。因为教学目标是对学生预期应该主动获得经验的描述。按照这一要求，化学实验教学目标的陈述可表达为："能观察……""能解释……""能设计……""能体验到……"等。而不宜使用"培养学生的科学态度……""激发学生的实验兴趣……"等句式，因为这里陈述的主体不是学生，而是教师。

（3）行为描述　它是通过学习以后，学生能做什么，或者有什么心理感受或体验。一般用动宾短语来较为准确地描述学生的行为。动词表明学习的要求，宾语说明学习的内容。行为性实验教学目标一般分为：结果性目标和体验性目标。结果性目标的陈述方式要明确学生的学习结果是什么，可以用那些能够外观和测量的行为动词（如观察、操作、模拟、判断、猜想、绘制、写出、制作、解释、选择、设计等）表述。体验性目标的陈述方式要描述学生自己的心理感受和体验，这种方式一般指向无需结果化或难结果化的教学目标，通常使用体验性、过程性的动词与少数行为动词结合起来进行表述，用难以观察的表示内在意识和心理状态的动词（如感知、关注、感受、觉察、交流、体验等）来进行陈述。行为的表述，关键是选择准确、恰当的动词，因为它代表了对学生学习行为的要求。例如，能在教师指导下，初步学习根据实验目的来选择实验药品和仪器，并能安全操作（结果性目标）；通过镁条的观察和简单实验，体验化学实验在研究物质性质上的作用（体验性目标）。

(4) 行为标准　行为标准又叫"行为程度",是指目标达成的最低表现水平,用以评价学生学习结果的达成度。

3. 行为性化学实验教学目标陈述的示例

参照上述实验教学目标的陈述,可得出以下示例:

① 给学生一张有错误的乙烯实验室制法和性质的实验装置图,学生能指出其中的错误,要求所有 5 个错误都必须正确指出;

② 给学生一瓶氧气、一瓶空气、一瓶二氧化碳,学生通过实验区分哪瓶是氧气、哪瓶是空气、哪瓶是二氧化碳,要求全部辨认正确;

③ 给学生橡皮塞、玻璃导管、乳胶管、止水夹,学生自备易得的生活用品,用上述材料制作一个启普发生器的代用装置,要求该装置符合启普发生器原理,并用其制取氢气;

④ 给学生所需仪器、药品、材料,让学生通过实验探究影响明矾晶体生长的因素,要求至少找出溶液浓度、溶剂蒸发速度、溶液冷却速度等因素;

⑤ 在向学生演示一组不同催化剂和过氧化氢作用的实验,学生确认该实验中的变量、控制变量和因变量,要求全部确认正确。

上述实验教学目标的优点是目标清楚,它告诉人们,学生在什么条件,学习后的行为是什么,以及如何观察和测量这种学习结果,但在陈述时,文字较多,较为繁琐,教师有可能集中在低水平上的认知和技能目标上,强调特殊信息的学习,不能促进知识的全面理解和学习。为了解决上述问题,行为条件、行为标准可省略,甚至行为主体也可略去不写,一般地,实际化学实验教学目标参照下述方式叙述,即上述实验教学目标可以改写为:

① 指出所给乙烯实验室制法和性质的实验装置图中的错误;
② 用实验区分氧气、空气、二氧化碳 3 种气体;
③ 制作一个启普发生器的代用装置;
④ 用实验探究影响明矾晶体生长的因素;
⑤ 确认不同催化剂和过氧化氢作用实验中的变量、控制变量和因变量。

第二节　化学实验教学内容

化学实验课程与教学内容是指化学学科中实验事实、观点、原理和问题,以及处理它们的方式。化学实验课程与教学内容的研究主要是解决如何选择某一化学实验课程的内容,即决定应该教什么和如何选择需要教的内容。在化学课程编制过程中,化学实验教学内容的选择,是一项最基本的工作,如何选择和处理化学实验教学内容,才能有助于达到实验教学目标,是化学实验教学基本原理的重要部分。

一、化学实验课程内容、教材实验内容和实验教学内容概念辨析

课程内容、教材内容、教学内容属课程研究中不同的研究层面,由于我国长期以来实行国家统一的课程教材研制体制,致使课程、教材、教学等不同层面上的问题纠缠在一起,混淆不清。有的化学教师对于化学实验课程内容、教材实验内容和实验教学内容的含义,不加区分地混为一谈,这是出现教师"教教材"这一现象的根源所在,在此,有必要认清三者之间的区别与关系。

1. 化学实验课程内容与教材实验内容

化学实验课程内容一般指化学课程中学生需要学习的实验事实、原理、技能、策略、方

法、态度及价值观念等。化学实验课程内容属于课程层面的概念，它在课程标准中得到明确规定和表述，具有法定的地位，不能轻易改变。从教师教的角度，它回答的是"教什么"的问题；从学生学的角度，它是对"学什么"的规定。例如，在《普通高中化学课程标准》中，实验课程内容标准主要是对学生在经过某一段时间之后的学习结果的行为描述，而不是对教学内容的具体规定，它不仅包括"知识与技能"领域（如"获得有关化学实验的基础知识和基本技能，学习实验研究的方法，能设计并完成一些化学实验。"）；"过程与方法"领域（如"通过实验探究活动，掌握基本的化学实验技能和方法，进一步体验实验探究的基本过程，认识实验在化学科学研究和化学学习中的重要作用，提高化学实验能力。"）；还包括"情感态度与价值观"领域（如"认识化学实验是学习化学知识、解决生产和生活中的实际问题的重要途径和方法；……形成实事求是、严谨细致的科学态度，并具有批判精神和创新意识；形成绿色化学的观念，强化实验安全意识。"）。

教材是课程标准的物化形态。课程标准描述的是学生的学习结果，没有限定教师的教学内容，因而它不直接规范教学材料，而是通过描述学生的学习结果间接影响教学材料的编写。"用什么教"实际上说的是教材内容，属于教材层面的概念，它包括一切有效的传递、体现课程内容和承载课程价值的文字与非文字材料，其中，教科书是教材的重要组成部分。

教科书是根据课程标准编写的，是最重要的教材内容。教材实验内容受制于课程实验内容，同时，还必须"教学化"。教材实验内容不是素材的堆积，而必须经过方法化处理。这种"教学化"实质上是让教材"心理化"，即遵从学生学习活动的心理逻辑，使教材更具"可教学性"。

2. 化学教材实验内容和化学实验教学内容

化学教材实验内容是静态的，它是对化学实验教学内容的某种预设，而具体教学情景是复杂多变的，是动态的。这便引出了教材实验内容"教学化"的另一层含义，即教师在教学过程中根据具体的教学目标和教学情景对教材内容进行方法化处理，形成具体而有效的教学设计。教材实验内容进入教师的教学过程，经由教师的加工处理和"教学化"过程转变成为化学实验教学内容。

化学实验教学内容是在教学过程中创造的。如果说教材实验内容是相对静态的、稳定的，实验教学内容则是现实而生动的，并处于动态变化之中。从化学教材实验内容到实验教学内容，这两者之间存在着一大片开阔地带，教师可以充分地进行再创造。例如，钠与氧气反应的教材实验内容，是将钠放在坩埚中加热，钠在空气中燃烧生成淡黄色的过氧化钠，实际实验难以得到明显的淡黄色的过氧化钠，有时可以看到白色固体的表面有少许淡黄色。这种实验结果难以启迪学生正确认识金属钠的这一化学性质，为此，教师可以依据下述实验条件对该实验进行改进和创新，即：①有充足的空气以满足燃烧所需的氧气；②用酒精灯外焰促进钠迅速燃烧生成过氧化钠；③生成的过氧化钠与空气隔离，以防止与空气中的水和二氧化碳作用；④整个反应过程应该便于操作与观察；⑤与环境友好（因为钠从煤油中取出，燃烧时会产生浓烟）。该实验设计的改进和创新结果，就是教材实验内容转化为化学实验教学内容的结果。

3. 化学实验课程内容和化学实验教学内容

如上所述，化学实验课程内容一般指化学课程中学生需要学习的实验事实、原理、技能、策略、方法、态度及价值观念等。化学实验课程内容往往以课程标准的形式规定下来，具有法定的地位，因而是相对稳定、不能轻易改变的。而实验教学内容是教师对实验课程内容的物化形式——对教材实验内容这个中介进行的创造性的、个性的演绎。实验课程内容规定的是化学学科某一阶段共同的、统一的标准或要求；实验教学内容则是教师应对具体教学情景，因而是具体的、个别的，并能体现差异。实验课程内容是一种抽象的存在，不能作为学生直接掌握的对象，实验教学内容是具体、生动并动态变化的，是教师和学生直接操作的对象。实验教学内容固然体现着教师教学的个性化和创造性，但追求特色和个性也必须以"标准"为前提。因此，实验教学内容无论怎样千变万化，都离不开课程标准这一法定的根本依据，都必须以课程标准为基本导向。

二、化学实验教学内容的选择与处理

1. 化学实验教学内容选择的一般原则

适合于达到化学实验教学目标的特定实验教学内容，虽然会由于达到的目标不同而教学内容不同，但是无论实验教学目标是什么，还是存在着某些适用于选择实验教学内容的一般原则。

第一，以课程标准为依据。全日制义务教育化学实验内容，在《全日制义务教育化学课程标准（实验稿）》中规定了化学实验主要分布在"科学探究"、"身边的化学物质"、"物质构成的奥秘"、"物质的化学变化"和"化学与社会发展"五个主题中。在《普通高中化学课程标准（实验）》中，高中化学实验内容的设置除了以分散形式分布在化学1、化学2、化学与生活、化学与技术、物质结构与性质、化学反应原理、有机化学基础课程模块中外，还专门设置了"实验化学"课程模块，以此强化化学学科以实验为基础的特征。这些实验内容标准，是化学实验教学内容确立的基本依据。

第二，以教材内容为参考。教科书是教材的重要形式。教科书的编写是依据基础教育课程改革纲要和课程标准的要求。教科书编写时，十分重视实验在学习化学中的重要作用，精心设计实验方案，积极开发了探究性实验，唤起学生通过实验学习化学知识与技能，掌握科学研究的方法。日本教材研究中心20世纪80年代就提出了"教材"转变为"学材"应具备的特征：唤起学习欲望、提示学习课题、提示学习方法、促进学习个性化和个别化、巩固学习成果。我国高中化学新课程的三套化学教材，强调了科学探究实验的设计，例如，"金属的化学性质"（《化学1》，2009，人教版，第44页）中描述镁和铝的活泼性、氧化膜等属性的相似性后，引导学生根据镁条燃烧的实验操作，运用类比推理，猜想铝箔燃烧实验需要哪些实验操作，可能出现什么实验现象。教材启发学生猜想与假设后，又安排两个"探究实验"，完成了探究学习的过程。教师可以忠实地将这些素材内容转化成为化学实验教学内容。

然而，人教版高中化学教科书《化学1》中的铁与水蒸气反应的科学探究，对高一学生来说，实验设计本身难度较大，又要求进行几种实验，难度更大。我们认为，若先提供铁与水蒸气反应的一种实验装置（《化学1》，图3-8，人教版，2008）并以此为类比，要求学生课后分小组设计新的铁与水蒸气反应实验装置，这样把类比物中获得的信息应用到新的问题情境中的类比迁移的编写，有利于培养学生实验设计的发散思维和创新能力，也符合教材的逻辑顺序和学生心理发展顺序相统一的原则。

第三，贴近社会生活实际。贴近社会生活实际就是要贴近学生的实际生活。杜威早在其教育哲学专著《民主主义与教育》一书中开宗明义地明确表示，学校以科学文化知识教育儿童对其成长为文明人是必要的、不可避免的，但他又认为从此也产生了教育脱离儿童生活和社会的危险。同样，传统化学教育，包括化学实验教学也存在脱离学生生活的现象。为此，化学实验教学内容的选择应注意联系学生的生活实际，从日常生活中选择学生熟悉的素材，通过五彩缤纷的化学物质和丰富多彩的化学变化，使学生切身感受到自己身边的化学，进一步增强学生的好奇心和探究欲望。例如，"常见的酸和碱"教学内容可以设计为：取几种植物的花瓣或果实，分别在研钵中捣烂，加入酒精（乙醇和水的体积比为1∶1）浸泡；用纱布将浸泡出的汁液过滤或挤出,得到指示剂;试验指示剂在食醋、石灰水、盐酸和氢氧化钠溶液中的颜色变化,观察、记录、交流实验结果,比较所制得的指示剂中,哪些在酸或碱溶液中的颜色变化效果较好,并总结出变化规律。这一实验探究就是利用学生身边常见的各种花朵、食醋等进行探究活动的实例。

第四,达到学生的最近发展区。苏联心理学家维果茨基的"最近发展区理论",认为学生的发展有两种水平:一种是学生的现有水平,指独立活动时所能达到的解决问题的水平;另一种是学生可能的发展水平,也就是通过教学所获得的潜力。两者之间的差异就是最近发展区。实验教学内容应着眼于学生的最近发展区,为学生提供带有难度的内容,调动学生的积极性,发挥其潜能,达到其最近发展区的水平,然后在此基础上进行下一个发展区的发展。如果选择化学实验教学任务,学生能够独立地完成问题解决,那么,这一内容只是符合了学生现有的发展水平,难以促进学生的发展。教师在进行教学内容的设计时,为学生提供的实验教学内容应该是基于学生原有知识基础上的新知识。这种新知识是学生原有知识结构所不具有的,但又与原有知识结构有一定的联系,从而使学生既感到有一定的学习压力,又有一种期望。

2. 化学实验教学内容的处理

对于同一化学实验教学内容,为实现同一教学目标,我们可以采用不同的处理方法。但是,应该存在一种能较好地实现化学实验教育价值的方式,以下实验教学内容处理的策略值得参考。

其一,挖掘实验教学内容的探究性。教材中能设计成探究性的素材非常多,关键在于教师能否去挖掘。例如,学习物质的物理性质时,可采用展示实物,让学生自己探究并总结的方式。

展示:浓硫酸(半瓶)

让一学生振荡试剂瓶并描述:油状液体。

演示:托盘天平一边放上述浓硫酸,另一边放半瓶浓盐酸(容积相同)。

学生描述:硫酸密度大。

演示:分别打开浓硫酸和浓盐酸的瓶塞,并轻微振荡。

学生描述:硫酸难挥发(与浓盐酸相比较得出)。

演示:向盛有水的烧杯中慢慢加入浓硫酸并不断搅拌。

学生描述:硫酸能以任意比与水混溶,并放出大量的热……

这样做,学生精力集中,兴趣盎然,思维积极活跃。这实际上给学生设置了"发现"的情境,即学生通过探索"发现"了硫酸的物理性质,其印象异常深刻,知识学得灵活且掌握牢固。

同样的,在学习钠、镁、铝、氯气、硝酸、乙醇、苯……物理性质(甚至包括某些物质的化学性质)时,如果也采取这种做法,其效果肯定比教师干巴巴地讲述,或让学生死记课本知识好得多。

其二,挖掘实验教学内容的启发性。要真正做到正确运用启发式教学,首先要做到善于挖掘教材实验内容的启发性素材,创设"启发"的情境。为此,我们要对实验教学内容进行必要的处理,可以:①充分利用实验现象进行启发,如金属钠与水反应的实验,要紧紧抓住"浮"、"熔"、"游"、"响"、"红"等实验现象进行启发引导学生学习;②补充实验进行启发。如为了让学生进一步理解盐的水解理论,可让学生分析:在 1mol/L 的氯化铵溶液中,投入镁条会产生大量的气体,此气体能使湿润的红色石蕊试纸变蓝,收集在试管中,靠近火焰有爆鸣声,试分析其原因。学生通过分析,对学过的理论有更高层次的认识,使学生的思维产生质的飞跃。

其三，挖掘实验教学内容的情感性。化学实验教学内容具有严密的逻辑体系，有一定的因果联系。这种联系是客观的，有的缺乏情感因素，教师可以对其进行情感性艺术处理。所谓化学实验教学内容情感性的艺术处理，是指化学教师向学生呈现实验教学内容的过程中，从情感角度着手，对教学内容进行必要的加工处理，创设化学教学中情知交融的教学气氛，陶冶学生情操，提高学习效率的策略。其有效策略有：一是超出预期策略，它是指在教学过程中教师恰当处理实验教学内容，使之呈现的教学内容超出学生预期，引发学生的兴趣情绪，以有效调节学生的学习心向的策略。对化学实验教学内容作超出预期的处理的艺术，关键在于教师将教学内容巧设"奇异"现象，"出奇制胜"，造成学生认知不协调，从而探究这种"奇异"现象的答案。二是诱发情感策略，它是指教师对化学实验教学内容的加工提炼，让教学内容中所蕴涵的情感因素为学生所尽可能地感悟到，从而使学生获得相应的情感体验。例如，化学教师可以运用化学实验美，让学生产生情景交融的效果。情景交融是"情"与"景"的互相发现、互相激发。主体的情感投射到景象，使景象也带上了主体的情感，景象使本不可名状的情感获得了外在形象。情景交融的艺术是教师在化学教学过程之中，使实验带上情感色彩。例如，对于 $NH_3 + HCl = NH_4Cl$ 这一反应，教材的编写是：教师用两根玻璃棒分别在浓氨水和浓盐酸中蘸一下，然后使这两根玻璃棒接近，产生大量的白烟。此种方法虽直观鲜明，但美感性欠缺。有的化学教师对此化学实验进行如下改进：在小木块上插上一朵深色的鲜花，然后把小木块放在装有 5mL 浓盐酸的培养皿中，向另一只大烧杯中加入适量的浓氨水，尽量使烧杯壁润湿，然后把烧杯倒扣在培养皿中。一个"雾里看花"的景象就出现了，待到"雾"散去，可以看到挺立于"白霜"之中的鲜花。相比之下，后者比前者更易激起学生的情感体验，更易达到情景交融的意境。这种由"景"生"情"，通过欣赏化学实验美，可以唤起学生思想意识里的多种"情"与"景"的交融，产生了无限的联想。

第三节 化学实验教学模式

教学模式是教学理论应用于教学实践的纽带和桥梁，帮助我们从整体上综合地认识和探讨教学过程中各因素之间的关系及其多样化的表现形态，有利于从动态上去把握教学过程的本质和规律，无论在指导实践还是理论研究上都具有十分重要的意义。

化学实验教学模式，是指在一定教育思想指导下和丰富的教学经验基础上，为完成特定的化学实验教学目标和内容而围绕某一主题形成的、稳定且简明的教学结构理论框架及其具体可操作的实践活动方式。随着对化学教学研究的深入，课程改革的不断深化，化学实验教学模式的研究不断丰富。以下介绍化学实验教学模式的构成要素，并对化学探究性实验教学模式进行简介。

一、化学实验教学模式的构成要素

化学实验教学模式的构成要素应该具有不可或缺性、不可替代性。其基本构成要素包括理论基础、功能目标、实现条件、活动程序，由这 4 个要素就构成了化学实验教学模式的基本结构。

1. 理论基础

教学模式都是在一定理论指导下建立的。每一教学模式都有一个内在的理论基础。教学模式所赖以建立的教学理论或思想，乃是教学模式深层内隐的灵魂和精髓，它决定着教学模式的方向性和独特性。理论基础在教学模式中既是自成独立的因素，又渗透或蕴含在其他因素之中。其他因素都是依据理论基础而建立的。例如，探究式实验教学模式的理论基础就是建构主义学习理论。建构主义学习理论认为，学习过程是学习者主动建构知识，经过学习者应用其先前知识，将外来的信息加以判断、解释，主动建构的过程。鉴别一个化学实验教学模式是否成熟，一般从其理论基础即可窥见一斑。

2. 功能目标

任何教学模式都是指向一定的功能目标，或者说总是为了完成特定的功能目标而设计、创立的。功能目标是人们对教学活动能在学习者身上产生"什么样的"和"有多大的"效用所作的预先估计。它在教学模式的构成因素中居于核心地位，对其他因素具有制约作用，也是教学评价的标准和尺度。例如，实验探究式教学模式，其功能目标在于激发学生的求知欲，培养学生发现和提出实验问题的能力，进而训练学生实验探究的思维方法。要教给学生处理具体实验问题时，学会使用类似于化学家进行研究时使用的技巧。帮助学生理解科学的本质在探究能力提高的同时，关注学生化学实验的态度、情感与价值观层面的发展。实现学习的可持续发展，全面发展学生的科学素养。功能目标的实现程度以及人们对教学目标认识的发展，往往又作为一种反馈信息，帮助人们调整或重组结构程序，使教学模式日臻完善。

3. 实现条件

这是指使教学模式发挥效力、达到一定功能目标所需要的各种条件。任何教学模式都是在特定的条件下才能有效。教学模式的实现条件包括的内容很多，有教师、学生、课程内容、教学手段、教学的时间和空间等。如化学实验探究教学模式实现的必要条件应该是营造一个适合于实验探究教学模式实施的物质环境，如仪器设备、教学工具、实验经费、供学生查阅资料的图书馆及多媒体设备。在探究教学中，无论是观察、测量、调查和实验，还是交流、提出假设，都需要借助一定物质条件。如果没有一定物质条件支持，实验探究教学研究将难以进行下去。在课堂上注意营造民主氛围，采用鼓励式教学方法，给学生的思想、行为以较大的自由度。在教学过程中，注意师生的情感交流，创造轻松愉快、和谐自然的教学环境，使自己处在与学生平等的地位，让学生感到心理上的安全和自由。

4. 活动程序

任何教学模式都有一套独特的操作程序，以及各步骤所要完成的任务等。一般说来，活动程序的实质在于处理教师、学生与教学内容的关系及其在时间顺序上的实施。例如，化学实验探究教学模式的基本教学流程为：发现和提出问题→实验探究→解释与结论→反思与表达。由于教学过程中，既有教学内容的展开顺序、教学方法交替顺序，又有学生内在复杂的心理活动顺序，所以，人们从不同的侧面提出教学活动的基本阶段和逻辑顺序。因此，化学实验探究教学模式还有其他的不同变式，我们称之为亚式。活动程序只能是基本的和相对稳定的，而不是僵化和一成不变的。

二、化学实验教学模式的形成

化学实验教学模式形成的途径主要有演绎式和归纳式。所谓演绎式是指从一种科学实验教学理论的假设出发，推演出一种新的实验教学模式，然后用严密的实验验证其科学性和有效性，它的起点是科学的理论假设，形成的思维方式是演绎法。通过这种方式生成的化学实验教学模式又可以具体地划分为两种情况：一种是把有关基础理论研究的成果直接转化为相应的实验教学模式，另一种是在有关经验材料的基础上直接设计和组织相应的实验教学模式。而归纳式则是在对化学实验教学实践经验加以概括和总结的基础上形成的实验教学模式。它的起点是经验，形成的思维方式是归纳法。这种教学模式具有很强的可操作性，但同时带有浓厚的主观经验的色彩，其科学性也有待于在教学实践中加以检验。

例如，支架式探究性化学实验教学模式的形成是在支架式教学和探究式教学理论基础上通过相互融合而形成的教学模式。由于支架式教学在教学方式上与探究式实验教学具有相容性，因此，运用支架式教学模式的五大构成要素所构建的探究性实验教学过程结构可归纳为如下五个环节：进入实验问题情境→搭建实验支架，引导探索→独立探究实验→协作探究实验→实验探究的效果评价。这一教学模式的形成是通过演绎法而形成的。

三、化学探究性实验教学模式及教学策略

我国化学教育理论研究和实践中产生多种教学模式，例如"传递-接受"模式；"目标-掌握"模式；"引导-探究"模式；"引导-自学"模式；"问题解决"模式等。以下仅介绍化学探究实验教学模式及教学策略。

1. 化学探究性实验教学模式

实验探究，是科学探究的一种具体表现方式。大力开展实验探究，是化学实验教学中体现和落实科学探究教学思想的重要方面。从传统的注入式的实验教学模式，向以探究式为主的化学实验教学模式转变，是当前化学实验教学改革的趋势。

探究性实验教学模式形式多样，其基本教学流程包括：提出问题，收集资料和事实，提出猜想或假设，对假设进行检验或推理，发现规律得出结论，整合迁移和应用；可简化为：发现和提出问题→实验探究→解释与结论→反思与表达，其中，实验是手段，探究是核心。依据学习内容的不同，这种教学模式还可按两种思路形成两种模式的亚型。

(1) 问题（探究的方向）→实验（发现）→解释与结论→反思与表达；

(2) 问题（理论假设）→实验（验证假设）→解释与结论→反思与表达。

根据不同的学习内容，这两种"亚模式"可以灵活地运用，但会略有侧重。例如，下述的【例 2-1】，我们可以运用"亚模式（1）"来学习化学概念和理论的知识，而【例 2-2】，可以运用"亚模式"（2）来学习元素化合物的知识。

【例 2-1】 离子方程式概念（"亚模式（1）"的运用）

［提问］从初中的化学知识，我们知 NaOH 和 HCl 会发生反应，又知道在溶液中 NaOH 和 HCl 都是以离子形式存在，那么，当它们相互反应时，实际上真正发生的反应是什么微观粒子？（提出探究的方向）

［提问］设计怎样的实验探究这个问题？

［回答］用实验证明反应后有些粒子"没有"了，有些粒子依然存在。

［提问］设计三个实验，证明：①这个反应确实发生了；②反应后溶液中仍然有带电的粒子；③溶液中的粒子是什么？

［讨论并实验］学生分组设计并完成实验。用酚酞试液证明问题①；用导电性装置证明问题②；用 $AgNO_3$ 和 HNO_3 解决问题③。

［讨论］滴有酚酞的 NaOH 溶液在加入盐酸后红色消失，因为酚酞可以指示 OH^- 的存在，所以说明反应确实发生了（反应后试管变热也说明反应发生了），并且 OH^- 参加了反应；中和后的溶液仍能导电，说明有些离子在反应前和反应后都存在，经检验，其中有 Cl^-，可见 NaOH 和 HCl 两种溶液的中和，实际上只是 H^+ 和 OH^- 结合生成了水。

［讲解］方程式中只将实际变化了 H^+、OH^- 和生成的 H_2O 表示出来就可以了，像这样的方程式就叫离子方程式。

［分析探究过程］学生能积极而自觉地学习；勇于提问并且可以自由发表自己的观点；

增强信息处理的能力。

【例 2-2】 葡萄糖分子结构的探究（"亚模式（2）"的运用）

［提问］经过计算，我们知道葡萄糖的分子式是 $C_6H_{12}O_6$，大家能否根据组成分析出它的结构呢？（提出探究的方向）

［讨论］根据分子式猜想：可能有—COOH、—CHO、—OH（假设）。

［提问］怎样用实验事实验证我们的假设？

［实验］学生设计实验方案并分组实验。（事先让学生查找关于多元醇的检验方法）

［讨论］葡萄糖溶液没有酸性，所以不含—COOH。它能发生银镜反应，能使氢氧化铜浊液变色，说明它的分子至少含有一个醛基，还含有多个羟基。

［找学生总结］实验验证了我们的假设，葡萄糖是一个含有多羟基的醛，而且我们也掌握了它的化学性质。

［分析探究过程］学生通过本课掌握研究有机物的方法，抓住"官能团决定性质"这一本质特征。

需要说明一点，上述模型表示一个完整的实验探究教学过程，在实际教学中不一定能一次完成，应根据具体内容和要求进行适当调整。

2. 化学探究性实验教学策略

化学实验教学策略是指在整个化学实验教学过程中依据教学的主、客观条件，特别是学生的实际，对所选用的教学方法、教学手段及教学模式等，在应用中不断予以相应的监控、调节和创新的措施。化学实验教学模式和化学实验教学策略都反映某种实验教学程序，但"策略"比"模式"反映得更详细、更具体，且随实验教学环境、目标、对象的不同而调整、变动，因而具有灵活性。化学实验教学模式的实施离不开一定的化学实验教学策略。同一种化学实验教学模式，不同的教师在运用时之所以效果有异，主要原因在于所采取的实验教学策略不同。这就是说，要想取得好的实验教学效果，化学教师除了要优化化学实验教学模式以外，还要选取有效的化学实验教学策略。因此，有效的实验教学就需要有可供选择的策略来达到不同的教学目标。

（1）创设实验问题情境的策略 科学探究是从问题开始，而问题产生于怀疑。宋朝哲学家朱熹说过："学贵善疑""大疑则大悟，小疑则小悟，不疑则不悟。"爱因斯坦说过："学习知识要善于思考、思考、再思考，我就是靠这个方法成为科学家的。"创设实验问题情境通常要具备三个条件：一是学习者能在先前经验基础上觉察到问题的存在；二是探究内容对学习者来说一定是新的未知，经过努力是可掌握的；三是能否激发探究者的认知冲突、需要和期望。如探讨盐类水解时，教师可直接向学生提出盐溶液是否都呈中性？就是一种问题情境。如果进一步用实验表征几种盐溶液的酸性、中性、碱性则更能激活学生知觉，引发探究热情。也可以设计这样一种情境：将镁带擦亮，投入到氯化铵的饱和溶液中，让学生观察发生了什么现象并以此入手进行探究性学习。总之，教师要建造一种宽松探究心向，使问题呈现巧而生趣，激发思维，产生探究的内驱力。

创设问题情境后，教师要引导学生形成实验探究课题。实验课题的选择是探究性实验教学设计的重要一环，课题选择是否恰当直接关系到课堂教学的有效性。一般要求实验课题的选择要贴近实际、有助于教学目标的达成和适合开展课堂探究活动。例如，"硫和含硫化合物的相互转化"的实验探究教学中，可设计的问题为："实验室储藏的硫化钠晶体暴露在空气中可能转化成什么物质？请提出你的假设。""实验有哪些现象？这些现象说明了什么？""从硫元素价态上分析，这些含硫物质的相互转化可以分成几种类型？"这 3 个大问题其实就将探究活动分成了 3 个环节：即"提出假设"、"实验观察、分析、得出结论"、"归纳总结"。

(2) 提出假设的策略　运用恰当的思维方式提出假设并建构科学探究过程，主要策略可概括如下。

① 类比式假设。它是根据两个或两类对象所具有的某种或某些共有或相似要素或特征，推出其中一个（类）研究对象可能具有另一个（类）研究对象所具有的属性或部分属性而形成假设。

【例 2-3】　探究问题"过氧化钠能否与二氧化碳反应"
事实：
$$Na_2O+H_2O=\!=\!=2NaOH$$
$$Na_2O+CO_2=\!=\!=Na_2CO_3$$
$$2Na_2O_2+2H_2O=\!=\!=4NaOH+O_2\uparrow$$

类比式假设：Na_2O、Na_2O_2 和 H_2O 反应都有 $NaOH$ 生成，后者还有 O_2 生成，由此推断 Na_2O_2 与 CO_2 反应除有 Na_2CO_3 生成外，还有 O_2 生成。

实验验证：Na_2O_2 与 CO_2 反应，产生能使带火星木条复燃的气体。

结论：假设成立。$2Na_2O_2+2CO_2=\!=\!=2Na_2CO_3+O_2\uparrow$

② 归纳式假设。它是指运用归纳法提出和建立假设，是一种从特殊和个别事实所获得的认识或规律提高到一般的认识和规律的方法策略。

【例 2-4】　研究铝与稀盐酸的反应

材料事实：锌与稀硫酸（研究对象 1）、铁与稀硫酸（研究对象）、镁与稀硫酸（研究对象）都能相互发生反应，生成盐和氢气。

归纳式假设：那么金属与酸反应生成盐和氢气，铝是一种金属，因此铝与稀盐酸能发生反应，生成铝盐和氢气。

实验验证：用一支试管，取 2mL 稀盐酸，再加入一小块铝片，可看到铝片上有气泡冒出。

③ 演绎式假设。它是指运用演绎法提出和建立假设，把一般的认识或规律、原理运用于特殊、个别范围内，以验证规律、原理的适用性。比如"葡萄糖的化学性质"一节的探究教学，提出猜想与假设的方法就是典型的演绎法。教师可以让学生先分析葡萄糖的结构，利用有机物结构中官能团的共性，提出猜想：葡萄糖既有醇羟基的性质又有醛基的性质。

④ 分类式假设。它是指运用分类的方法，对已有的现象或资料，按照某种重要的特征将其分类整理，提出和建立假设。如在苯的探究性学习中，可通过学生求分子式的方法引出课题，提出如何确定 C_6H_6 的分子结构呢？引导学生比较烷烃、烯烃、环烷烃、炔烃的通式，分析碳碳键类型与含氢原子数的关系，要求学生将苯（C_6H_6）与己烷（C_6H_{14}）比较，猜想苯的分子结构式如何？若为链式结构，则苯分子结构可能有多少种？若为环状结构，则苯分子结构又可能有多少种？由这种按类别提出假设，然后寻找事实，比较筛选，用实验证明性质推断，合理的假设逐渐明确起来。

(3) 假设检验和推理策略　假设提出后，就要想方设法去检验它，用实证性材料去推翻或支持假设。这是探究式实验教学完成对所学知识的意义建构的重要环节。在假设检验和推理阶段，教师要创设条件，学习者积极参与假设检验的实验设计，进行实验观察、控制条件、记录现象，或作资料实证性研究，教师要适时引导协作与交流、反思增强情感体验，调控探究进程，强化成功欲望。要避免在假设检验过程中把设想等同于规律的偏向，假设有时需要反复验证，没有充分的事实，不要轻易接受或推翻原假设，以培养求真务实的科学素养。

(4) 发现规律，得出结论的策略　发现规律，得出结论主要是在验证假设的过程中，通过阅读资料和实验观察，对所获得的资料和事实进行选择、判断、解释和运用，用化学用语、线图和表格等形式加以系统化、简明化、概念化。它是探索者思维方法的学习与思维水平的提高的表现,也是学习者对知识完成意义建构的关键。其实质是培养学生科学抽象,包括表征性抽象和原理性抽象的活动过程。表征是有机体对外界信息进行加工时(输入、编码转换、存贮)客观事物在头脑中呈现的形式。它包括化学用语表征、图表表征、模型表征、数学表征、实验表征等,在科学抽象过程中需要运用比较、分类、归纳、概括、分析和综合等一些科学逻辑方法,有时要运用模型化方法,特别要从宏观和微观的结合上进行学习与思考,才能真正完成"意义建构",发现规律和结论。其结论表征,见表2-5。

表2-5　化学实验教学中结论的表现形式与示例

表现形式	示例
化学实验事实	铁在加热条件下能够在氧气中燃烧
化学基本概念	生成新物质的化学变化叫化学变化 能和碱溶液反应,生成盐和水的氧化物,叫酸性氧化物
化学规律(定律)	活泼性较强的金属能够把活泼性较弱的金属从它的盐溶液置换出来 参加化学反应的各物质的质量总和,等于反应后生成的各物质的质量总和,这就是质量守恒定律
化学基本观念	构成化学物质的微粒是不断运动的
化学实验操作	应该用酒精灯的外焰给物质加热 排水集气是化学实验收集气体的一种方法
科学方法	可以用实验条件的控制方法探究化学物质及其变化 可以根据实验现象推断物质的组成

第四节　化学实验教学评价

从20世纪初课程评价成为一个独立的研究领域以来,主要经历了测试期、评价期、描述和判断期、建构期;其课程评价的取向,主要有目标取向、过程取向和主体取向。传统化学实验教学评价,属于"目标取向"评价,很难与化学新课程教学理念相适应。例如,传统化学实验教学评价的主要方式是书面考试或实验笔试,它侧重于化学实验知识和实验思维能力的考察,不能对实验操作能力、观察能力、对科学探究和科学方法的理解等做完全的考核。因此,化学实验教学评价进行变革势在必行。以下介绍一些化学实验教学评价的内容、标准和方法。

一、化学实验教学评价的内容与指标

1. 演示实验评价的内容与指标

① 演示实验的目的性。对于每一个演示实验说明什么问题,得出什么结论,培养哪些方面的技能,实验的重点、难点以及主要现象是什么,哪些地方应特别注意等,不仅教师自己必须清楚,还应当向学生交代清楚。例如,同样是电解实验:在氯气的生产原理中,氯气的产生就是观察的重点,学生需要掌握的就是工业制氯气的原理。而"电能转化为化学能"这节课的电解实验,观察的重点就是两极的产物,其目的是掌握电解池中能量的转化。实验过程中,教师应该引导学生仔细观察电解过程中两极产物分别是什么,电解过程的实质是什么。

② 演示实验的直观性。演示实验的直观性不只是指实验现象的直观,还包括实验操作

的直观和实验仪器的直观。实验现象的直观指实验现象鲜明,应选择在化学反应中有颜色变化、气体产生、沉淀生成、物质溶解、发光、发热、燃烧等能给学生较强的感官刺激的实验作为演示实验。实验操作直观是指教师的实验操作速度要快慢适中,也就是说实验要控制节奏,不能太快或太慢。快了,学生不能看清实验现象,慢了,学生的注意力不能持久,学习兴趣减弱。实验仪器的直观是指实验仪器装置直观、整洁。仪器的大小、高低、长短要协调,布局合理,重心沉稳。暂不用的仪器、药品不要摆放到实验桌上,以免干扰学生的注意力。

③ 演示实验的启发性。教师所进行的每个演示实验,是否是一个个有趣的问题,是否让学生去思考、去解答,发展他们的逻辑思维,特别是求异思维,鼓励他们用不同的方法去解释同一个实验。让学生积极地参与实验、回答问题,才能使他们在演示实验中真正理解和掌握各种参量的测量方法和相关仪器的操作使用。

④ 演示实验的安全性。安全性是指演示实验是否确保安全,是否有任何可能伤害师生的事故发生。否则,不但有害师生的身心健康,还会造成学生对科学实验的恐惧心理,进而导致失去学习化学的兴趣和信心。教师在选择、准备和演示实验时,必须树立安全意识。

⑤ 演示实验的规范性。规范性,即演示过程中,教师的操作是否合乎规程,做到准确、规范,使学生在观看教师的演示后,能了解正确的实验操作方法。正确规范的操作不仅是保证演示实验成功和演示实验安全的需要,而且教师的一举一动对学生起着示范作用,对学生起着潜移默化的影响。

2. 化学探究实验活动表现评价的内容和指标

美国加利福尼亚大学评价中心的报告指出,基于标准的教育体系的成功依赖于 2 个要素:强有力的评价标准和能够衡量出标准所期望的学习结果的评价。有的研究者在化学实验教学评价的实践基础上,制定了实验探究活动表现评价指标(见表2-6),可为化学实验教学中评价学生活动表现提供参考。

表2-6 化学实验探究活动表现评价指标

评价要素	一级指标	二级指标
问题	问题的性质	提出的问题运用了以前学过的化学知识,揭示出问题与所学化学知识之间的矛盾,问题具有一定科学性
	问题的表述	对问题的表述明确、具体、清楚
猜想与假设	对实验方法进行预测	可以针对问题提出猜想,并从多个角度猜想解决问题的方式
		对解决问题的实验方法进行预测时,具有一定的科学性
	对实验结果进行猜想或预测	对实验的结果进行猜想(预测)时,猜想与结果的符合程度
	对猜想或假设的解释	运用课堂上的观察、生活经验或者化学知识为自己的猜想提供依据,解释猜想的逻辑正确
实验设计	实验设计	运用课堂上的观察、生活经验或者化学知识为自己的猜想提供依据,解释猜想的逻辑正确
		设计的方法能依据正确的实验原理,选择科学的实验方法
		独立或与他人合作对有关的化学实验条件进行控制
		药品和仪器的选择科学、合理,实验容易操作、装置简单
		依据设计出的实验方案进行定量实验时,误差小
		有创新意识、不局限于课堂上摆放的仪器和药品,设计出独特的、合理的实验方案

续表

评价要素	一级指标	二级指标
进行实验与收集数据	进行实验、收集数据	规范使用各种基本的实验仪器,操作安全,能及时有效地排除实验故障
		仪器按事先的设计组装正确无误,实验观察认真、细致、有序
		用多种方式收集数据,如实记录实验数据、化学现象
		用其他方式(课外书籍、互联网、调查等)获取资料时,能正确地分析这些资料的科学性
分析与论证	对结论的描述和解释	对假设所依据的实验事实或证据的可靠性进行初步论证
		概括、精练地陈述结论成立的条件
		比较探究结论和探究假设
		结论与取得的数据或观察到的实验现象有因果关系 解释结论的逻辑正确、严密
	对假设与实验结果间差异的分析	运用化学知识或生活经验分析实验结果与假设之间的差异(强调分析的过程)
		提出进一步的探究方案以证实自己提出的解释和分析
	对未解决的矛盾的关注	能够注意探究过程中未解决的矛盾
		能够从未解决的矛盾中发现新的问题
		尝试对新发现的问题给出自己的解答
评价、交流与合作	对探究过程和结论的质疑和改进	对探究过程或结论中确实存在的问题产生质疑
		能从探究过程(实验方案、实验操作)和结论中找出可改进之处,提出的改进方案切实能克服探究过程或结论中存在的问题
	合作精神	在小组中认真完成自己的分工
		能尊重和欣赏其他同学,认真倾听并思考别人的观点
		对他人观点,无论赞同还是反对都及时表达自己的观点
		乐于采纳别人意见中的长处以改进自己的研究
	表达与交流	坚持以证据为依据,实事求是,不盲从他人观点
		在证据和已有化学知识的基础上有逻辑地表述自己的观点
		清晰、准确地表述自己的观点,使别人容易理解
		能用图表、模型等直观形象的其他形式辅助语言文字表达

  化学实验活动表现评价指标的构建和应用涉及教学的各个方面,是一个不断生成和变化的问题。上述评价的二级指标难免庞杂和繁琐,教师可以根据实际情况,进行取舍,创造性地使用,使评价变得简洁、适用。

二、化学实验活动表现评价的方法

  化学实验活动表现评价是在学生完成一系列任务(实验方案设计、实验操作、交流讨论等)的过程中进行的教学评价。它通过观察、记录和分析学生在实验活动中的表现,对学生的参与意识、合作精神、实验操作技能、实验探究能力、分析问题的思路、知识的理解和应用水平以及表达交流技能等进行评价。对上述实验活动表现评价的有效方法是 SOLO 分类评价法。

  "SOLO" 是英文 "Structure of the Observed Learning Outcome" 的首字母缩写,意为:

"可观察到的学习成果的结构"。它将学习成果划分为 5 种结构，5 种结构及其含义如下。

① 前结构（pre-structure）：学生对知识点没有真正的理解，解决问题时逻辑性差，处理问题时发生错误。

② 单一结构（unistructure）：解决问题时，只能想到一个知识点，并立即得出结论。

③ 多元结构（multistructure）：解决问题时，能够想到多个知识点，但不能将各个知识点进行有机的整合。

④ 关联结构（relational structure）：解决问题时，能够想到多个知识点，将这些知识点联系成一个整体。

⑤ 拓展抽象结构（extended abstract structure）：解决问题时，能够进行抽象的理论概括，能对结论进行反省，从而得以扩展。

SOLO 分类评价法将学生的探究实验的情况大致归入上述 5 种结构中，在每一种结构中又分出 3 个水平，即非常符合、比较符合和勉强符合。5 种结构和 3 个水平分别用字母和数字来代替。5 种结构中，E 代表前结构；D 代表单一结构；C 代表多元结构；B 代表关联结构；A 代表拓展抽象结构。3 个水平中，1 代表勉强符合；2 代表比较符合；3 代表非常符合。这样，在对学生探究实验进行评定时，如果学生的反应比较符合多元结构，则将学生的成绩评定为 C2，由此，SOLO 分类评价法是一个二维评价系统。在进行终结性的考试与评价中，可以给各个结构和水平赋予一定的分值，如 5 种结构可按照 1、2、3、4、5 打分，3 个水平可按照 0.0、0.3、0.6 打分，这样，就可以转移到量化中来便于对学生的最终评定。例如，"铁钉锈蚀条件的探究"中"制订计划"的评价如下。

第一，确定评价结构。由教师制定"铁钉锈蚀条件的探究"中的"制订计划"的评价结构如下。

① 单一结构：能考虑到铁钉锈蚀的某个条件，并设计出计划。如能考虑到"和氧气接触"这个条件，能设计出"取一支试管，用酒精灯烘干，向里面放入一根洁净无锈的铁钉，然后用橡皮塞塞紧试管口，一段时间后，观察现象。"

② 多元结构：能考虑到铁钉锈蚀的多个条件，并设计出计划。如能考虑到"和氧气接触"及"和水接触"等条件，能设计出以下实验：实验一，取一支试管，用酒精灯烘干，向里面放入一根洁净无锈的铁钉，然后用橡皮塞塞紧试管口，一段时间后，观察现象；实验二，取一支试管，向其中放入一根洁净无锈的铁钉，注入刚煮沸过的蒸馏水至浸没铁钉，然后在水面上注入一层植物油，使铁钉只与水接触，一段时间后，观察现象。

③ 关联结构：能考虑到铁钉锈蚀的多个条件，并能考虑到多个条件之间的关系，设计出计划。如能考虑到"和氧气接触"及"和水接触"等条件，并能考虑到上述条件之间的关系，能设计出以下实验：上述实验一和实验二；实验三取一支试管，向其中放入一根洁净无锈的铁钉，然后注入蒸馏水，不要浸没铁钉，使铁钉同时与空气和水接触，一段时间后，观察现象。

④ 拓展抽象结构：能考虑到铁钉锈蚀的多个条件及各条件之间的关系，并能将之迁移，设计出计划。如能考虑到"和氧气接触"及"和水接触"等条件，并能考虑到上述条件之间的关系，并迁移到所有铁制品上，进而知道预防生锈的方法，能设计出以下实验：上述实验一、实验二、实验三；实验四能对铁制品进行处理以预防生锈。

第二，判断评价结果及评价分值。在实际教学中，可对学生进行分组教学，每组学生应认真填写探究实验中"基本要求"的实验记录，教师根据每组的实验记录情况，结合评价结构对该组实验结果进行评价，同时根据评价结果将符号折换成分值（见表 2-7）。

第三，描述性评价。数据统计利用 SPSS18.5 统计应用软件，对表 2-7 分值进行了描述性分析。可知学生的平均得分为 4.23 分,在最低分 2.6 分到最高分 5.3 分的连续体上位于高分段表,标准差数值较小,说明学生分数的离散程度不大,由此表明学生对该探究实验的"制订计划"总体上设计较好。

表 2-7 "制订计划"的评价记录和评价分值

内容	组别											
	1	2	3	4	5	6	7	8	9	10	11	12
制订计划	A2	B1	C3	D3	B3	B3	B2	C3	B2	B2	B2	A1
分值	5.3	4.0	3.6	2.6	4.6	4.6	4.3	3.6	4.3	4.3	4.3	5.0

第三章 化学演示实验教学与实验设计

第一节 化学演示实验教学

实验一 常用化学仪器的规范操作技能训练

一、实验目的

1. 熟练掌握几种常见仪器的规范操作技能。
2. 练习加热、溶解、过滤、蒸发、溶液配制、萃取和分液等操作技能。

二、实验内容

1. 试管的使用。
（1）在试管中进行 $AlCl_3$ 溶液与 NaOH 溶液的反应。
（2）在试管中进行 CuO 与稀 H_2SO_4 的反应。
（3）在试管中制取无水 $CuSO_4$。
2. 对 6.0g 粗食盐进行提纯（只要求除去不溶物）。
3. 配制 250mL 0.1mol/L 的 NaOH 溶液。
4. 从 15mL 碘水中萃取碘。

三、参考资料

1. 试管的使用

（1）试管外壁应干燥，不能有水珠。试管里的液体不能超过试管容积的 1/3。

（2）振荡装有溶液的试管，以促进反应进行时，用右手的拇指、中指、食指握持试管的上端，无名指和小指拳向掌心，即"三指握，二指拳"，用适当大小的腕力向外甩动，并骤然停止。如此重复多次，使试管里的液体能兜底翻上，而不会从试管口溢出。

（3）给盛有液体的试管加热时，试管应该用试管夹夹持，夹持时把夹子张开，由试管底部套上、取下，不得由试管口部套上、取下，以防夹上的污物落入试管中。试管夹应夹在离管口约 2cm 处（或离管口为管长的 1/5～1/4 处）。加热时用右手拇指、中指、食指握持试管夹的长柄，不应同时握持短柄，以防用力过大时试管松脱。加热时，试管应倾斜，与桌面成 45°，试管口不要对着别人或自己，应先使试管均匀受热，然后不停地缓慢摇动着试管，在酒精灯的外焰部分加热液体的中、上部。

（4）给盛有固体的试管加热时，试管应该用铁夹固定在铁架台上，夹住近管口处，并使管口略向下倾斜，以免由结晶水或湿存水生成的水蒸气冷凝后流到试管受热的部位而引起炸裂。加热时，应先往复移动酒精灯，使试管各部位均匀受热，然后使火焰集中在放固体的部位加热。

2. 药品的取用

(1) 固体药品的取用　取用固体药品要用洁净、干燥的药匙。药匙应专用，如用同一药匙取不同的药品应洗净擦干后使用。

当用镊子取用块状固体时，先把试管横放，把药品放入试管口，再把试管慢慢地竖立起来，绝不能将颗粒从试管口垂直投入，以免打破试管底部，如图 3-1 所示。

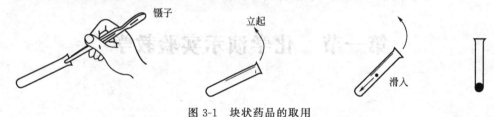

图 3-1　块状药品的取用

当取用粉末状或小颗粒的药品时要用药匙或纸槽，先将试管横放，把盛试管的药匙或纸槽小心地送入容器底部，再将容器直立，如图 3-2、图 3-3 所示。

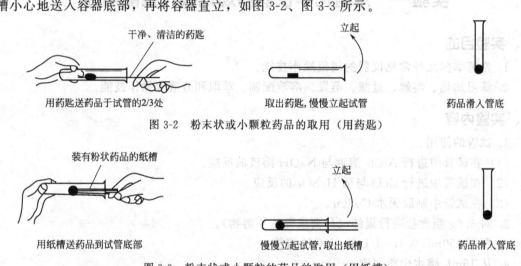

图 3-2　粉末状或小颗粒药品的取用（用药匙）

图 3-3　粉末状或小颗粒的药品的取用（用纸槽）

(2) 液体药品的取用　取用很少量液体药品时可用胶头滴管。从滴瓶中用滴管向试管中加入液体试剂时，应用左手垂直持住试管，右手的无名指和中指夹住滴管，将它放到试管口的正中上方 0.5cm 左右处，然后用大拇指和食指轻轻揿捏橡皮头，使液体滴入试管中。不准将滴管伸入到试管中，滴管不能触及容器器壁（见图 3-4），以免沾污滴管。装有药品的滴管不得横放或管口向上斜放，以防液体药品流入滴管的胶状乳头中。取用较多量的液体药品入试管时，可直接从试剂瓶中倾倒，应注意标签向着手心，并应斜持试管，使瓶口紧挨着试管口，防止试剂污染或腐蚀标签（见图 3-5）。

3. 过滤

常用的过滤方法有：常压过滤、减压过滤和热过滤。常压过滤是一种最简单、最常用的过滤方法。过滤前，先把一圆形或方形滤纸对折两次成扇形，见图 3-6（方形滤纸需剪成扇形，圆形滤纸不必再剪），折叠好的滤纸放入漏斗中，用食指把滤纸按在漏斗壁上，用少量蒸馏水润湿滤纸，用玻璃棒轻压滤纸四周，赶走滤纸与漏斗壁之间的气泡，使滤纸紧贴在漏斗壁上。否则，气泡的存在将延缓液体在漏斗颈内的流动而影响过滤速度。漏斗中滤纸的边缘应略低于漏斗边缘。

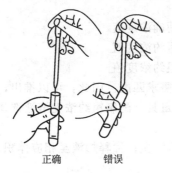

图 3-4 滴液入试管的方法

图 3-5 倾注法

过滤时，漏斗要放在漏斗架上，漏斗颈末端要靠在接收容器内壁上；先把上层清液沿着玻璃棒（玻璃棒末端要轻轻地斜靠在有三层滤纸的一边）倾倒到漏斗中（见图 3-7），每次转移量不能超过滤纸高度的 4/5。如果沉淀需要进行洗涤，应待清液转移完毕后，向沉淀中加入少量洗涤剂，充分搅拌后静置，待沉淀沉降后，把上述清液转移到漏斗中，如此重复操作三次，再把沉淀转移到漏斗中的滤纸上。洗涤沉淀也可先把沉淀转移到漏斗中的滤纸上，再用吸管吸取洗涤液进行洗涤。洗涤沉淀时要遵循"少量多次"的原则，这样洗涤效率才高。检查沉淀是否洗涤干净（从漏斗颈下端接取洗涤液加入相应的试剂进行检验）。过滤的原理可用图 3-8 形象的表示。

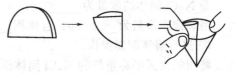

图 3-6 滤纸的折叠

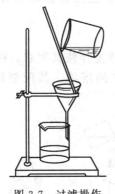

图 3-7 过滤操作

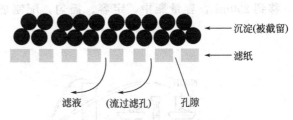

图 3-8 过滤的原理示意图

4. 蒸发

为了把溶剂从溶质中分离出来，常采用加热使溶剂不断蒸发的方法。蒸发时应注意注入蒸发皿中的液体体积不能超过其容积的 2/3。如果液体量较多，蒸发皿一次盛不下，可随水分的不断蒸发后再添加溶液。根据物质对热的稳定性，可选用酒精灯、水浴等进行加热。当加热到溶液表面出现晶膜时，应视物质溶解度随温度变化的大小，停止加热或用水浴小火慢慢加热。瓷蒸发皿不可骤冷，以免炸裂。

5. 溶液的配制

（1）溶液浓度量的特征与量器、量具精度的合理选择 溶液由溶质和溶剂组成。由溶液组成可见，溶液精确浓度值的必备条件是精确的溶质量、精确的溶剂量，否则，该溶液的精确浓度值就无法保障。只要其中之一是粗约的量值，则该溶液就是粗约浓度的溶液。由此，溶液组成量的特征可简单地表示为：

$$\text{精确溶质量} + \text{精确溶剂量} \rightarrow \text{精确浓度值}$$
$$\text{精确（溶质或溶剂）} + \text{粗约（溶剂或溶质）} \rightarrow \text{粗约浓度值}$$
$$\text{粗约溶质量} + \text{粗约溶剂量} \rightarrow \text{粗约浓度值}$$

从满足取量需求出发，量器、量具的精度应与取量需求匹配。因此，可以推出，不同精度的仪器选择：配制精确浓度溶液选择精度高的量器和量具；配制粗约浓度溶液选择精度低的量器和量具。

（2）溶液配制的一般过程　"量""取"溶质；溶解溶质；稀释加液至相应体积。

【例 3-1】　配制 50g 质量分数为 5% 的 NaCl 溶液。

① 计算试剂用量

需 NaCl 固体的质量为_____ g；

需蒸馏水质量为_____ g，合体积_____ mL（蒸馏水的密度近似为 $1g/cm^3$）。

② 进行溶液配制操作

将用托盘天平称量好的 NaCl 固体倒入烧杯里；

选用合适的量筒，量取所需体积的蒸馏水，并倒入盛有 NaCl 固体的烧杯里；

用玻璃棒搅拌，直至 NaCl 固体全部溶解；

把配制好的溶液倒入试剂瓶里，并贴上标签。

【例 3-2】　配制 250mL 0.1mol/L 的 NaOH 溶液。

① 计算试剂用量，需 NaOH 固体_____ g

② 称量所需的 NaOH 固体

用托盘天平先称量一个干燥洁净的 100mL 烧杯的质量，然后把 NaOH 固体放入烧杯，再称出它们的总质量，用差减法得到 NaOH 固体的质量。注意称量时动作要快，否则 NaOH 固体吸湿性强，太久之后会称量不准确。

③ 溶解

向盛有 NaOH 溶液的烧杯中加入少量蒸馏水，用玻璃棒搅拌使其溶解，待冷却后，转移到 250mL，容量瓶中，定容、摇匀，配制成所要求浓度的溶液。其配制流程如图 3-9 所示。

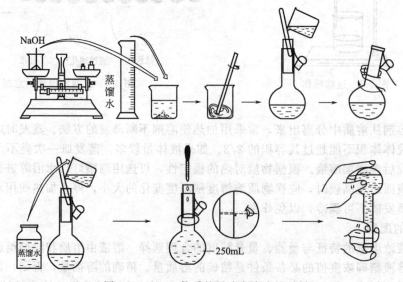

图 3-9　NaOH 物质的量浓度溶液的配制

④ 转入准备好的试剂瓶，并贴好标签妥善保存，供以后实验使用

【例 3-3】 配制 250mL 3mol/L 的稀 H_2SO_4 溶液。
① 计算试剂用量
需浓硫酸_____mL。
② 量取所需的浓硫酸
③ 稀释

取少量蒸馏水于烧杯中，将量取的浓硫酸沿烧杯壁倒入水中，并不断用玻璃棒搅拌；待冷却后，把冷却的 H_2SO_4 溶液转入 250mL 容量瓶中，定容。

④ 将容量瓶中的溶液转入准备好的试剂瓶中，贴好标签备用

6. 萃取和分液

萃取是用溶剂从混合物（液体混合物、固体混合物）中提取出所需要组分的操作，该溶剂称为萃取剂。萃取的原理是利用同一物质在两种互不相溶（或微溶）的溶剂中具有不同的溶解度的性质，将其从一种溶剂转移到另一种溶剂，从而达到分离或提纯目的的一种方法。在中学化学实验中常用分液漏斗进行萃取操作。

分液是把两种互不混溶的液体分离开的操作方法，所使用的仪器是分液漏斗，选用的分液漏斗体积应为被萃取溶液与萃取溶剂二者体积总和的 1.5 倍左右。其操作要领是将装有分层液体的分液漏斗放在铁架台的铁圈上，打开分液漏斗上的玻璃塞，或使塞上的凹槽或小孔对准漏斗口上的小孔，使漏斗内外气压相等，保证漏斗里的液体能够流出；打开活塞，下层液体流出，待下层液体流完后，把活塞关上，将上层液体从上口倒出。

萃取和分液的一般步骤如下（见图 3-10）：

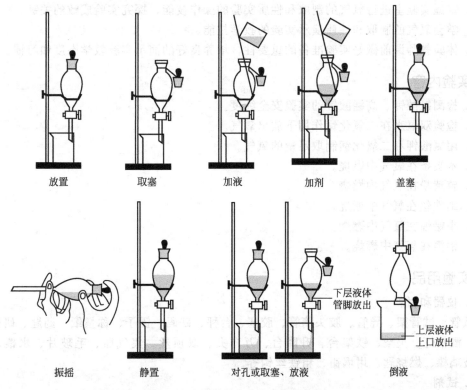

图 3-10 萃取和分液的一般过程

① 将分液漏斗放置在铁夹台的铁圈上；

② 加入混合液于分液漏斗中；
③ 再加萃取剂于分液漏斗中；
④ 塞紧分液漏斗塞子；
⑤ 取下分液漏斗后，振摇几次；
⑥ 排气（排气方法：分液漏斗管脚朝上，开启旋塞，排出漏斗内气体，关闭旋塞）；
⑦ 重复几次振摇、排气；
⑧ 分液漏斗静置在铁圈上；
⑨ 待清晰分层后，打开塞子；
⑩ 分液。

四、思考题

1. 粗食盐的提纯实验中，学生应该掌握哪些基本操作？物质的量浓度溶液的配制的教学过程中主要培养学生哪些实验技能？

2. 结合高中《化学1》教科书中萃取相关内容，分析萃取实验教学的重点和难点，并设计萃取实验教学的方案。

实验二　氧气的制取和性质

一、实验目的

1. 掌握实验室进行氧气的制取和性质实验的操作技能，探究实验成败的关键。
2. 学会氧气的制取和性质演示实验的教学技能。
3. 体验教师课前做好实验准备的重要性，培养良好的演示实验教学态度和习惯。

二、实验内容

1. 检测氯酸钾、高锰酸钾的实验安全纯度。
2. 检验双氧水在二氧化锰作用下放出氧气。
3. 用氯酸钾和二氧化锰制取足量的氧气。
4. 木炭条在氧气中燃烧。
5. 硫黄粉在氧气中燃烧。
6. 细铁丝在氧气中燃烧。
7. 小蜡烛在氧气中燃烧。
8. 铝箔在氧气中燃烧。

三、实验用品

1. 仪器和材料

试管、试管架、导管、胶头滴管、胶塞、台秤、砝码、镊子、称量纸、药匙、研钵、蒸发皿、酒精灯、火柴、铁架台、升降台、万向夹、双顶丝、集气瓶、毛玻片、水槽、小烧杯、玻璃棒、燃烧匙、坩埚钳、粗铁丝钩等。

2. 试剂

5%的双氧水、二氧化锰、氯酸钾、高锰酸钾、木炭条、硫黄粉、红磷粉、细铁丝、铝箔、小蜡烛、木条、香条、石灰水、细沙子。

四、实验研究步骤

1. 实验研究前资料收集与研究方案的设计

（1）思考与讨论

① 按直观、简易、安全、可靠的原则，分别对上述实验进行创新性设计。这里的"安全"主要指什么？

② 使用氯酸钾和二氧化锰成功制取氧气，是完成本实验课题的基础，是实验工作量最大的一个关键环节，如何保证这一环节得以成功？

③ 上述演示实验的教学目的是什么？这些演示实验成功的特征是什么？应注意哪些事项？

④ 演示木炭、硫黄粉、蜡烛在氧气中燃烧的实验时，各应引导学生观察哪些现象？

⑤ 演示细铁丝在氧气中燃烧的实验是难度较大的实验。实验对铁丝的粗细，引发反应条件的装置，集气瓶的保护以及实验操作各有什么要求？提出这些要求的原因各是什么？如何利用细铁丝在氧气中燃烧的演示实验，培养学生的观察能力和推理能力？如何设计和实施铝箔在氧气中燃烧的演示实验？

（2）阅读与资料收集　阅读和研究下列内容，收集与本实验教学研究内容相关的资料，明确实验教学研究的目的与要求、实验成败的关键。

① 初中化学教科书中与"氧气的制取和性质"有关的教材。

② 本实验中"参考资料"及与"氧气的制取和性质"实验和教学有关的文献。

（3）实验研究方案的设计　在"思考与讨论"和"阅读与资料收集"的基础上，依据各演示实验的目的与要求和实验条件，明确每一实验成败的关键，设计如下实验研究的初步方案。

① 如何用双氧水和二氧化锰制取氧气？注意实验条件、实验操作方法、产物检验现象观察的设计。

② 如何用氯酸钾和二氧化锰制取氧气？注意反应物的要求、仪器装置装配、实验操作方法、产物的收集、现象观察的设计。

③ 木炭在氧气中燃烧的探究。注意木炭实验条件、实验操作、产物检验、现象观察的设计。

④ 硫黄粉在氧气中燃烧的探究。注意硫黄粉的载体、实验条件、实验安全、实验操作、现象观察的设计。

⑤ 铁丝在氧气中燃烧的探究。注意铁丝的性状、引发反应的装置、集气瓶底部的保护、实验操作、现象观察的设计。

⑥ 蜡烛在氧气中燃烧的探究。从蜡烛在氧气中燃烧实验的目的（通过燃烧产物检验，说明碳、氢有机物在点燃的条件下与氧气剧烈反应生成水和二氧化碳），设计干燥氧气的收集方法，燃烧装置及产物检验的实验操作，现象观察的方法。

上述实验的设计，从装置到操作都应直观、简易、安全、可靠。氧气的性质应通过进行反应物在空气中燃烧与在纯氧气中燃烧的操作比较得到。

（4）演示实验教学方案的设计　根据中学教材中氧气性质演示实验的教学目的，自选（或由导师分配）一两个演示实验内容进行教学方案的设计。教案要求以演示教学技能的构成要素为线索进行设计，将演示技能理论运用于教学实际。教案应在明确演示实验的课程目标、观察目标、观察重点的基础上进行设计。通过"引入实验提醒注意、介绍媒体操作示范、引导观察板书现象、启发思考核查理解、归纳整理小结板书"的演示教学程序，从而引导"准教师"自己学会相应演示实验的教学技能。

上述设计的实验研究方案和演示实验教学方案都要在实验前交导师审阅。

2. 实验研究过程

(1) 实验研究方案的介绍与评价　指导教师在审阅学生实验研究设计方案的基础上，有目的、有针对性地指定 3 位学生分别介绍他们在实验研究上的创新实验研究方案，每人 1～2 个实验，并组织评析。评析实验研究方案应围绕实验是否直观、清晰、简单、安全、可靠及创造性如何进行。在讨论交流的基础上，学生自我调整研究的初步方案。

(2) 实验研究　学生按调整后的实验研究方案进行实验探究。

① 如何使用双氧水和二氧化锰制取氧气？实验条件（加热、催化剂）对实验现象的影响。

② 如何使用氯酸钾和二氧化锰制取氧气？仪器装置的安装和拆解、试剂的前期处理方法。反应物的用量、干燥程度、颗粒大小对氧气产量的影响。

③ 木炭在氧气中燃烧后，容器底部会有少量炭粒，影响产物检验，应注意避免或减少。

④ 硫黄在氧气中燃烧的实验，如果用铜质燃烧匙盛硫黄会出现什么副反应？如何避免？反应产物应注意吸收，避免污染环境。

⑤ 铁丝在氧气中燃烧的实验，应注意铁丝的粗细和纯度，注意引发反应条件的装置与操作。如果设计铝箔在氧气中燃烧的实验，注意从实验的难易、现象、操作与铁在氧气中燃烧的实验比较。

⑥ 蜡烛在氧气中燃烧，为检验产物水的产生，应注意氧气的收集方法，注意检验产物水和二氧化碳现象鲜明的实验操作。

以上实验都应该注意突出反应条件，注意与反应物在空气中燃烧的现象进行比较。

3. 演示实验教学研究

(1) 演示实验教学的模拟　由学生分别扮演"准教师"和"中学生"进行演示实验教学模拟（由导师有目的地指定或由学生自己报名），必要时可进行录像。

演示实验教学的目的——让中学生从每一个实验的观察目的出发，认识氧气的活泼性。准教师通过演示技能的构成要素，学习和探讨实现演示实验目的的教学方法，训练以演示技能为主的教学技能。

演示技能的训练，应根据局部到整体的原则。本课题演示技能训练应注意突出"引入实验提醒注意、介绍实验操作示范、引导观察板书现象、启发思考核查理解、归纳整理板书结论"的演示教学程序，准教师从而引导自己进行演示技能构成要素的训练。

"引入演示"可以通过设置问题情景，激发认知冲突，配以问题式的化学反应式板书来进行。问题式的化学反应式板书，不仅可以将学生的注意力引入演示实验，达到强化的目的，而且也会使开始时少数注意力不集中的学生知道教师下一步在做什么；通过展示和介绍仪器的装置和反应物来"介绍媒体"；通过反应条件（如点燃）和操作（如由上至下缓慢下移）的控制"操作示范"，通过板书主要现象"引导观察"；通过核查理解"启发思考"；通过板书重要结论"归纳整理"。

本课题中氧气的性质演示实验教学应该注意引导学生比较反应物在空气和纯氧中燃烧的实验现象，以强化对氧气性质的认识。

演示实验教学中应该注意结合具体的实验，有目的地培养学生的实验能力、观察能力和由现象到结论的推理能力。

(2) 演示实验教学技能的评议　演示实验教学评议应围绕氧气演示实验的目的、演示技能构成要素的应用，中学生主体作用的发挥、演示效果及其他教学技能进行。演示者首先进行自我评介，应突出"引入演示、介绍媒体、操作示范、引导观察和小结板书"这几个演示技能构成要素应用的评议。必要时可重放录像，结合录像进行分析评说。教师也可以进行示范，并最后给予总结评定。

五、参考资料

1. 实验室制取氧气的常用方法

（1）用过氧化氢和二氧化锰制取氧气　实验室中如果使用少量氧气，可以在简易装置中用双氧水分解制取。

$$2H_2O_2 \xrightarrow{MnO_2} 2H_2O + O_2 \uparrow$$

加热、加催化剂能加快该反应的速度。实验室中常用二氧化锰作催化剂。实验装置见图3-11。

（2）用氯酸钾和二氧化锰制取氧气

实验室中如果使用较多的氧气，可以通过加热氯酸钾和二氧化锰的混合物制取。实验装置如图3-12所示。

$$2KClO_3 \xrightarrow[\triangle]{MnO_2} 2KCl + 3O_2 \uparrow$$

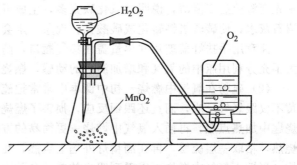

图3-11　用过氧化氢制取氧气

如果不用催化剂，氯酸钾需要加热到400℃以上才能明显放出氧气。

如果使用二氧化锰作催化剂，则加热到240℃就能迅速分解出氧气。实验表明，二氧化锰用量为氯酸钾用量的1/3并混合均匀，放出氧气的速度适中，便于收集。此外，还可以用氧化铁、氧化铜作催化剂，但效果没有用二氧化锰作催化剂的好。

氯酸钾和二氧化锰不能含有还原性杂质（如纸屑、炭粉等），否则在加热、

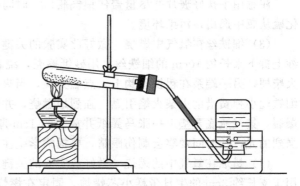

图3-12　用氯酸钾和二氧化锰制取氧气

研磨、撞击时可能会发生爆炸。因此，工业级的氯酸钾在使用前应进行检验。方法是取少量氯酸钾置于干净的敞口试管中加热熔融至放出氧气，如无火星则可用。否则要经重结晶方法提纯再用。工业级的二氧化锰在使用前要放在铁盘或蒸发皿中灼烧处理，并用玻璃棒翻动，以除去还原性杂质。冷却后取少量处理过的二氧化锰与纯净的氯酸钾在敞口试管中混合加热，如果没有火星产生，则可用。

在称量、压碎、混合、转移等操作过程中，要尽量避免用纸，以防纸屑混入。取用氯酸钾和二氧化锰的药匙要专匙专用，以防沾污药品造成失效。粗颗粒氯酸钾要在研钵中轻轻压碎，与磨碎的二氧化锰混合均匀，再移入干燥洁净的大试管中。压碎氯酸钾不能大力撞击，以免发生爆炸。

（3）用高锰酸钾制取氧气

$$2KMnO_4 \xrightarrow{\triangle} K_2MnO_4 + MnO_2 + O_2 \uparrow$$

高锰酸钾晶体加热到200℃时就有氧气放出，反应比较平稳，操作比较简便。但高锰酸钾晶体加热时会崩裂，造成导管堵塞，还会造成氧气或水槽的水带有紫色。为了防止上述现象出现，可以在试管口放置一小团玻璃纤维。与氯酸钾一样，当高锰酸钾中含有还原性杂质（如纸屑、炭粉等），在加热时可能会发生爆炸。高锰酸钾在使用前应进行检验。方法是取少量高锰酸钾置于干净的敞口试管中加热放出氧气，如无火星则可用。否则，要经重结晶提纯再用。

2. 氧气的性质

(1) **木炭在氧气中燃烧** 做好此实验的关键是选用合适的木炭和正确操作。把木炭放在燃烧匙底部加热所需时间很长,燃烧现象被燃烧匙边缘挡住,学生不易看到。正确的做法是选用木炭条,斜放在燃烧匙中,外露的一端在酒精灯外焰上烧,当出现红豆一样的火星,再慢慢向下伸入氧气瓶中,观察现象。

往反应后的集气瓶中加入澄清石灰水,开始要少量,并要盖上玻片摇动。如果发现石灰水先变浑浊后变澄清,说明二氧化碳太多,生成可溶的碳酸氢钙,这时还要再加入适量的澄清石灰水,使碳酸氢钙转化成碳酸钙,现象一定会很明显。

注意用手扶好盖玻片并尽量盖住集气瓶口,防止空气进入集气瓶内或玻片掉下而打烂。为了充分利用瓶中的氧气和增加演示的动感,燃烧匙应该上下移动和转动。

(2) **硫粉在氧气中燃烧** 初中课本中常常把硫粉直接放在铜制的燃烧匙中加热燃烧,硫黄不仅跟氧气反应,而且还跟铜反应,损害了燃烧匙。科学的方法是把硫粉放在玻璃制的燃烧匙中加热点燃,再插入氧气中燃烧。更简易的方法是取一支粗的玻璃棒,在酒精灯外焰上烧热,粘取一层硫粉,再在酒精灯外焰上点燃,在空气中轻轻摆动,让学生看到淡蓝色的火焰,再插入氧气中燃烧可以看到明亮的蓝紫色的火焰。

注意用手扶好玻片并尽量盖住集气瓶口,时间不宜过长,防止空气进入集气瓶内和二氧化硫从瓶中逸出,污染环境。

(3) **细铁丝在氧气中燃烧** 做好此实验的关键是选用的铁丝要细。可选用两三支从铁窗纱上拆下来长约10cm的细铁丝,用砂纸擦亮,绕着圆珠笔芯做成小弹簧状,一端系着一根火柴梗,另一端系在粗铁丝钩上。点燃火柴,当火柴快烧到细铁丝时就立即伸入氧气瓶中,细铁丝小弹簧借助火柴火焰引燃,强烈地燃烧,并熔成小铁珠掉落。为了保护集气瓶底以免爆裂,集气瓶底要垫上一张马粪纸并放上约1cm厚的细沙子。细铁丝在氧气中燃烧会放出强烈的光,长时间观察会刺伤眼睛,要提醒学生注意。

(4) **蜡烛在氧气中的燃烧** 做好此实验的关键是选用合适的蜡烛和干燥的集气瓶。可选用1支长约3cm的生日蛋糕小芯蜡烛,固定在燃烧匙上点燃,先观察蜡烛在空气中的燃烧现象;再吹灭蜡烛火焰,让蜡芯带点火星,马上伸入氧气瓶中,观察蜡烛在氧气中的燃烧现象;最后取出蜡烛盖上玻片,仔细观察瓶壁是否有水珠或水雾生成。

加入澄清石灰水,开始的量要少,并要盖上玻片摇动。如果发现石灰水先变浑浊后变澄清,说明二氧化碳太多,生成可溶的碳酸氢钙,这时还要再加入适量的澄清石灰水,使碳酸氢钙转化成碳酸钙,现象就会很明显。

六、思考题

1. 在实验中用氯酸钾制取氧气,可能发生什么事故?如何防止?
2. 做好氧气制备实验和性质实验的关键是什么?
3. 演示木炭、硫粉、铁丝、蜡烛在氧气中燃烧的实验时,如何引导学生观察实验现象?
4. 请设计白磷在水下燃烧的实验。

实验三 氢气的制取和性质

一、实验目的

1. 掌握实验室进行氢气的制取和性质实验的操作技能,探究实验成败的关键。

2. 学习氢气的制取和性质演示实验的教学技能。
3. 体验教师课前做好预备实验的重要性，培养良好的实验教学态度和习惯。

二、实验内容

1. 探究锌粒和硫酸溶液反应制取氢气的效果。
2. 用锌粒和硫酸溶液制取氢气；氢气吹肥皂泡；氢气的物理性质。
3. 比较纯净氢气与不纯氢气的检验现象。
4. 纯净氢气的燃烧。
5. 收集不纯氢气点燃爆炸。
6. 用氢气还原氧化铜。

三、实验用品

1. 仪器与材料

简易启普发生器、试管、试管架、胶塞、水槽、胶头滴管、药匙、蒸发皿、酒精灯、火柴、铁架台、升降台、万向夹、双顶丝、小烧杯、玻璃棒、坩埚钳、塑料杯、玻片、导管等。

2. 试剂

浓硫酸、锌粒、硫酸铜溶液、氧化铜粉末、肥皂或洗洁精。

四、实验研究步骤

1. 实验研究前资料收集与研究方案的设计

（1）思考与讨论

① 按直观、简易、安全、可靠的原则，分别对上述 6 个实验进行创新性设计。这里的"简易、安全"主要指什么？

② 使用锌粒和稀硫酸制取足量的氢气，是完成本实验研究的基础和关键环节，如何保证这一环节得以成功？

③ 使用锌粒和稀硫酸在简易启普发生器制取氢气，如何检查简易启普发生器的气密性？如果中途要添加锌粒或更换稀硫酸？应该怎样操作既方便又安全？

④ 演示氢气吹肥皂泡、检验氢气的纯度、纯净氢气的燃烧、不纯氢气的爆炸、氢气还原氧化铜实验的教学目的是什么？这些演示实验应引导学生观察哪些现象？成功的特征是什么？

⑤ 不纯氢气的爆炸实验是一个难度较大的实验。该实验对实验者的心理素质、反应容器以及实验操作有什么要求？提出这些要求的原因各是什么？如何利用不纯氢气的爆炸演示实验，培养学生胆大心细的实验心理素质？

⑥ 氢气还原氧化铜实验是一个综合性较强的实验。该实验可以培养实验者的综合设计能力、实施程序、观察时间和空间、实验信息的表达。如何利用氢气还原氧化铜实验演示实验，培养学生综合实验素质？

（2）阅读与资料收集　阅读和研究下列内容，收集与本实验教学研究内容相关的资料，明确实验教学研究的目的与要求、实验成败的关键。

① 初中化学教科书中与"氢气的制取和性质"有关的教材。

② 本实验中"参考资料"及与"氢气的制取和性质"实验和教学有关的文献。

（3）实验研究方案的设计　在"思考与讨论"和"阅读与资料收集"的基础上，依据 6 个演示实验的目的与要求和实验条件，明确每一实验成败的关键，设计如下实验研究的初步方案：

① 如何验证锌粒与稀硫酸反应的产物？注意仪器和试剂选择、操作方法、观察产物验证等现象的设计。

② 实验室中如何制取氢气？注意连接装置、选择试剂、操作方法、氢气的收集、观察实验现象等的设计。

③ 氢气吹肥皂泡的探究。注意连接装置、选择试剂、操作方法、观察实验现象等的设计。

④ 检验氢气纯度的探究。注意氢气的收集、实验的安全措施、对比不同纯度氢气爆鸣声音等的设计。

⑤ 纯净氢气燃烧的探究。注意确认氢气纯度已达安全要求、实验的安全措施、爆炸声音控制等的设计。

⑥ 不纯氢气爆炸的探究。注意不纯氢气的收集、实验操作的安全、观察实验现象等的设计。

⑦ 氢气还原氧化铜的探究。注意连接装置、选择试剂、安全操作方法、产物的观察等的设计。

上述实验的设计，从装置到操作都应直观、简易、安全、可靠。

2. 实验研究过程

① 如何验证锌粒与稀硫酸反应的产物？实验条件（纯度、浓度）对实验现象有什么影响？

② 实验室中如何制取氢气？如何检查简易启普发生器的气密性？如何收集氢气？

③ 氢气吹肥皂泡的探究。实验条件对实验现象有什么影响？怎样充分利用简易启普发生器中贮存的氢气？

④ 检验氢气纯度的探究。如何进行纯净氢气点燃与不纯氢气点燃的响声的比较，从而判断氢气的纯度符合安全点燃的要求？

⑤ 纯净氢气燃烧的探究。如何观察火焰的颜色和收集水的生成现象？如果火焰的颜色较黄，应该如何改进或解释？

⑥ 不纯氢气爆炸的探究。用铁罐头筒作容器声音太大，会吓坏中学生且不安全，如何改进？

⑦ 氢气还原氧化铜的探究。如何做到反应保证安全、时间合适、现象明显（紫红色的铜粉或铜镜和试管口有液滴）？

6 个实验都应该注意突出反应条件，注意与反应物在空气中燃烧的现象进行比较。

学生在完成上述任务后，进行演示实验教学模拟。

五、参考资料

1. 实验室制取氢气的常用方法

实验室中如果使用少量氢气，可以在简易启普发生器中用锌粒和稀硫酸反应制取（见图 3-13）。

$$Zn + H_2SO_4 = ZnSO_4 + H_2\uparrow$$

课堂教学或实验研究中如果需要大量的氢气，可以使用常规的启普发生器制取（见图 3-14）。一般中学多个重复进度班级的演示实验教学或学生探究实验，可以使用这一方法制取。

启普发生器在使用前通常用"注水法"来检查其气密性。操作方法是关住出气口的开

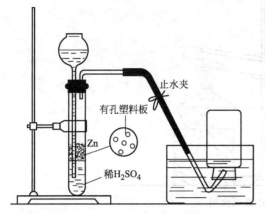
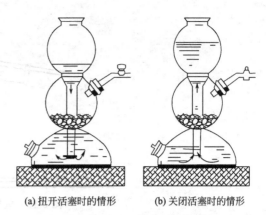

图 3-13 制取氢气的简易装置　　　　图 3-14 启普发生器的使用

关，再往球形漏斗中注水形成水柱，观察 2min，水位不下降，表示气密性良好。

酸液参加反应一段时间后，会出现浓度降低造成制取速度太慢需要更换酸液，此时可关住出气口的开关，产生的氢气把酸液压上球形漏斗中，再用虹吸管把酸液吸走，然后加入新的酸液即成。在此操作过程中，由于空气没有进入简易启普发生器，因而氢气保持着原来的纯度，所以再次燃烧时则不用重新检查氢气的纯度。如果要添加锌粒，则可关住出气口的开关，产生的氢气把酸液压上球形漏斗中，先用胶塞把球形漏斗口塞住，再打开侧口的胶塞，加入适量的锌粒即成。但在此操作过程中，空气已经进入了启普发生器中，因此在再次燃烧或加热之前一定要重新检查氢气的纯度。

2. 氢气吹肥皂泡

本演示实验成功的标志是肥皂泡要向上飘去。演示时使用洗洁精或洗发精加水稀释代替肥皂水效果更好，能买到小孩吹肥皂泡泡玩的肥皂水最好。一般情况下氢气不必干燥，可直接用软胶管蘸取肥皂水，管口先朝下吹再朝上吹，当泡足够大时轻轻摆动软胶管，肥皂泡随即脱离上飘；如果用软胶管套上小毛笔杆，用其喇叭口蘸取肥皂水吹，可以吹得很大的肥皂泡，教学效果非常好。如果用玻璃导管蘸取肥皂水吹不易成功。

3. 氢气纯度的检验

在通常情况下氢气与空气混合，当氢气的体积达到混合气体总体积的 4%～74.2% 时，点燃或加热到一定温度就会发生爆炸，所以在点燃或加热氢气之前一定要检验其纯度。氢气不达到安全纯度绝对不能直接在导管口或小口容器点火或加热，否则会造成爆炸伤害事故。

氢气纯度的检验可用排水法收集一试管氢气，用拇指堵住管口移近火焰点火，如果听到轻微的"噗"声，证明氢气纯度符合安全要求。如果听到尖锐的爆鸣声，说明氢气纯度不符合安全要求，还要继续检验直到符合要求。如果用向下排空气法收集氢气检验时，应该用两支试管轮流收集氢气进行检验。如果用同一支试管收集氢气，检验后必须用拇指堵一会试管口，使试管内的火种灭掉，防止火种引爆启普发生器中的氢气。

4. 氢气还原氧化铜

有的教师演示氢气还原氧化铜会出现反应时间长、现象不明显的问题。

本实验要做到现象明显、确保安全和较短的实验时间，一是选用短小的试管，二是把氧化铜粉末均匀地附于湿润的试管底部周围烘干备用；或者将 $Cu(OH)_2$ 沉淀涂于小试管底部周围加热使氢氧化铜分解成氧化铜备用。这样通入的氢气容易把试管内的空气排尽，较快提高反应的温度，氢气与氧化铜充分接触反应，很快就会在试管底部周围出现紫红色的铜镜般光亮的实验现象（见图 3-15）。

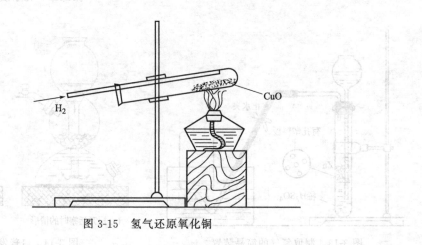

图 3-15 氢气还原氧化铜

六、思考题

1. 简述启普发生器的工作原理，如何检验启普发生器的气密性？使用启普发生器应注意哪些事项？
2. 请设计 4 套不同类型的简易启普发生器装置。
3. 氢气还原氧化铜实验的教学目标、观察目标各是什么？教学中如何实现？

实验四 氯气的制取和性质

一、实验目的

1. 掌握实验室制取氯气和氯水实验的操作技能，探究实验成败的关键。
2. 学习氯气和氯水性质演示实验的教学技能。
3. 体验教师课前做好实验准备的重要性，培养良好的演示实验教学态度和习惯。

二、实验内容

1. 用浓盐酸和二氧化锰制取氯气和氯水。
2. 氯气和氯水的物理性质与毒性。
3. 氯气与小钠块的反应。
4. 氯气与细铁丝的反应。
5. 氢气在氯气中的燃烧。
6. 比较干燥氯气与湿润氯气的漂白性。
7. 氯水的酸性、漂白性、氧化性和不稳定性。
8. 氯水成分的检验。

三、实验用品

1. 仪器与材料

圆底烧瓶、分液漏斗、集气瓶、毛玻片、干燥管、水槽、烧杯、储气瓶、启普发生器、铁架台、升降台、万向夹、双顶丝、酒精灯、火柴、试管、试管架、导管、胶头滴管、胶塞、台秤、砝码、镊子、称量纸、药匙、燃烧匙、小刀、坩埚钳、蒸发皿、小烧杯、玻璃棒、铁丝钩等。

2. 试剂

浓盐酸、二氧化锰、金属钠、细铁丝、锌粒、稀盐酸、氢氧化钠溶液、干燥剂、红布条、pH 试纸、1%硝酸银溶液、稀硝酸。

四、实验研究步骤

1. 实验研究前资料收集与研究方案的设计

（1）思考与讨论

① 按直观、简易、安全、可靠的原则，分别对上述实验进行创新性设计。这里的"安全"主要指什么？

② 使用浓盐酸和二氧化锰成功制取足量的氯气和氯水，是完成本实验课题的基础，是实验工作量最大的一个关键环节，如何保证这一环节得以成功？

③ 上述演示实验的教学目的是什么？这些演示实验成功的特征是什么？应注意哪些事项？

④ 演示金属钠、细铁丝、氢气在氯气中反应的实验时，各应引导学生观察哪些现象？

⑤ 演示氯水的性质及其成分的实验时，各应引导学生观察哪些现象？如何利用这一演示实验，培养中学生的观察能力和推理能力？

⑥ 演示红布条分别在干燥的氯气与在湿润的氯气中的漂白对比是难度较大的综合实验。实验对氯气的制备、反应条件、反应容器以及实验操作各有什么要求？提出这些要求的原因各是什么？如何利用这一演示实验，培养中学生的观察能力和推理能力？

（2）阅读与资料收集　阅读和研究下列内容，收集与本实验教学研究内容相关的资料，明确实验教学研究的目的与要求、实验成败的关键。

① 中学化学教科书中与"氯气、氯水的制取和性质"有关的教材。

② 本实验中"参考资料"及与"氯气、氯水的制取和性质"实验和教学有关的文献。

（3）实验研究方案的设计　在"思考与讨论"和"阅读与资料收集"的基础上，依据演示实验的目的与要求和实验条件，明确每一实验成败的关键，设计如下实验研究的初步方案。

① 如何用浓盐酸和二氧化锰制取氯气和氯水？注意实验条件、实验操作方法、产物检验现象观察的设计。

② 氯气、氯水的物理性质与毒性的探究。注意引导学生通过对比的方法观察氯气的颜色，正确闻氯气方法的设计。

③ 金属钠、细铁丝分别在氯气中反应的探究。注意实验条件、实验操作、产物检验、现象观察的设计。

④ 演示氢气在氯气中燃烧的探究。注意氢气的制取、验纯、在空气中点燃、伸入氯气瓶等有关实验操作、现象观察的设计。

⑤ 演示干燥氯气中与湿润氯气的漂白作用的探究。注意氯气的制取、仪器顺序、实验安全、实验操作、现象观察的设计。

⑥ 演示氯水的酸性、漂白性、氧化性、不稳定性的探究。注意氯水的这四大性质的实验条件、实验安全、实验操作、现象观察的设计。

⑦ 演示氯水成分的检验的探究。注意氯水的成分检验方法实验操作、现象观察，并与氯水的四大性质的演示现象结合推理氯水的成分设计。

上述实验的设计，从装置到操作都应直观、简易、安全、可靠。

2. 实验研究过程

① 如何用浓盐酸和二氧化锰制取足量氯气和氯水？注意实验条件、实验操作方法、产物检验现象的观察。

② 氯气、氯水的物理性质与毒性的探究。注意引导学生通过对比的方法观察氯气的颜

色,正确闻氯气的方法。

③ 金属钠、细铁丝分别在氯气中反应的探究。注意实验条件、实验操作、产物检验、现象的观察。

④ 演示氢气在氯气中燃烧的探究。注意氢气的制取、验纯、在空气中点燃、伸入氯气瓶等有关实验操作、现象的观察。

⑤ 演示干燥氯气与湿润氯气的漂白作用的探讨。注意氯气的制取、实验安全、实验操作、现象的观察。

⑥ 演示氯水的酸性、漂白性、氧化性、不稳定性的探究。注意氯水的这四大性质的实验条件、实验安全、实验操作、现象的观察。

⑦ 演示氯水成分的检验的探究。注意氯水的成分检验方法、实验操作、现象观察,并与氯水的四大性质的演示现象结合推理氯水的成分。

以上实验都应该注意突出反应条件、注意实验的安全性、实验现象观察、进行综合推理。

学生在完成上述任务后,进行演示实验教学模拟。

五、参考资料

1. 实验室制取氯气的常用方法

(1) 用浓盐酸和二氧化锰反应制取氯气 实验室中通常在圆底烧瓶中加热浓盐酸和二氧化锰反应制取氯气(见图3-16)。

$$4HCl(浓) + MnO_2 \xrightarrow{\triangle} MnCl_2 + 2H_2O + Cl_2\uparrow$$

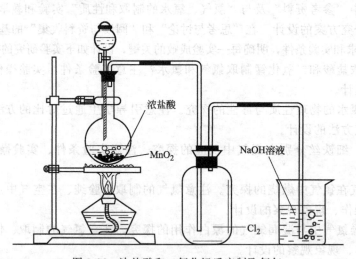

图3-16 浓盐酸和二氧化锰反应制取氯气

产生的氯气用向下排空气法收集。由于盐酸的浓度高(36%~38%),制得的氯气含有较多的氯化氢气体。如果实验要求使用高纯度的氯气,则可以用排饱和食盐水的方法来收集。

(2) 用盐酸和高锰酸钾反应制取氯气 实验室有时也用盐酸和高锰酸钾反应制取氯气:

$$16HCl(浓) + 2KMnO_4 = 2MnCl_2 + 2KCl + 8H_2O + 5Cl_2\uparrow$$

此法不需加热,所用盐酸浓度不可太高,以8mol/L左右为宜,浓度太高或加热,会生成Cl_2O_7极易分解爆炸。

2. 氯气的性质

(1) 钠在氯气中的燃烧 切取黄豆大的钠块放在玻璃燃烧匙中加热至熔融,伸入集满干燥氯气的集气瓶中,可以观察到金属钠在氯气中燃烧,产生黄色的光和白色的浓烟。

注意用手扶好盖玻片并尽量盖住集气瓶口,防止空气进入集气瓶内、氯气从瓶中逸出污染环境或玻片掉下而打烂。为了充分利用瓶中的氯气和增加演示的动感,燃烧匙应该上下移动和转动。

（2）细铁丝在氯气中燃烧　做好此实验的关键是选用的铁丝要细。可选用一小束细小、长约10cm从铁窗纱上拆下来的细铁丝,用砂纸擦亮,绕着圆珠笔芯做成小弹簧状,一端系着一根火柴梗,另一端系在稍粗的铁丝钩上。点燃火柴,当火柴快烧到细铁丝时就立即伸入氯气瓶中,细铁丝小弹簧借助火柴火焰引燃,强烈地燃烧,可观察到生成大量棕色的浓烟。

（3）氢气在氯气中的燃烧　收集一瓶干燥的氯气备用。取一根玻璃管,一端拉成尖嘴后再弯成U形,玻璃管的另一端通过胶管与启普发生器连接。先检查氢气的纯度,然后点燃氢气,可观察到氢气在空气中燃烧产生淡蓝色的火焰。再将燃着的火焰小心伸入氯气瓶中,可观察到氢气在氯气中燃烧产生苍白色火焰,在集气瓶口出现白色的盐酸雾。此实验的综合性很强,两种气体分别有毒和易爆炸,一定要注意安全,小心规范操作。

（4）氯气的漂白原理的实验　收集两试管干燥的氯气备用。取两根铁丝,分别插入两个胶塞小头中,另一端弯成小钩。取两条干燥的红色布条,挂在小钩上,其中一条用水润湿,分别小心塞进两支集满干燥的氯气的试管中,可观察湿润的红色布条褪色,说明湿润的氯气具有漂白性,这是由于氯气溶解于水,与水反应生成了盐酸和次氯酸。

（5）氯水四大性质及其成分的实验及推断

① 酸性和漂白性实验:向置于表面皿上的pH试纸滴上几滴氯水,可观察到pH试纸先变红,过了一会变为白色,说明氯水具有酸性和漂白性,可推断其中含有H^+和$HClO$成分。

② 氧化性实验:向置于表面皿上的淀粉碘化钾试纸滴上几滴黄绿色的氯水,可观察到碘化钾试纸变蓝,说明氯水具有氧化性,把I^-氧化成为I_2,I_2遇到淀粉显蓝色。可进一步证实氯水含有Cl_2或$HClO$成分。

③ 不稳定性实验:取一大试管,加入10mL黄绿色的氯水,塞上胶塞置于强光下照射,过一会,可观察到黄绿色褪去,说明氯水具有不稳定性。

④ Cl^-检验实验:取一小试管,加入2mL氯水,滴入几滴硝酸银溶液,可观察到生成白色沉淀,再滴入几滴稀硝酸,沉淀不溶解,说明氯水中含有Cl^-。

⑤ 氯水成分的推断:综上所述,可推断出氯水含有Cl_2、HCl、$HClO$和H_2O等成分。

六、思考题

1. 请将氯水成分的中学教材实验内容设计成探究式实验教学过程。
2. 请设计氢气和氯气混合气体见光爆炸的简易实验。

实验五　二氧化硫的制取和性质

一、实验目的

1. 掌握实验室进行制取二氧化硫实验的操作技能,探究实验成败的关键。
2. 学习和探究进行二氧化硫的制取和性质演示实验的教学技能。
3. 体验教师课前做好实验准备的重要性,培养良好的演示实验教学态度和习惯。

二、实验内容

1. 探究不同浓度的硫酸溶液与亚硫酸钠反应制取二氧化硫的效果。
2. 用硫酸溶液与亚硫酸钠反应制取二氧化硫；二氧化硫的物理性质和毒性。
3. 二氧化硫与水的反应——酸雨的化学原理。
4. 二氧化硫在高锰酸钾溶液中的反应——二氧化硫的还原性。
5. 二氧化硫与硫化氢的反应——二氧化硫的氧化性。
6. 二氧化硫在品红溶液中的反应——二氧化硫的漂白性。

三、实验用品

1. 仪器与材料

圆底烧瓶、分液漏斗、集气瓶、毛玻片、烧杯、简易启普发生器、铁架台、升降台、万向夹、双顶丝、酒精灯、火柴、试管、试管架、导管、胶头滴管、胶塞、台秤、砝码、镊子、称量纸、药匙、小烧杯、玻棒、铁丝钩等。

2. 试剂

浓硫酸、亚硫酸钠固体、蓝色石蕊试纸、pH试纸、2%的高锰酸钾溶液、块状硫化亚铁、稀硫酸（1+3）、品红试液、氢氧化钠溶液、1%的氯化钡溶液、稀盐酸。

四、实验研究步骤

1. 实验研究前资料收集与研究方案的设计

（1）思考与讨论

① 按直观、简易、安全、可靠的原则，分别对上述实验进行创新性设计。这里的"安全"主要指什么？

② 使用硫酸溶液与亚硫酸钠反应成功制取足量的二氧化硫，是完成本实验课题的基础，是实验工作量较大的一个关键环节，如何保证这一环节得以成功？

③ 演示二氧化硫的物理性质和毒性实验时，各应引导学生观察哪些现象？

④ 演示二氧化硫与水反应，引导学生观察哪些现象？如何利用这些实验，培养中学生的观察能力和推理能力？

⑤ 演示二氧化硫与硫化氢的反应——二氧化硫的氧化性，是难度较大的综合实验，实验对二氧化硫和 H_2S 的制备、反应条件、反应容器以及实验操作各有什么要求？提出这些要求的原因各是什么？

⑥ 演示二氧化硫的漂白性是联系生活、生产实际的好实例，如何利用这一演示实验，培养中学生的观察能力和理论联系实际能力？

进行上述演示实验的教学目的是什么？这些演示实验成功的特征是什么？应注意哪些事项？

（2）阅读与资料收集 阅读和研究下列内容，收集与本实验教学研究内容相关的资料，明确实验教学研究的目的与要求、实验成败的关键。

① 中学化学教科书中与"二氧化硫的制取和性质"有关的教材。

② 本实验中"参考资料"及与"二氧化硫的制取和性质"实验和教学有关的文献。

（3）实验研究方案的设计 在"思考与讨论"和"阅读与资料收集"的基础上，依据演示实验的目的与要求和实验条件，明确每一实验成败的关键，设计如下实验研究的初步方案：

① 使用不同浓度的硫酸与亚硫酸钠反应制取二氧化硫效果的探究。注意实验条件、实

验操作方法、产物检验、现象观察的设计。

② 二氧化硫的物理性质与毒性的探究。注意引导学生通过对比的方法观察二氧化硫的颜色，正确闻二氧化硫方法的设计。

③ 二氧化硫与水的反应——酸雨的化学原理的探究。注意实验条件、实验操作、产物检验、现象观察的设计。

④ 二氧化硫与高锰酸钾溶液的反应——二氧化硫还原性的探究。注意二氧化硫的制取、通入高锰酸钾溶液等有关实验操作、现象观察的设计。

⑤ 二氧化硫与 H_2S 的反应——二氧化硫氧化性的探究，注意二氧化硫和 H_2S 的制取、实验安全、实验操作、现象观察的设计。

⑥ 与品红溶液的反应——二氧化硫漂白性的探究。注意二氧化硫的制取、实验条件、实验安全、实验操作、现象观察的设计。

上述实验的设计，从装置到操作都应强调直观、简易、安全、可靠。

2. 实验研究过程

① 探究不同浓度的硫酸溶液与亚硫酸钠反应制取二氧化硫的效果。注意实验比较不同浓度硫酸的选择、实验操作方法，观察反应速度快慢的方法。

② 用硫酸溶液与亚硫酸钠反应制取二氧化硫，二氧化硫的物理性质和毒性。注意引导学生观察二氧化硫的颜色，通过什么现象判断二氧化硫是否集满，正确闻二氧化硫的方法。

③ 二氧化硫与水的反应——酸雨的化学原理。注意二氧化硫溶于水的现象，测定其水溶液的 pH 值，比较纯水和亚硫酸与光滑的大理石表面反应的速度。

④ 二氧化硫与高锰酸钾溶液的反应——二氧化硫的还原性。注意反应装置顺序，高锰酸钾溶液的浓度要合适，注意反应现象的观察。

⑤ 二氧化硫与硫化氢的反应——二氧化硫的氧化性。注意硫化氢反应装置顺序，高锰酸钾溶液的浓度要合适，注意反应现象的观察。

⑥ 二氧化硫在品红溶液中的反应——二氧化硫的漂白性。

以上实验都应该注意突出反应条件，注意实验的安全性、实验现象观察、进行综合推理。学生在完成上述任务后，进行演示实验教学模拟。

五、参考资料

1. 实验室制取二氧化硫的常用方法

（1）硫酸溶液与亚硫酸钠反应制取二氧化硫

原理：实验室里强酸跟亚硫酸盐进行复分解反应，生成亚硫酸和盐。亚硫酸很不稳定，易分解出二氧化硫。

实验室中通常往圆底烧瓶中滴入硫酸溶液反应制取二氧化硫，适当的加热有利于二氧化硫的逸出：

$$H_2SO_4 + Na_2SO_3 \xrightarrow{\triangle} Na_2SO_4 + SO_2 \uparrow + H_2O$$

实验开始时，将硫酸溶液逐滴加入烧瓶里，立即有二氧化硫气体发生，不一定要加热。当亚硫酸钠全部被酸液浸湿而产生气体的速度减慢时，可以适当加热，以加速反应的进行。二氧化硫容易跟水反应且密度大于空气，所以要用向上排空气法收集。可用玻璃棒蘸取氨水放在集气瓶口，如果出现浓厚的白烟；或用湿润的蓝色石蕊试纸放在集气瓶口，试纸变红，则表示二氧化硫已收集满。

二氧化硫是一种有刺激性气味的有毒气体，必须用烧碱溶液吸收尾气，勿使它逸散出来污染空气。

此法所用的硫酸溶液的浓度为1+1左右为宜,浓度太高时,会在烧瓶底部形成块状固体,影响到反应物的充分利用。

如果用亚硫酸氢钠（$NaHSO_3$）代替硫酸钠,则制备的反应速度会更快。

(2) 用浓硫酸与铜片反应制取二氧化硫　实验室中如果要使用少量二氧化硫进行某些简易实验时,可用铜片与浓硫酸在试管中加热反应制取。

$$2H_2SO_4 + Cu \xrightarrow{\triangle} CuSO_4 + SO_2 \uparrow + 2H_2O$$

此法所用的硫酸浓度高,要特别注意做好安全保护工作,要戴好护目镜,要小心加热,不要让热的浓硫酸飞溅出来伤害自己和别人。

2. 实验室制取硫化氢的方法

由于要通过二氧化硫与硫化氢反应,探究二氧化硫的氧化性,实验中必须制备硫化氢。

原理：实验室里使用非氧化性强酸跟硫化亚铁进行复分解反应,生成硫化氢和盐。

实验室通常在启普发生器中,用硫酸溶液与块状的硫化亚铁反应制取硫化氢。

$$H_2SO_4 + FeS = FeSO_4 + H_2S \uparrow$$

仪器的使用方法与制氢气的相同。硫化氢溶于水且密度大于空气,所以要用向上排空气法收集。用湿润的醋酸铅试纸放在集气瓶口,试纸变黑,表示硫化氢已收集满。

硫化氢是一种有恶臭性气味的剧毒气体,必须用烧碱溶液吸收尾气,勿使它逸散出来污染空气。

此法所用的硫酸溶液的浓度为1+3左右为宜,浓度太高时,会把硫化氢氧化,影响到反应物的充分利用,造成制备失败。

3. 二氧化硫的性质

(1) 二氧化硫与水的反应——酸雨的化学原理　现代工业的发展,大量燃烧化石燃料,如煤、石油等,向大气排放大量的二氧化硫,它是一种大气污染物,与大气中的水分子结合生成亚硫酸,溶于雨水降落地面,形成酸雨。

(2) 二氧化硫在高锰酸钾溶液中的反应——二氧化硫的还原性。

(3) 二氧化硫与硫化氢的反应——二氧化硫的氧化性。

(4) 二氧化硫在品红溶液中的反应——二氧化硫的漂白性。

六、思考题

1. 如何设计一个利用干燥气体的装置来演示浓硫酸吸水性的实验？
2. 怎样利用实验讲授浓硫酸的吸水性与脱水性在本质上的不同？
3. 请将二氧化硫与水的反应设计成探究性实验教学过程。

实验六　胶体的制备和性质

一、实验目的

1. 掌握实验室进行胶体的制备和性质实验的操作技能,探究实验成败的关键。
2. 学习和探究进行胶体的制备和性质演示实验的教学技能。
3. 体验教师课前做好预备实验的重要性,培养良好的实验教学态度和习惯。

二、实验内容

1. 用$FeCl_3$饱和溶液制备$Fe(OH)_3$胶体；配制泥水浊液、$CuSO_4$溶液。

2. 比较 Fe(OH)$_3$ 胶体、泥水浊液、CuSO$_4$ 溶液的丁达尔效应。
3. 过滤 Fe(OH)$_3$ 胶体和泥水浊液，比较滤液的丁达尔效应。
4. 用 Fe(OH)$_3$ 胶体进行电泳。
5. 用墨汁胶粒在水中进行布朗运动。
6. 使 Fe(OH)$_3$ 胶体聚沉；用 Fe(OH)$_3$ 胶体或 Al(OH)$_3$ 胶体净化泥水。

三、实验用品

1. 仪器与材料

小烧杯、玻片、胶头滴管、玻璃棒、铁架台、铁圈、石棉网、升降台、激光笔、万向夹、双顶丝、U 形管、石墨电极、导线、直流电源、漏斗、滤纸、试管、试管架、药匙、酒精灯、火柴等。

2. 试剂

三氯化铁、硫酸铝、硫酸铜、泥土、尿素、硝酸钾。

四、实验研究步骤

1. 实验研究前资料收集与研究方案的设计

（1）思考与讨论

① 按直观、简易、安全、可靠的原则，分别对上述实验进行创新性设计。这里的"简易、安全"主要指什么？

② 使用三氯化铁制备合格的胶体，是完成本实验研究的基础和关键环节，如何保证这一环节得以成功？

③ 使用激光笔照射分散系，是判断分散系类别的重要操作，应该怎样操作既方便又安全？

④ 演示胶体、泥水过滤并进行丁达尔实验，是说明分散系组成的重要实验，这一演示实验应引导学生观察哪些现象？演示成功的特征是什么？

⑤ 胶体的电泳实验是一个综合性较强的实验。该实验可以培养实验者的综合设计能力、实施程序、观察时间和空间、实验信息的表达。如何利用胶体演示实验，培养学生综合实验素质？

⑥ 胶体聚沉和净水实验是一个实用性很好的实验。该演示对培养学生理论联系实际有什么要求？提出这些要求的原因各是什么？

（2）阅读与资料收集　阅读和研究下列内容，收集与本实验教学研究内容相关的资料，明确实验教学研究的目的与要求、实验成败的关键。

① 中学化学教科书中与"胶体的制备和性质"有关的教材。

② 本实验中"参考资料"及与"胶体的制备和性质"实验和教学有关的文献。

（3）实验研究方案的设计　在"思考与讨论"和"阅读与资料收集"的基础上，依据演示实验的目的与要求和实验条件，明确每一实验成败的关键，设计如下实验研究的初步方案。

① 实验室中如何制备 Fe(OH)$_3$ 胶体、泥水浊液、CuSO$_4$ 溶液这三种分散系？注意实验装置、选择试剂、操作方法、观察实验现象等的设计。

② Fe(OH)$_3$ 胶体、泥水浊液、CuSO$_4$ 溶液的丁达尔效应的探究。注意仪器的选择、操作方法、观察实验现象等的设计。

③ Fe(OH)$_3$ 胶体、泥水浊液的过滤及滤液的丁达尔效应的探究。注意连接装置、操作方法、观察实验现象等的设计。

④ Fe(OH)$_3$ 胶体电泳的探究是一个难度较大的综合实验。实验对电泳体系的制备、反

应容器以及实验操作各有什么要求？提出这些要求的原因各是什么？

⑤ 墨汁胶粒布朗运动的探究。注意仪器的选择、操作方法、观察实验现象等的设计。

⑥ $Fe(OH)_3$ 胶体、$Al(OH)_3$ 胶体的聚沉和净水作用的探究。这是一个实用性很好的实验，如何利用这一演示实验，培养中学生的化学知识与生活实际结合的能力？

上述实验的设计，从仪器装置到操作方法都应直观、简易、安全、可靠。

2. 实验研究过程

① 实验室中如何制备 $Fe(OH)_3$ 胶体、泥水浊液、$CuSO_4$ 溶液这三种分散系？注意连接装置选择试剂、操作方法、观察实验现象。

② $Fe(OH)_3$ 胶体、泥水浊液、$CuSO_4$ 溶液的丁达尔效应的探究。注意激光笔的选择和操作方法、观察分散长的丁达尔现象等。

③ $Fe(OH)_3$ 胶体、泥水浊液的过滤及滤液的丁达尔效应的探究。注意过滤装置的组装、过滤的操作方法、观察实验滤纸中的滤渣和滤液的丁达尔现象等。

④ $Fe(OH)_3$ 胶体电泳的探究是一个难度较大的综合实验。注意制备电泳体系时要细心和耐心，通电操作要规范，要仔细观察实验现象。

⑤ 墨汁胶体布朗运动的探究。注意选择比较大的烧杯或水槽、观察实验现象细心和耐心等。

⑥ $Fe(OH)_3$ 胶体、$Al(OH)_3$ 胶体的聚沉和净水作用的探究。这是一个实用性很好的实验，要利用这一演示实验，培养中学生的化学知识与生活实际结合的能力。

学生在完成上述任务后，进行演示实验教学模拟。

五、参考资料

1. 实验室制备 $Fe(OH)_3$ 胶体的常用方法

原理是 $FeCl_3$ 饱和溶液在沸水中，通过水解反应生成 $Fe(OH)_3$ 胶体：

$$FeCl_3 + 3H_2O \xrightleftharpoons{\triangle} Fe(OH)_3(胶体) + 3HCl$$

取一个 150mL 的烧杯，加入 50mL 的蒸馏水，盖上玻片，加热至沸腾，往沸水中滴加 1~2mL 新配的 $FeCl_3$ 饱和溶液，边滴加边用激光笔照射烧杯中的液体，直到 $FeCl_3$ 水解出适量的 $Fe(OH)_3$ 胶体，液体中出现明显的光路，停止加热，让其冷却即可。一般认为，滴加 $FeCl_3$ 饱和溶液过程中，应该轻轻振荡烧杯，但不宜用玻璃棒强烈搅拌，以免胶粒碰撞而凝聚。

2. 胶体的丁达尔效应

本演示实验成功的标志在用激光笔照射 $Fe(OH)_3$ 胶体时，在光路垂直的方向上看到清晰明亮的光路，同样的实验，看不到硫酸铜溶液的光路，看到泥水浊液的是模糊的"光云"。这是激光通过 $Fe(OH)_3$ 胶体时，其中的胶粒对光波产生散射，在光路垂直的方向是最强的。激光照射硫酸铜溶液时，溶质的粒子很小，几乎没有散射；照射泥水浊液时，分散质的粒子太大，吸收和多次反射光线，造成看到的是模糊的"光云"。

激光具有很高的能量，当激光照射到眼睛时会造成伤害甚至失明。使用激光笔时要特别注意安全，不能照射自己或别人。

3. $Fe(OH)_3$ 胶体的电泳

(1) $Fe(OH)_3$ 胶体的精制。进行电泳实验的胶体需要精制，准备好用玻璃纸做成的半透膜袋子，用尼龙线把袋口绑在漏斗颈上，将制备好的 $Fe(OH)_3$ 胶体通过漏斗注入半透膜袋子中，把袋子悬挂在一个盛满蒸馏水的烧杯中，数分钟后袋内的 H^+、Cl^- 等离子通过半透膜渗透到蒸馏水中，从而 $Fe(OH)_3$ 胶体得到精制。

(2) 把精制得到的 $Fe(OH)_3$ 胶体转移到小烧杯中，加入 7.5g 尿素，以增加胶体的密度，使胶体与导电溶液硝酸钾溶液之间容易分层，便于观察。

(3) 把 U 形管固定在铁架台上，向 U 形管中注入含有尿素的 $Fe(OH)_3$ 胶体。用胶头滴管小心地轮流交替沿两边管壁注入 1cm 高的液体石蜡，再用胶头滴管小心地轮流交替沿两边管壁注入 2cm 高的 0.05% 的 KNO_3 溶液，U 形管上层是液体石蜡，中层是导电的 KNO_3 溶液。把两支连接直流电源正、负极的碳棒电极小心插入硝酸钾溶液中。

(4) 在 U 形管的后面贴上一张白纸板，分别标上"＋阳"、"－阴"极，在 $Fe(OH)_3$ 胶体液面高度画一条水平线。调整直流电压为 16～24V，2min 后可观察到电泳现象，10min 后，可观察到阴极界面颜色变深，阳极界面颜色变浅，阴极界面的 $Fe(OH)_3$ 胶体比阳极的高。说明 $Fe(OH)_3$ 胶粒带正电荷，在电泳中向阴极运动。电泳装置如图 3-17 所示。经验表明：

① 为了防止发生电解反应，电极不可与 $Fe(OH)_3$ 胶体接触；

② 选用的 U 形管直径较小的为好；

③ 硝酸钾溶液的浓度不能太大，否则易造成界面胶粒聚沉。

4. 墨汁胶体的布朗运动

经验表明，使用 $Fe(OH)_3$ 胶体进行布朗运动实验，由于颜色较浅，不便于观察到实验现象。改用墨汁胶体则效果较为明显。

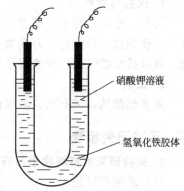

图 3-17 氢氧化铁胶体的电泳实验

取大烧杯一个，加入半杯蒸馏水，往水中滴入 1 小滴墨汁，可观察到墨汁的胶粒在分散过程中的不规则运动，表明墨汁胶体具有布朗运动的性质。

5. $Fe(OH)_3$ 胶体、$Al(OH)_3$ 胶体的聚沉和净水作用

取 150mL 烧杯两个，各加入 50mL 泥水，往其中一杯加入 10mL $Fe(OH)_3$ 胶体，另一个加入 10mL 蒸馏水作为对比。搅拌均匀，放置 20min 左右，可观察到加入 $Fe(OH)_3$ 胶体的一杯泥水比另一杯加入蒸馏水的更为澄清。说明 $Fe(OH)_3$ 胶体发生了聚沉和净水作用。

把 $Fe(OH)_3$ 胶体改为 $Al(OH)_3$ 胶体进行上面的实验，效果更为明显。

六、思考题

1. 为什么一束光线通过胶体时会产生一条光亮的通路？
2. $Fe(OH)_3$ 胶体制备实验成功的关键是什么？
3. 胶体电泳现象的演示实验成功的关键是什么？可以从哪些方面去探究？

实验七　甲烷的制取和性质

一、实验目的

1. 掌握实验室进行甲烷的制取和性质实验的操作技能，探究实验的成败关键。
2. 学习和探究进行甲烷的制取和性质演示实验的教学技能。
3. 体验教师课前做好预备实验的重要性，培养良好的实验教学态度和习惯。

二、实验内容

1. 对醋酸钠和碱石灰进行除水处理。
2. 用无水醋酸钠和碱石灰制取甲烷；甲烷的物理性质。

3. 将甲烷通进酸性高锰酸钾溶液。
4. 比较纯净甲烷与不纯甲烷的检验现象。
5. 双口排水贮气瓶收集甲烷。
6. 纯净甲烷的燃烧。
7. 收集不纯甲烷点燃爆炸。

三、实验用品

1. 仪器与材料

天平、砝码、镊子、试管、试管架、水槽、胶塞、胶头滴管、药匙、蒸发皿、酒精灯、火柴、铁架台、升降台、万向夹、双顶丝、小烧杯、玻璃棒、坩埚钳、塑料杯、玻片、导管、双口排水贮气瓶、分液漏斗等。

2. 试剂

无水醋酸钠、碱石灰、氢氧化钠、铝箔、3mol/L 稀硫酸、1‰高锰酸钾溶液。

四、实验研究步骤

1. 实验研究前资料收集与研究方案的设计

（1）思考与讨论

① 按直观、简易、安全、可靠的原则，分别对上述实验进行创新性设计。这里的"简易、安全"主要指什么？

② 使用无水醋酸钠和碱石灰制取足量的甲烷，是完成本实验研究的基础和关键环节，如何保证这一环节得以成功？

③ 使用什么装置制取甲烷？为什么要在试管内壁垫上一层铝箔？如何检查制取甲烷装置的气密性？

④ 演示甲烷通入酸性高锰酸钾溶液实验成功的现象是什么？其教学目标是什么？

⑤ 演示检验甲烷的纯度、混合一定量空气的甲烷的爆炸、纯净甲烷的燃烧实验的教学目的是什么？这些演示实验应引导学生观察哪些现象？演示成功的特征是什么？

⑥ 不纯甲烷的爆炸实验是一个难度较大的实验。该演示对实验者的心理素质、反应容器以及实验操作有什么要求？提出这些要求的原因各是什么？如何利用不纯甲烷的爆炸演示实验，培养学生胆大心细的实验心理素质？

⑦ 用双口排水贮气瓶收集甲烷，并进行相应的性质实验是一个综合性较强的实验，在中学演示教学中具有重要的价值。如何利用这一实验培养自己的综合实验能力？

（2）阅读与资料收集　阅读和研究下列内容，收集与本实验教学研究内容相关的资料，明确实验教学研究的目的与要求、实验成败的关键。

① 中学化学教科书中与"甲烷的制取和性质"有关的教材。

② 本实验中"参考资料"及与"甲烷的制取和性质"实验和相关的教学文献。

（3）实验研究方案的设计　在"思考与讨论"和"阅读与资料收集"的基础上，依据7个演示实验的目的与要求和实验条件，明确每一实验成败的关键，设计如下实验研究的初步方案。

① 如何判断无水醋酸钠和碱石灰的结晶水、湿存水是否除掉了？注意仪器和试剂选择、操作方法、观察产物等现象的设计。

② 实验室中如何制取甲烷？注意连接装置、选择试剂、操作方法、甲烷的收集、观察实验现象等的设计。

③ 甲烷通进酸性高锰酸钾溶液来判断其稳定性的探究。注意连接装置、选择试剂、操

作方法、观察实验现象等的设计。

④ 检验甲烷纯度的探究。注意甲烷的收集、实验的安全措施、对比不同纯度甲烷爆鸣声音等的设计。

⑤ 纯净甲烷燃烧的探究。注意确认甲烷纯度已达安全要求、实验的安全措施、爆炸声音控制等的设计。

⑥ 不纯甲烷爆炸的探究。注意不纯甲烷的收集、实验操作的安全、观察实验现象等的设计。

⑦ 使用双口压水贮气瓶收集甲烷，并进行相应性质实验的探究。注意连接装置、选择试剂、安全操作方法、产物的观察等的设计。

上述实验的设计，从装置到操作都应直观、简易、安全、可靠。

2. 实验研究过程

① 加热熔化除掉醋酸钠和碱石灰的结晶水、湿存水。注意仪器和试剂选择、操作方法、观察产物现象等。

② 实验室使用无水醋酸钠制取甲烷。注意连接装置、选择试剂、操作方法、甲烷的收集、观察实验现象等。

③ 甲烷通入酸性高锰酸钾溶液来判断其稳定性的探究。注意连接装置、选择试剂、操作方法、观察实验现象等。

④ 检验甲烷纯度的探究。注意甲烷的收集、实验的安全措施、对比不同纯度甲烷爆鸣声音等。

⑤ 纯净甲烷燃烧的探究。注意确认甲烷纯度已达安全要求、实验的安全措施、爆炸声音控制等。

⑥ 不纯甲烷爆炸的探究。注意不纯甲烷的收集、实验操作的安全、观察实验现象等。

⑦ 使用双口压水贮气瓶收集甲烷，并进行相应性质实验的探究。注意连接装置、选择试剂、安全操作方法、观察产物的现象。

上述 7 个实验从装置到操作都应直观、简易、安全、可靠。

学生在完成上述任务后，进行演示实验教学模拟。

五、参考资料

1. 实验室制取和贮存甲烷

实验室中使用甲烷，可以在大试管中用无水醋酸钠和碱石灰混合加热，排水集气法制取，如图 3-18 所示。

$$CH_3COONa + NaOH \xrightarrow{\triangle} Na_2CO_3 + CH_4 \uparrow$$

由于制取甲烷需要较长的时间，影响课堂教学成功率。如果需要较多的甲烷进行相关性质实验，可以提前把制得的甲烷用双口排水贮气瓶（见图 3-19）贮存。一般进行多个重复同一课题的班级的演示实验教学，可以使用这一装置贮存甲烷。

贮气方法是把制得的甲烷，经导管通进装满水的双口排水贮气瓶中，如图 3-19 所示，水从分液漏斗中排出。用气的方法是向分液漏斗中加水，缓缓注入贮气瓶中，甲烷从导管排出来，可供进行相关性质的实验。这一装置可供贮存不溶于水的气体使用，如一氧化碳、乙烯。

醋酸钠和碱石灰的除水处理。无论是结晶醋酸钠或市售的无水醋酸钠和碱石灰，制取甲烷前都必须加热除掉结晶水或湿存水。把结晶醋酸钠放置蒸发皿中搅拌加热到约 58℃ 熔化，水分逐渐蒸发，当除掉绝大部分结晶水，变成白色固体后，再加热至约 324℃，固体又逐渐熔化脱水呈现灰色液体，这时可停止加热，放进干燥器中冷却，研成粉末备用。

把市售的无水醋酸钠，置蒸发皿中搅拌加热到约 324℃，固体逐渐熔化脱水呈现灰色液

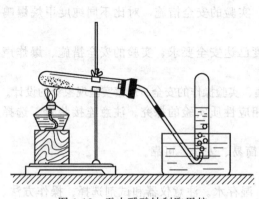
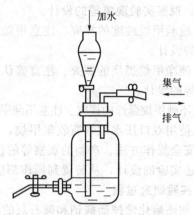

图 3-18 无水醋酸钠制取甲烷　　　　图 3-19 双口贮气瓶的使用

体，这时可停止加热，放进干燥器中冷却，研成粉末备用。

常见市售的含有吸水指示剂的碱石灰，吸收湿存水后呈粉红色。把碱石灰磨成粉末，置蒸发皿中搅拌加热，至粉末逐渐失掉湿存水呈白色，这时可停止加热，放进干燥器中冷却备用。

2. 甲烷稳定性实验

本演示实验成功的标志是酸性高锰酸钾溶液有多个气泡冒出来但又不能褪色。由于伴随甲烷生成的还有其他不稳定产物，如酮类、烯类等。演示时一般可以通过除杂、调控演示时间和酸性高锰酸钾溶液浓度而消除。本实验现象是为后继课程学习的乙烯、乙炔等性质及鉴别提供依据。

3. 甲烷纯度的检验

在通常情况下甲烷与空气混合物，当甲烷的体积达到混合气体总体积的 5%～15% 时，点燃或加热到一定温度时就会发生爆炸，所以在点燃或加热甲烷之前一定要检验其纯度。甲烷不达到安全纯度绝对不能直接在导管口或小口容器点火或加热，否则会造成爆炸伤害事故，煤矿油田的爆炸使工人遇难，通常就是不纯甲烷爆炸事故造成。

甲烷纯度的检验可用排水法收集一试管甲烷，用拇指堵住管口移近火焰点火，如果听到的轻微"噗"声，证明甲烷纯度符合安全要求。如果听到尖锐的爆鸣声，说明甲烷纯度不符合安全要求，还要继续检验直到符合要求。如果用向下排空气法收集甲烷检验时，应该用两支试管轮流收集甲烷进行检验。如果用同一支试管收集甲烷，检验后必须用拇指堵一会试管口，使试管内的火种灭掉，防止火种引爆启普发生器中的甲烷。

六、思考题

1. 甲烷制备实验成败关键有哪些？
2. 请设计甲烷与氯气取代反应的实验装置。

实验八　乙醛的氧化反应

一、实验目的

1. 探讨乙醛（CH_3CHO）与银氨溶液、新制的 $Cu(OH)_2$ 反应的适宜实验条件及操作技能，掌握实验成败的关键。
2. 进一步认识化学试剂的用量、浓度、pH、温度、滴加顺序等条件对实验成功的重要性，培养良好的科学态度和方法。

3. 学习和探讨 CH_3CHO 氧化反应演示实验的教法,训练演示技能。

二、实验内容

1. CH_3CHO 与银氨溶液反应适宜的硝酸银($AgNO_3$)浓度的探讨。
2. CH_3CHO 与新制的 $Cu(OH)_2$ 反应适宜的 $Cu(OH)_2$ 混合液的 pH、反应温度探讨。
3. CH_3CHO 与银氨溶液反应或与 $Cu(OH)_2$ 反应的实验教学。

三、实验用品

1. 仪器与材料

试管、烧杯、胶头滴管、酒精灯。

2. 试剂

5% NaOH 溶液、10% NaOH 溶液、40% NaOH 溶液、2%稀氨水、1% $AgNO_3$ 溶液、2% $AgNO_3$ 溶液、3% $AgNO_3$ 溶液、2%~4% CH_3CHO 溶液、15% CH_3CHO 溶液、40% CH_3CHO 溶液、2% $CuSO_4$ 溶液、新制 $Cu(OH)_2$ 溶液。

四、实验研究步骤

1. 实验研究前资料收集与研究方案的设计

(1) 思考与讨论

① CH_3CHO 与银氨溶液、新制的 $Cu(OH)_2$ 反应的原理各是什么?CH_3CHO 与银氨溶液、新制的 $Cu(OH)_2$ 反应的关键是什么?各有哪些影响实验的重要因素?

② 配制 $Cu(OH)_2$ 时,对 NaOH 溶液和 $CuSO_4$ 溶液的浓度和滴加顺序有何要求?

③ CH_3CHO 与新制的 $Cu(OH)_2$ 溶液反应时,溶液的最佳 pH 大约为多少?

④ 银氨溶液如何配制?影响银氨溶液配制的关键因素是什么?

⑤ CH_3CHO 与银氨溶液、新制的 $Cu(OH)_2$ 两个反应实验说明了 CH_3CHO 的什么性质?如何通过演示实验来体现说明?

(2) 阅读与资料收集

阅读下列内容,明确实验目的与要求,明确实验成败的关键,收集好与本实验教学研究相关的资料。

① 本实验内容;
② 中学有关 CH_3CHO 氧化反应的教材内容;
③ 本实验中的"参考资料"及有关文献。

(3) 实验研究方案的设计 在"思考与讨论"和"阅读与资料收集"的基础上,依据实验内容和实验条件,设计如下实验研究的初步方案。

CH_3CHO 与银氨溶液反应适宜的 $AgNO_3$ 浓度探讨:①设计比较质量分数分别为 1%、2%、3% $AgNO_3$ 溶液浓度配制的银氨溶液对银镜反应影响的实验方案。设计时注意选择适宜的氨水浓度,使银氨溶液的用量和银镜反应的温度等其他条件控制在同一水平,最好设计相应的表格进行实验。设计实验方案时还应注意反应试管的洁净、反应时温度、装置的要求、银镜生成的时间和质量的比较、注意反应后废物的处理等设计。②设计银氨溶液的配制方案和配制的要求。

CH_3CHO 与新制的 $Cu(OH)_2$ 反应适宜的 $Cu(OH)_2$ 混合液 pH、反应温度探讨:①设计比较 $Cu(OH)_2$ 混合液 pH 为 9、11、13 时,加热温度分别为 80℃、90℃、100℃与 CH_3CHO 反应的实验。注意 CH_3CHO 浓度及用量的选择(比较实验时其他条件控制在同一水平),以及反应后废物的处理等设计。②注意设计不同 pH 混合液的配制方案。

(4) 实验教学研究方案的设计

根据 CH_3CHO 氧化反应演示实验的教学目的，自选一个（或教师分配）实验进行演示教学设计。教案要求以演示技能构成要素为线索进行设计，将演示技能理论运用于教学实际。教案应明确演示实验的教学目的：让中学生明确 CH_3CHO 的还原性，易被弱氧化剂氧化；观察目的：通过观察银镜或红色物质的生成，说明 CH_3CHO 具有还原性；观察重点的基础上进行设计。通过演示操作、指引观察、引导思考与讨论，让学生自己由银镜或红色物质生成的实验现象通过科学抽象获得结论，理解以上两个反应的过程和 CH_3CHO 的还原性。

上述设计的实验研究、实验教学研究两个方案于实验前交指导教师审阅。

2. 实验研究

（1）**实验研究方案的介绍与评析**　由两位学生（每个实验一人，可由教师在审阅学生实验研究方案的基础上，有目的、有针对性地指定）分别介绍他们的实验研究方案，并组织评析。评析实验研究方案应围绕"适宜实验条件探讨"方案是否可行、可操作、简单、安全、可靠及创意性如何进行，是否设计表格进行比较实验。在讨论交流的基础上，学生自我调整研究的初步方案。

（2）**实验探究**　学生按调整后的实验研究方案进行实验探究。

CH_3CHO 与银氨溶液反应时应注意：反应前试管的处理；银氨溶液必须随配随用，不可久置；银镜反应必须在水浴中加热；实验后废物的处理。

CH_3CHO 与新制的 $Cu(OH)_2$ 反应时应注意：$NaOH$ 溶液和 $CuSO_4$ 溶液的浓度、用量及滴加的顺序；新制 $Cu(OH)_2$ 混合液的 pH；加热时的温度。

3. 实验教学研究

（1）**演示实验教学模拟**　由两位同学分别用自己探讨出的实验适宜条件分别进行上述两个演示实验教学模拟（由教师有目的地指定或由学生自己报名）。演示时，注意演示技能的应用及实验的成功。

通过演示实验教学模拟，进一步训练师范生演示实验的教学技能。

（2）**演示实验教学评议**　演示实验教学评议应围绕演示实验目的的达到、学生主体作用的发挥、实验的设计、演示的效果及其他教学技能进行。教师也可针对学生演示时存在的主要问题进行讲解、示范，并最后给予总结评定。学生进行自我完善。

五、参考资料

以下信息可供进行研究时参考，还可以继续查询其他的有关资料。

1. 银氨溶液及其配制

银氨溶液的主要成分是氢氧化二氨合银，配制银氨溶液的主要反应是：

$$AgNO_3 + NH_3 \cdot H_2O \Longrightarrow AgOH + NH_4NO_3$$

$$2AgOH \Longrightarrow Ag_2O + H_2O$$

$$Ag_2O + 4NH_3 + H_2O \Longrightarrow 2[Ag(NH_3)_2]OH$$

$$CH_3CHO + 2[Ag(NH_3)_2]OH \longrightarrow CH_3COONH_4 + 2Ag\downarrow + 3NH_3\uparrow + H_2O$$

氢氧化二氨合银是一种很弱的氧化剂，它能将 CH_3CHO 中的醛基氧化为羧基，而银氨配合物中的 Ag^+ 则被还原为单质 Ag，均匀附着在试管的内壁，形成光亮的银镜，故又称为银镜反应。

2. 银镜反应实验应注意的问题

（1）试管必须洁净、光滑，否则不能使金属 Ag 均匀附着在试管的内壁上形成银镜，只能生成黑色、疏松的 Ag 的沉淀。为此，可用去污粉、洗液、$NaOH$ 溶液等洗涤试管，然后再用蒸馏水冲洗，直至试管壁上形成均匀水膜、无水珠或股流出现。

（2）过量的氨水对银镜反应的影响：配制银氨溶液时，氨水必须加到最初出现的沉淀恰好溶解为止。若氨水过量，将会与溶液中的氧化银（Ag_2O）结合，生成易爆炸的物质"雷爆银（Ag_3N）"，不仅会影响试剂本身的灵敏度，而且加热时可能发生爆炸。有关反应为：

$$3Ag_2O + 2NH_3 \rightleftharpoons 3H_2O + 2Ag_3N$$

$$2Ag_3N \rightleftharpoons 6Ag + N_2\uparrow$$

实践证明，随着氨水加入量的增大（指过量），析出银镜的时间延长，生成的银镜减薄、不光亮，甚至只能在试管壁上看到少许银斑，以至于实验失败，可见过量氨水对银镜反应的进行有着阻碍作用。为什么会出现这种情况呢？有关资料表明，在银氨溶液中起氧化作用的是 $[Ag(NH_3)_2]^+$，它在溶液中发生电离，生成 Ag^+ 和 NH_3。

$$[Ag(NH_3)_2]^+ \rightleftharpoons Ag^+ + 2NH_3$$

在发生银镜反应时，溶液中 Ag^+ 逐渐被消耗，浓度逐渐变小，使得电离平衡向正方向移动，这样使银镜反应得以进行下去。但是，如果溶液中加入过量氨水，相当于增大了产物 NH_3 的浓度，会使该电离平衡向逆反应方向移动，抑制了 $[Ag(NH_3)_2]^+$ 的电离，从而使得溶液中 Ag^+ 浓度相应减少，导致上述现象的发生。

（3）银氨溶液必须随配随用，不能久置。如果久置会析出叠氮化银（AgN_3）、氮化银（Ag_3N）、亚氨基化银（Ag_2NH）等爆炸性沉淀物。这些沉淀物即使用玻璃棒摩擦也会分解而发生猛烈爆炸。因此，实验结束时，也应及时清理掉过剩的银氨溶液。

（4）加热必须在水浴中进行（水浴温度80℃左右），不能用酒精灯直接加热，否则也有可能产生 AgN_3、Ag_3N 等易爆炸性物质。在水浴加热过程中，振荡试管、搅拌溶液或水浴温度过高，都难以得到光亮的银镜，而只能得到黑色细粒 Ag 沉淀。

（5）实验完毕应及时将试管内的废液倾去，管内壁上的银镜可加稀 HNO_3 加热除去（这一过程需在通风橱中进行），然后用水洗干净，以免放久发生爆炸。

3. 银镜反应的条件

银镜反应必须在微碱性溶液中进行，pH 一般应控制在 9～10，这是因为在碱性溶液中醛的还原能力比在酸性溶液中强；但不能呈强碱性，因在强碱性溶液中加热银氨溶液，由于氨的失去，就会形成雷爆银。同时，pH＞11 时，反应过快，产生大量黑色的银粒沉淀，不易得到银镜。

4. 银氨溶液浓度对银镜反应的影响

如果银氨溶液的浓度过高，则反应速度太快，Ag 的晶核量大。晶核就不能平缓而均匀地沉积形成银镜，而只能形成结构疏松的海绵状的黑色银粒。为使反应能够成银镜，要求反应物的浓度适当稀一些。一般情况下，银氨溶液的浓度在 2%～5% 范围内为宜，因而 $AgNO_3$ 溶液和氨水的浓度不能太高，一般以 2% 为宜，最高不超过 5%。

5. CH_3CHO 的浓度

醛类化合物的浓度（确切地说是醛基的浓度）是影响银镜反应的重要因素，且浓度越大产生的银镜越差，浓度越小生成银镜的质量越好。

CH_3CHO 的浓度一般为 40%，但 CH_3CHO 溶液放置久了之后容易发生聚合，生成三聚或多聚乙醛，聚合后的 CH_3CHO 不溶于水，密度较小，浮于上部，使整个 CH_3CHO 溶液分为两层，影响了溶液浓度。为此，CH_3CHO 试剂出厂时都加了稀 H_2SO_4，以防止或减少 CH_3CHO 聚合，但造成 CH_3CHO 试剂呈酸性，且引入了 SO_4^{2-}。此外，CH_3CHO 与空气接触还能慢慢氧化成乙酸，由于 Ag_2SO_4、CH_3COOAg 均为难溶物，使 Ag^+ 浓度降低，造成镀银不匀或彻底失败。在银氨溶液中加入未经处理的 CH_3CHO 试剂，马上出现白色浑浊，就是这种原因。因此在 CH_3CHO 的银镜反应时，对于放置久了而分层的 CH_3CHO 在实验前最好进行除杂处理。

除杂方法：由于 CH_3CHO 试剂呈酸性，同时混有 CH_3COO^-、SO_4^{2-} 等干扰离子，所以在做银镜反应之前，向 CH_3CHO 试剂中加足量 CaO，浸泡 30min 后，取上层清液即可。

除杂原理：

$$2H^+ + SO_4^{2-} + CaO = CaSO_4 \downarrow + H_2O$$

$$2CH_3COOH + CaO = (CH_3COO)_2Ca(CH_3CHO 试剂中) + H_2O$$

6. 如何做好"银镜反应"

如何使"银镜反应"获得百分之百成功？除了试管内壁刷洗干净外，再增加一道敏化工序。具体操作为：上课前先将试管做常规刷洗，即以少量去污粉加普通自来水用刷子刷洗试管内壁，再以自来水冲洗干净。关键的一步在课内进行，将敏化剂倒入试管使玻璃表层敏化，数秒后倒掉，再用少量蒸馏水清洗一次，以去除残留的敏化剂。紧接着，按课本所述把配好的银氨溶液倒入经敏化处理的试管，滴加 CH_3CHO，在热水浴中反应。不久，银光闪闪、光彩照人的金属银层就能致密牢固地附着在试管上，"银氨反应"遂告完成。

敏化剂的配制较简单，取氯化亚锡（$SnCl_2$）少许，配成 0.2% 的 $SnCl_2$ 溶液即可。因每次实验用量极少，实际操作中，可用牙签蘸取一点 $SnCl_2$ 粉末，溶于数十毫升蒸馏水中摇匀后备用，需要注意的是敏化剂应现配现用，不能隔夜，否则会失效。

实验证明，用经过敏化剂处理后的试管做"银镜反应"成功率可达百分之百，银面光亮程度不亚于工业制镜的水平。

六、思考题

1. 如何设计分别用空气氧化法和重铬酸钾氧化法制取乙醛并检验的实验？
2. 银镜反应实验成败的关键技术有哪些？

实验九　过氧化氢的催化分解

一、实验目的

1. 探索不同催化剂对过氧化氢（H_2O_2）催化分解速率的影响，加深对催化剂不同催化功能的认识。
2. 通过设计探索不同催化剂对 H_2O_2 分解速率的影响实验，增强实验探究意识和探究技能。
3. 通过 H_2O_2 催化分解演示实验教学，训练和培养演示教学的能力。

二、实验内容

1. 比较 MnO_2、CuO、Fe_2O_3 等含重金属离子的物质，以及血液、土豆等对 H_2O_2 分解速率的影响。
2. 设计比较不同催化剂催化 H_2O_2 分解的实验装置。
3. 过氧化氢催化分解的中学演示实验教学。

三、实验用品

1. 仪器与材料

试管、木条、火柴、玻璃棒、小气球、橡皮塞、具支试管、铁架台、锥形瓶、100mL 注射器、导管、双孔胶塞。

2. 试剂

3%H_2O_2 溶液、5%H_2O_2 溶液、30%H_2O_2 溶液、NaOH 固体、酚酞试剂、粗铁丝。

四、实验研究步骤

1. 课前资料收集和研究方案的初步设计

(1) 思考与讨论

① H_2O_2 催化分解的原理是什么？

② 催化剂对化学反应速率有何影响？催化剂本身有何性质？

③ 除了教材中提到的催化剂，还有哪些催化剂可对 H_2O_2 分解起到催化作用？

④ 怎样才能体现 H_2O_2 分解速率的快慢？如何设计实验比较不同催化剂催化 H_2O_2 分解速率的快慢？

⑤ 在中学化学教学过程中，H_2O_2 催化分解的实验主要说明什么问题？教学中如何通过实验达到这一目标？

(2) 阅读与资料收集

① 阅读高中教材的相关内容；

② 阅读所给的资料并查阅更多的文献，了解本实验可用的催化剂的种类，以及有关实验装置；

③ 通过分析、比较，初步形成实验设计思路。

(3) 实验研究方案的设计　本实验旨在探索不同催化剂对 H_2O_2 催化分解速率的影响，并由此形成催化剂对化学反应速率的影响的认识。实验设计方案应考虑如表 3-1 所示的三个维度。

表 3-1　实验设计维度及要素分析

维　度	要　素
(1)H_2O_2 催化分解发生的设计	①H_2O_2 的浓度、用量；②催化剂的选择、用量；③反应装置
(2)不同催化剂对分解速率的影响比较	①用对比实验进行探究；②反应速率快慢比较计；③单位时间内收集气体的比较
(3)实验的改进	①从实验现象的明显角度改进；②从比较反应速率快慢的方便、快捷、准确性入手

(4) 实验教学研究方案的设计　设计一则 H_2O_2 催化分解的中学演示实验教学微型教案。演示本实验的目的是让学生认识催化剂能影响化学反应速率，让学生建构起催化剂对化学反应速率影响的知识。故应从学生的原有知识入手，引出探究主题：催化剂对化学反应速率有何影响？进而引导学生观察教师所设计的对比实验，引导学生通过现象并分析、讨论，自主形成结论，总结出催化剂影响化学反应速率的基本原理。

2. 实验研究

(1) 实验研究方案的介绍和评析

① 实验研究方案的介绍：由 2~3 位学生分别介绍自己所设计的实验探究方案的实验装置、实施要领和创新之处。

② 方案评析：师生共同对所介绍的实验方案进行分析、讨论、评价，就某些实验设计的关键问题进行提问、对话，以使实验方案更可行、更具有创新性。

③ 方案的自我修整：根据方案介绍和评析的结果，对自己最初的实验探究方案进行适当修整，以保证实验研究的顺利进行。

(2) 实验探究 学生按照确定的实验研究方案，进行实验探究，认真记录，对比分析，形成结论。教师巡视、指导、解惑。

3. 实验教学研究

(1) 演示实验教学模拟 由1~2位学生从中学教学的角度，进行H_2O_2催化分解的演示实验教学模拟。本次演示实验教学应围绕使中学生认识催化剂能加快化学反应速率这一目的进行。突出训练演示技能中"指引观察"和"整理与结论"技能要素。

(2) 演示实验教学评议

① 试教者自我反省、陈述感受。简要陈述自己设计的演示教学的目的、教学过程的思路等；然后再陈述自己在试讲中的表现情况，包括"是否达到了预期的教学目标"、"演示技能的基本要素是否体现"、"是否体现了学生主体性"、"对自己的教态是否满意"、"对实验操作中的异常现象处理办法"等。

② 集体讨论、评议。由教师组织学生重点围绕演示目的是否达到、实验现象是否明显、演示技能的运用是否合理恰当等方面对试教情况进行评议。

③ 教师小结。对试教者的表现进行客观分析、综合评价，指出其优点和不足之处，鼓励其再接再厉。

五、参考资料

1. H_2O_2催化分解的性质

纯净的H_2O_2是淡蓝色黏稠液体（沸点150℃，熔点-1℃）。H_2O_2的水溶液较为稳定，受热见光加速分解，微量金属（Fe、Cu、Cr、Mn等）离子及这些金属的氧化物、非金属元素的炭粉及尘埃都能促使H_2O_2分解；在碱性溶液中分解较快，pH为4时比较稳定。因此，H_2O_2需贮存在不透明的塑料瓶中，存放在阴凉处。

作为化学试剂的H_2O_2浓度为30%。由于它的氧化性（还原性）及还原（氧化）产物H_2O对环境无害而称为绿色试剂，在化学实验中有重要用途。取用此浓度的H_2O_2注意不要碰到皮肤。

浓度为3%的H_2O_2在医药上作为外用消毒剂。当皮肤有外伤时，用H_2O_2消毒会发现伤口周围有气泡产生，这是因为血液中含有过氧化氢酶，它能催化H_2O_2的分解。

$$2H_2O_2 \xrightarrow{\text{过氧化氢酶}} 2H_2O + O_2 \uparrow$$

过氧化氢酶的生理作用还未彻底了解，已知它有4个Fe(Ⅲ)卟啉中心，它们附属在一个相对分子质量约为250000的大蛋白质分子上，是高效生物催化剂。H_2O_2制氧装置同其他气体发生装置。

2. 碱对H_2O_2分解速率影响的实验

碱在H_2O_2溶液中起均相催化作用，使H_2O_2的分解速度加快。在中学化学教学中引进这个实验，有积极的意义。

(1) 实验步骤与现象 在盛有5mL浓度为30%H_2O_2溶液的试管中放入一小粒NaOH固体，即可观察到固体表面泛起少量气泡。随着NaOH的溶解扩散，溶液其他部分才逐渐有气泡生成。若增加NaOH的用量，H_2O_2的分解速度就加快。用带余烬的木条伸入试管内木条复燃，说明生成O_2。静置，待H_2O_2分解完全后，滴入酚酞试剂，溶液变红，表明反应后碱仍然存在。

(2) 本实验的作用

① 高中化学关于过氧化钠（Na_2O_2）与水反应的演示实验。教材中只写出一个化学方程式：

$$2Na_2O_2 + 2H_2O = 4NaOH + O_2\uparrow$$

所以学生不了解反应的实际过程,并错误地把 NaOH 看作为还原产物。如果在做 Na_2O_2 与水反应的实验时,补充上述实验。证实 H_2O_2 在催化下分解速度加快。两个实验相辅相成,引发学生兴趣和积极思维,有助于教师进行讲解,说明 Na_2O_2 和水反应先生成 NaOH 和 H_2O_2,H_2O_2 在碱催化下立即分解为水和 O_2:

$$Na_2O_2 + 2H_2O = 2NaOH + H_2O_2$$
$$2H_2O_2 = 2H_2O + O_2\uparrow$$

反应的还原产物是 H_2O 而不是 NaOH,这样学生比较容易接受。

② 该实验操作简单,产生的气体平稳,是实验室制取少量 O_2 的理想方法。

③ 在高三学到"催化剂对反应速率的影响"时,用作演示实验,现象清晰,容易观察。此外,实验后剩下的 NaOH 溶液,可回收利用,不会造成浪费。

3. 酶催化作用的验证实验

取两支试管,在一支试管中放入切成细条状的土豆丝。分别向两支试管中注入 5% 的 H_2O_2 3mL,可观察到:放入土豆丝的试管中迅速产生大量气泡,泡沫很快充满试管;用玻璃棒捅开泡沫,插入带火星的木条,则木条立即复燃,而另一试管中无明显现象。由此证明生物体中有一种酶能催化 H_2O_2 的分解。说明生物体内不断产生的过氧化氢酶,可促使 H_2O_2 迅速分解,这种酶广泛存在于植物组织中。

4. 抽动法"催化剂对分解速率的影响"实验

(1) 取一只具支试管,在支管上装上小气球(见图 3-20),通过橡皮塞插入一根已生锈的绕成螺旋状的粗铁丝,在具支试管中加入 10mL 30% H_2O_2 溶液。

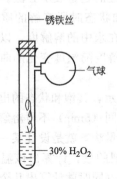
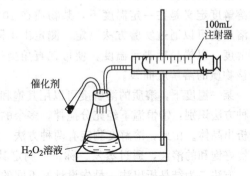

图 3-20 抽动法"催化剂对分解速率的影响"

图 3-21 各种催化剂对 H_2O_2 分解速率影响的实验装置

(2) 将螺旋状的锈铁丝向下插入 H_2O_2 溶液中时,即可观察到 H_2O_2 迅速分解,锈铁丝表面上有大量气泡产生,气球鼓起;把锈铁丝向上拉,离开 H_2O_2 溶液,则反应不明显。

(3) 取下塞子,用带火星木条放在试管口可检验放出的气体是 O_2。气球和试管中所贮气体冒出,气量充足,木条复燃现象明显。

5. 比较各种催化剂对 H_2O_2 分解速率影响的实验装置

实验装置如图 3-21 所示,注意事项如下:

(1) 取 50mL 3% H_2O_2 溶液;
(2) 取 0.1g 催化剂;
(3) 准确测出收集 50mL O_2 所需时间;
(4) 在相同条件下比较。

六、思考题

1. 二氧化锰催化过氧化氢分解制取氧气的最佳条件是什么？
2. 如何在过氧化氢的催化分解的演示实验教学中培养学生的实验思维能力？

第二节　常见化学实验设计

实验十　硝酸钾溶解度的测定

一、实验目的

1. 熟悉测定硝酸钾在水中溶解度的原理、方法和步骤。
2. 探索做好这一实验的技术关键，并分析产生实验误差的原因。
3. 通过对溶质质量法和结晶析出法的比较、讨论，了解它们的优缺点。

二、实验原理

溶解度是衡量物质在溶剂中溶解性大小的尺度，是溶解性的定量表示方法。固体在水中的溶解度定义是在一定温度下，某物质在100g水中达到饱和状态时所溶解的质量（g）。所以溶解度可以通过实验方法测定。测定出不同温度下某物质在水中的溶解度，以纵坐标表示溶解度，以横坐标表示温度，便可在直角坐标系中描出其溶解度随温度变化的曲线来，这就是该物质的溶解度曲线。

某一温度下，溶质的溶解度可以用其饱和溶液的组成来表示，其饱和状态的出现，可以由两种方法识别：①恒温下经充分搅拌，多余的溶质固体较长时间（5min）不再溶解；②溶液开始析出晶体。由此，溶解度测定有两种方法。方法一为溶质质量法，就是设计某一温度下，制得恰好饱和的溶液，通过蒸发、称量，测定其中的溶质和溶剂的量，计算出该温度下的溶解度。方法二为结晶析出法，是先设计好不同的溶质和溶剂的量（同时就计算出几个固定的溶解度的值），再分别测定其开始析出晶体时的温度，便可得到各溶解度所对应的温度。

三、实验用品

1. 仪器与材料

托盘天平、250mL烧杯、试管、玻璃棒、温度计、酒精灯、量筒（10mL）、铁架台（带铁夹）、铁圈、蒸发皿、石棉网、干燥器、坩埚钳。

2. 试剂

硝酸钾、蒸馏水。

四、实验内容及操作

1. 溶质质量法

（1）用托盘天平称量一个干燥的蒸发皿的质量，把称量结果记在表3-2中。
（2）用量筒量取10mL蒸馏水，倒入试管中，把一支温度计放在试管中。在烧杯里加入约 150mL 水，将试管放入烧杯中进行水浴加热，如图 3-22 所示。利用酒精灯控制水温。保持水温恒定在某一温度时，逐渐向试管中加入少量硝酸钾晶体，用玻璃棒搅拌，直至 5min 内不再溶解为止。

（3）取下试管，把里面的硝酸钾溶液倾倒在已称量过的蒸发皿里（切勿把未溶解的硝酸钾晶体也倒出来!），称量，记录。

（4）把蒸发皿放在铁架台的铁圈上用酒精灯加热，同时不断搅拌，待析出晶体较多时，改用微火加热，直到水分完全蒸发掉为止，稍冷后，放入干燥器中冷却，称量。两次称量的结果相差不超过 0.1g，记录入表 3-2 中。利用所测数据，计算出硝酸钾在这一温度下的溶解度。

（5）根据本组和其他组的实验数据，以温度为横坐标，以溶解度为纵坐标，绘制溶解度曲线图。

2. 晶体析出法

（1）在托盘天平上分别称量 2.5g、3.5g、5.0g、7.0g、9.0g 硝酸钾，依次放入已编号的干燥试管中。注意不要让硝酸钾沾在试管壁上。

（2）用量筒量取 10mL 蒸馏水。每支试管分别加入 5mL 蒸馏水。

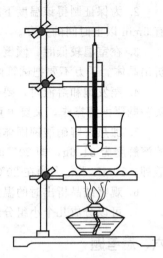

图 3-22 硝酸钾溶解度的测定

表 3-2　溶质质量法测定硝酸钾溶解度

温度/℃	蒸发皿的质量 a/g	（蒸发皿+溶液）的质量 b/g	（蒸发皿+晶体）的质量 c/g	水的质量 $(b-c)$/g	晶体的质量 $(c-a)$/g	溶解度 S/g

（3）每支试管里插入一根玻璃棒，然后依次在水浴中加热，边加热边搅拌，使硝酸钾固体全部溶解，在加热过程中，要用温度计测水温，注意不要使温度过高，以免析晶需要的时间太长。

（4）当硝酸钾全部溶解后，可把试管拿出水面，插入一支温度计，一边用玻璃棒轻轻摩擦试管壁，一边耐心细致观察温度计的读数，当有晶体析出时，读取温度值并记录（表 3-3）。

表 3-3　晶体析出法测定硝酸钾溶解度

编号	硝酸钾的质量/g	水的体积/mL	析晶时的温度/℃			溶解度/g
			1	2	平均值	
1	2.5	10				
2	3.5	10				
3	5.0	10				
4	7.0	10				
5	9.0	10				

（5）把该试管再放入水浴中加热，使硝酸钾溶解，重复上述操作，再读取析晶时的温度值。

（6）计算溶解度的值。根据实验数据绘制溶解度曲线。

五、注意事项

1．水浴加热时，试管内的液体面应低于烧杯的水面，一定要控制好水浴温度恒定在某一温度值上，因为这是每组实验的第一个已知数据。

2. 为保证制得该温度下的饱和溶液，溶解时应不断搅拌，让硝酸钾晶体与硝酸钾溶解有 5min 以上时间的共存。

3. 在室温较低时，倾倒出试管中的饱和溶液，动作要迅速，防止硝酸钾在倾倒过程中析出晶体。千万不要把试管内未溶解的晶体倒入蒸发皿上。

4. 蒸发饱和溶液时，要边加热边搅拌，后期要用微火加热，保证水分全部蒸发掉。本实验既要恒温操作，又要恒重操作，要求比较高，要教育学生认真做好。

5. 加热溶解硝酸钾固体时的温度不宜过高，可以预先粗略计算。例如，20℃时硝酸钾的溶解度为 31.6g，即 20℃时 10g（约 10mL）水最多能溶解 3.16g，2 号试管中有 3.5g 硝酸钾、10mL 水，大约在 20℃以上稍高的温度即可全部溶解，因此加热时不应超出 30℃。

6. 观察结晶析出时的温度，一定要耐心细致，要在一开始析晶时，立即读取温度值。

7. 可以分成几个小组分组进行，再把各组的实验数据集中起来，绘制溶解度曲线。

六、思考题

1. 实验操作注意事项有哪些？
2. 用溶质质量法和结晶析出法测定硝酸钾在水中的溶解度的关键分别是什么？
3. 对比分析"溶质质量法"和"结晶析出法"的实验方法、步骤、装置、操作中可能产生误差的主要因素有哪些？如何改进？

实验十一　阿伏伽德罗常数的测定——单分子膜法

一、实验目的

1. 掌握用单分子膜法测定阿伏伽德罗常数的原理和实验操作技能。
2. 探讨单分子膜法测定阿伏伽德罗常数的教学方法。

二、实验原理

1mol 任何物质所含的基本单元数被称为阿伏伽德罗常数，用符号 N_A 表示。N_A 的值随着实验精确度的提高而不断被修改。1974 年前的 N_A 为 $6.0220453\times10^{23}\,\text{mol}^{-1}$，1974 年利用高纯度的单晶硅测得 $6.0220943\times10^{23}\,\text{mol}^{-1}$；1986 年国际推荐值为 $6.0221367\times10^{23}\,\text{mol}^{-1}$。但一般化学计算中均常用其近似值 $6.02\times10^{23}\,\text{mol}^{-1}$。测定阿伏伽德罗常数的方法有好多种，所得结果都很接近。本实验的目的是通过实验探究活动了解测定阿伏伽德罗常数的原理和方法。

将硬脂酸 [$CH_3(CH_2)_{16}COOH$] 苯溶液滴在水面上，并立即展开。当苯挥发后，硬脂酸就留在水面上。由于硬脂酸分子中的羧基是亲水基，而长链的烷基是疏水基，因而羧基的一头钻进水里，烷基则伸出水面。当硬脂酸分子扩散而布满水面时，它们便相互靠拢，全部分子都竖立起来，形成一个单分子膜。

可以用以下公式计算阿伏伽德罗常数（N_A）

$$N_A=\frac{MSV}{mAV_d(d-1)}$$

式中　M——硬脂酸的摩尔质量，284g/mol；

　　　S——单分子膜的面积（即水槽中水的表面积），cm^2；

V——实验中配制的苯溶液的总体积,mL;

m——实验中所称取的硬脂酸的质量,g;

A——每个硬脂酸分子的有效截面积,$2.2\times10^{-15}\text{cm}^2$;

V_d——每滴硬脂酸苯溶液的体积,mL;

d——滴在水面上的硬脂酸苯溶液的滴数。

三、实验用品

1. 仪器与材料

50mL 烧杯、100mL 容量瓶、10mL 量筒、2mL 吸量管、1mL 吸量管、水槽、滴管、喷灯(或酒精灯)、分析天平、内卡规、直尺。

2. 试剂

硬脂酸、苯。

四、实验内容及操作

1. 准备工作

(1) 硬脂酸苯溶液的制备　用一只干燥的小烧杯准确称取 20mg 或 40mg 硬脂酸,以少量苯溶解后,注入 100mL 容量瓶中。再用苯冲洗烧杯数次,每次都将洗液倒入容量瓶中。最后再往容量瓶中加苯定容到刻度线,摇匀即可。

(2) 在喷灯或酒精灯上将玻璃管拉成尖嘴很细的滴管,使每毫升苯溶液的滴数在 50~100 滴之间。

(3) 仔细地擦洗水槽,彻底地清除油污(用去污粉或纯碱刷洗后,再用水漂洗数次)。

2. 实验操作

(1) 测准水槽中水平面的直径　用内卡规从三个不同方位准确量出水槽的内径,取其平均值,从而得出准确的半径 r。然后在水槽上做记号,以后每次实验盛水至记号处。水槽的选择,直径应尽可能大一些。

(2) 量准液滴的体积 V_d　用洗净并且用实验硬脂酸苯溶液荡洗过的 1mL 吸量管准确吸取 1mL 配好的硬脂酸苯溶液于小量筒(也需用实验用的硬脂酸苯溶液洗过)中。再用选定的滴管吸取硬脂酸苯溶液,逐滴转移到另一容器内,转移完 1mL 硬脂酸苯溶液,体积(1mL)除以所滴出的总滴数即为每滴硬脂酸苯溶液的体积 V_d(也可如此重复 2~3 次操作,取平均值)。

(3) 测定硬脂酸苯溶液的滴数　用上述胶头滴管,吸入已配制好的硬脂酸苯溶液,按测定液滴体积时的角度,从水槽中心位置的上方向水面滴液。滴液不宜太快。往水面上滴入一滴,待苯全部挥发,硬脂酸扩散至看不到油珠时,再滴入第二滴。如此逐滴滴入。当硬脂酸苯溶液扩散减慢时,更需细心观察,谨慎操作。直到滴入一滴后,硬脂酸苯溶液不再扩散,而呈透明镜状时为止。记下滴到水面的硬脂酸苯溶液的滴数 d,进行重复实验,将先后几次实验的数据填入下表。

V/mL	m/mg	$2r$/cm	V_d/mL	d	N_A
100					
100					
100					
100					
100					
100					
		平均			

3. 数据处理

设 $V=100\text{mL}$，$m=20\text{mg}=20\times10^{-3}\text{g}$，$2r=19.5\text{cm}$，$V_d=\frac{1}{75}\text{mL}$，$d=25$，则

$$N_A=\frac{M\pi r^2 V}{mAV_d(d-1)}=\frac{284\times3.14\times\frac{19.5^2}{4}\times100}{20\times10^{-3}\times2.2\times10^{-15}\times1/75\times(25-1)}=6.02\times10^{23}$$

五、注意事项

1. 实验所用的硬脂酸和苯，应尽可能用纯度较高的分析纯试剂，因苯里含有少量水，事前可用无水氯化钙脱水。

2. 要用分析天平准确称量硬脂酸。配制的硬脂酸苯溶液的浓度应在20mg/100mL左右，不能太大。此外，由于苯容易挥发，容量瓶内配制好的硬脂酸苯溶液应随用随取，用后塞紧瓶塞。

3. 胶头滴管的尖嘴拉得越细越好，使每毫升苯溶液的滴数在100滴以上，效果较好。胶头滴管也可用一个长约6～7cm的细玻璃管。其一端套上胶头，另一端连一段橡皮管，再在橡皮管的另一头接上一支医用7#注射针头来代替。使用这样的装置，1mL硬脂酸苯溶液估计约有70滴左右。

4. 水槽的内径应尽量大些，水槽一定要洗净，不能有油脂和碱存在。重复实验应使用同一个水槽。如换用不同的水槽，则应重新测量内径，做好记号。第一次使用后的水槽，要用热肥皂水或去污粉擦洗器壁，冲洗干净后，再进行重复实验。如果不洗净，造成较大实验误差。

5. 在往水槽里滴入硬脂酸苯溶液时，一定要等苯挥发后，再滴下一滴，尤其是最后1～2滴溶液扩散得很慢，必须耐心观察，待下滴溶液不再扩散才停止滴液。

若此实验中把水槽放在高亮度投影仪上滴，硬脂酸苯溶液的扩散看得更清楚，效果更好。

六、思考题

1. 分析本实验产生误差的原因，总结出实验的关键。
2. 研讨单层分子膜法测定阿伏伽德罗常数公式的推导。
3. 通过实验探究，请你设计一种比较精确地测定阿伏伽德罗常数的实验方案。

实验十二 钠及其化合物的性质

一、实验目的

1. 了解钠物理性质的实验设计。
2. 掌握钠与氧气、钠与水反应、钠与乙醇及过氧化钠与水反应的实验操作。
3. 学会焰色反应实验操作。
4. 学会钠及其化合物性质的实验教学方法。

二、实验原理

金属钠呈银白色，具有金属光泽，它极易氧化，在潮湿的空气中会立即失去光泽；钠很软，可以用刀切割。切开外皮后，可以看到金属钠的银白色金属光泽。钠的密度很小；具有

延展性；熔沸点较低。

在钠跟氧气化合的过程中，可以生成氧化钠，氧化钠不稳定，继续氧化，生成过氧化钠：

$$4Na+O_2 =\!\!=\!\!= 2Na_2O$$
$$2Na_2O+O_2 =\!\!=\!\!= 2Na_2O_2$$

$$2Na+O_2 \xrightarrow{燃烧} Na_2O_2$$

钠与水能起剧烈反应。钠比水轻，投入烧杯时，浮在水面上。反应放出大量的热使钠熔成一个闪亮的小球。小球向各个方向迅速游动，并逐渐缩小，最后完全消失。因事先往水中加入酚酞试液，所以钠经过的地方，溶液变成红色，最后整个溶液逐渐变成红色。试管里收集到的气体是氢气。

$$2Na+2H_2O =\!\!=\!\!= 2NaOH+H_2\uparrow$$

过氧化钠是一种强氧化剂，分子中含有过氧离子（O_2^{2-}），它被用作供氧剂。与水作用生成 NaOH 和 H_2O_2，后者易分解放出 O_2：

$$2Na_2O_2+2H_2O =\!\!=\!\!= 4NaOH+O_2\uparrow$$

把带有余烬的木条伸入试管，可看到木条复燃，证明产生了氧气。在放出氧气后的溶液里滴入几滴酚酞试液，可看到溶液变红，说明有氢氧化钠生成。

多种金属或它们的化合物在灼烧时使火焰呈特殊的颜色，叫做焰色反应。

当原子被火焰或其他方法所激发的时候，能够发射出一系列具有一定波长的光谱线。当原子核外的电子从火焰等吸收一定的能量，被激发到一定的能级，这样的电子就处于激发态。激发态的电子回到基态时，就会放出具有一定能量、一定波长的光谱线。由火焰激发后而发射出的光谱就是焰色光谱。一种元素的原子发射出的光谱都有某些共同的谱线。从焰色反应的实验里所看到的各元素的特殊焰色：锂呈紫红色，钠呈黄色，钾呈紫色……就是光谱线的颜色。

每一种元素的光谱都有一些特征谱线。根据焰色反应所呈现的特殊颜色，可以检验某些金属或金属离子的存在。

三、实验用品

1. 仪器和材料

小刀、白瓷板、金属镊子、玻璃管、试管、滤纸、酒精灯、燃烧匙、烧杯、广口瓶、漏斗、表面皿、锡纸、医用注射针头、木条、药匙、石棉网、玻璃棒、铂丝（一头烧接在玻璃棒上）、蓝色钴玻璃片。

2. 试剂

金属钠、石蜡、酚酞试液、蒸馏水、煤油、无水乙醇、过氧化钠、锯木屑或棉花、碳酸钠溶液、碳酸钾溶液、稀盐酸。

四、实验内容及操作

1. 观察钠的颜色

方法1：取一块金属钠，用滤纸吸去它表面的煤油并放在白瓷板上，用刀切去一端外皮，观察其新的断面。

方法2：选取一根壁较薄的玻璃管，用布包裹着玻璃管，像使用钻孔器一样，慢慢地钻入大的钠块里，使管中填有一段银白色的金属钠。用玻璃棒把钠推移到管的中央，然后用蜡封好玻璃管的两端。

2. 钠与氧气的反应

方法 1：用刀切开一小块钠，观察在光亮的断面上所发生的变化。把小块钠放在燃烧匙里加热，观察发生的变化。

方法 2：切取绿豆粒大的一小块钠，放在蒸发皿（或石棉网）上，加热片刻，钠就会燃烧，黄色火焰很明显。

3. 钠与水的反应

方法 1：向一个盛有水的烧杯里，滴入几滴酚酞溶液。然后把一小块钠（约等于黄豆粒大小）投入烧杯。注意观察钠与水反应的情形和溶液颜色的变化。再用锡纸包好一小块钠，并在锡纸上刺些小孔，用镊子夹住，放在试管口下面，用排水法收集气体（见图3-23）。小心地取出试管，移近火焰，检验试管里是不是收集了氢气。

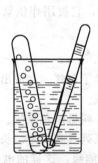 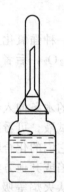

图 3-23　钠与水反应（方法 1）　　　　图 3-24　钠与水反应（方法 2）

方法 2：取一只 250mL 的广口瓶，加水 150mL，滴入 1~2 滴酚酞试剂。把一只漏斗倒罩在广口瓶上，再在漏斗上套一只小试管（见图3-24）。夹取绿黄豆大小的一块金属钠，用滤纸吸净，然后将钠放入广口瓶中，迅速罩上漏斗，用向下排空气法收集反应生成的气体。小心地取下试管，移近火焰，检验试管里是不是收集了氢气。

方法 3：在盛水的试管中，加入一层 2~3cm 厚的煤油，将一绿豆大小的钠放入试管里，由于 $\rho_{煤油} < \rho_{钠} < \rho_水$，所以钠将沉于煤油里而浮于水面，但不要使钠块顶部露在煤油外。若用手持放大镜在试管侧面观察这一反应面的煤油，是有趣的。

4. 钠跟无水乙醇的反应

在盛有少量无水乙醇的试管中，加入一小块新切的、用滤纸擦干表面煤油的金属钠，在试管口迅速塞上配有医用注射针头的单孔塞，用小试管倒扣在针头之上，收集并验纯气体；然后点燃，并把干燥的小烧杯罩在火焰上，片刻在烧杯壁上出现液滴。

5. 过氧化钠跟水反应

方法 1：把水滴入盛有过氧化钠固体的试管，观察有无气泡放出。若有，用拇指堵住试管口，用带火星的木条放在试管口，检验是否有氧气放出。反应后滴入几滴酚酞试液，观察溶液颜色的变化。

方法 2：将干燥的细锯木屑或棉花和过氧化钠以 5：1 的体积比在石棉网上用玻璃棒混合均匀然后堆成小丘状。用滴管将水滴到小丘的顶部，过氧化钠和水很快发生剧烈反应，反应生成的氧气和放出的热量，使锯木屑燃烧起来。

6. 焰色反应实验

把装在玻璃棒上的铂丝（也可用光洁无锈的铁丝或镍、铬、钨丝）放在酒精灯（最好用煤气灯、它的火焰颜色较浅）上灼烧，至跟原来的火焰颜色相同的时候，用铂丝蘸碳酸钠溶液，放在火焰上，就可以看到火焰呈黄色（见图 3-25）。每次试完后都要用稀盐酸洗净铂丝，在火焰上灼烧到没有什么颜色，再蘸碳酸钾溶液做试验，观察火焰的颜色。在观察钾的火焰颜色的时候，要透过蓝色的钴玻璃去观察，这样就可以滤去黄色的光，避免碳酸钾里钠的杂质所造成的干扰。依次完成钙、钡、铜、锶盐的颜色反应实验。

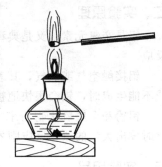

图 3-25　焰色反应试验

五、注意事项

1. 本实验所用镊子、白瓷板、小刀等应保持干燥。
2. 切下的金属钠的表层放回原瓶或用水、乙醇处理，切不可乱丢。
3. 如有条件可补充钠在纯氧中的燃烧，以使学生清楚地看到钠在纯氧中燃烧比在空气中更为剧烈。钠在燃烧时，如罩上一个干燥的小烧杯，还可以看到烧杯壁上附着的淡黄色的 Na_2O_2。
4. 钠块上的煤油必须吸净，否则燃烧时会产生少量黑烟。
5. 切下的金属钠表面的氧化物不可乱丢，可以分成小块用水或乙醇处理掉。为操作方便起见，可用玻璃水槽代替图中的烧杯。
6. 有条件的学校可采取投影演示。
7. 由于反应剧烈，过氧化钠的用量不宜过多。
8. 如果没有过氧化钠，可将金属钠放在一块干净的铁片上加热，使它在空气中燃烧以制取过氧化钠。
9. 实验所用的铂丝必须十分洁净。因此，每次都要用稀盐酸洗净，并在火焰上灼烧重复进行几次直至焰色跟火焰原来的颜色相同为止。
10. 如果没有铂丝，也可用无锈洁净的铁丝代替。还可把脱脂棉裹在铁丝一端，然后蘸取某种盐溶液及其粉末，在酒精喷灯或酒精灯的氧化焰中进行焰色反应，效果更明显。
11. 由于焰色反应所需温度较高，所以最好在煤气灯或酒精喷灯上做实验。
12. 为使焰色更加明显，最好把铂丝放在灯焰下端的外焰中灼烧，这样可以形成较长的有色火焰。
13. 因为金属卤化物在灼烧时比较容易挥发，因此常将试样加浓盐酸调成糊后，再进行焰色试验。也可将铂丝用浓盐酸润湿后去蘸粉末状的固体试样。

六、思考题

1. 将钠的性质设计为一探究式教学过程。
2. 请你设计一套实验装置，既能进行过氧化钠与水反应，又能进行过氧化钠与二氧化碳反应的实验。

实验十三　铝及其化合物的性质

一、实验目的

掌握金属铝的活泼性质，铝及其氧化物、氢氧化物的两性，铝热法还原金属的反应的实验技能。

二、实验原理

铝是亲氧元素，又是典型的两性元素，其单质、氧化物、氢氧化物都可与强酸强碱发生反应。

铝接触空气或氧气，其表面会被生成的致密氧化膜覆盖，形成保护层。当氧化膜被破坏或不能生成时，铝会很快地被氧化成三氧化二铝。

铝粉和金属氧化物粉末（如 Fe_2O_3 或 Fe_3O_4）按一定比例混合，用引燃剂点燃，铝氧化时放出大量的热，反应剧烈进行，得到氧化铝和还原的金属（如铁），称为铝热还原法。

三、实验用品

1. 仪器和材料

漏斗、蒸发皿、表面皿、试管、离心管、量筒、滴管、研钵、离心机、托盘天平、铁架台及附件、坩埚钳、三脚架、泥三角、镊子、马蹄形磁铁、石棉板或瓦片、细沙、砂纸、滤纸、脱脂棉。

2. 试剂

3mol/L 盐酸溶液、2mol/L 盐酸溶液、1.5mol/L 硫酸溶液、3mol/L 硫酸溶液、2mol/L 氢氧化钠溶液、6mol/L 氢氧化钠溶液、浓氨水、0.5mol/L 硫酸铝溶液、饱和氯化汞溶液、蒸馏水、氯酸钾固体、四氧化三铁、铝片（或粗铝丝）、铝屑、铝粉、镁条、硫粉。

四、实验内容及操作

1. 铝的氧化——"毛刷"实验

将长 2cm、宽 1cm 的铝片（亦可用从铝导线中抽出的粗铝丝）用砂纸打磨除去其表面氧化膜，在放有饱和氯化汞溶液的表面皿中浸泡 0.5min，用镊子夹出，并用脱脂棉将铝片表面吸干，放入干燥、洁净的试管中，观察实验现象。实验中用过的氯化汞溶液要倒入指定的容器集中处理。

2. 铝与碱溶液的反应

在试管中放入铝屑少许，注入 6mol/L 氢氧化钠溶液约 2mL，加热并在管口检验生成的气体。

3. 铝与盐酸和硫酸溶液反应的比较

向装有相同铝片的 2 支试管里加入等体积 $c(H^+)$＝3mol/L 的盐酸和硫酸，注意观察化学反应的进程。

4. 氧化铝的两性

将铝的氧化产物——"白毛"轻轻刮下，分装于两支试管中。一支中加入 2mol/L 的氢氧化钠溶液；另一支中加入 3mol/L 的硫酸溶液，振荡并观察实验现象。

5. 氢氧化铝的两性

取 3mL 0.5mol/L 硫酸铝溶液于试管中，向试管中滴加氨水，生成白色蓬松的胶状氢氧化铝沉淀，继续滴加氨水，直到不再产生沉淀为止。用离心机使氢氧化铝沉降，然后吸取上部溶液，用蒸馏水洗涤沉淀，得到较纯的氢氧化铝沉淀，将沉淀转移至蒸发皿中。加热，观察氢氧化铝的分解，在分解产物中加 1mL 2mol/L 盐酸观察现象。

另再制取氢氧化铝沉淀分装在两支试管中，往一支试管里滴加 2mol/L 盐酸溶液，往另一支试管中滴加 2mol/L 氢氧化钠溶液，观察两支试管里发生的现象。

6. 铝热法

（1）称取 10g 烘干的四氧化三铁和 4g 烘干的铝粉混合均匀（如未烘干也可混在一起烘

干）。引燃剂是氯酸钾粉末、铝粉和硫粉的混合物，用量依次为 0.9g、0.3g、0.1g（切不可将三者共研，只能分别研细后在纸上拌匀，取混合物的 1/3 进行实验）。

(2) 实验装置（见图 3-26） 用两层滤纸折成漏斗状，底部剪一小孔，用水浸湿后，放在铁圈的泥三角中，下面放一盛沙子的石棉板或瓦片，承受分离出来的熔铁。

(3) 操作　实验操作宜在室外进行。把铝热剂倒入纸漏斗中，上面放少量引燃剂。用点着的镁条触发引燃剂，引燃剂和铝热剂很快就相继燃烧，发出耀眼的强光，反应放出大量的热使生成的铁熔化，从漏斗底部小孔流出，滴入下方的沙子中，冷却后用磁铁来吸引。

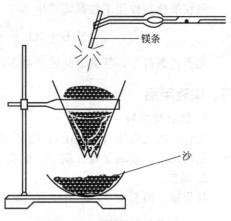

图 3-26　铝热法实验装置

五、注意事项

1. 铝热法实验中所用试剂都必须干燥。试剂烘干后，应放置冷却至室温方可混合。
2. 做铝热法实验时，铝和四氧化三铁的质量配比为 2∶5。用来点火的镁条一般长为 3~5cm。
3. 引燃剂用量不宜太多，否则燃烧时容易喷射，使引燃铝热剂产生困难。实验时，应当远离他人和易燃物，以免发生意外。
4. 铝和氯化汞溶液反应时，应用镊子镊住铝片浸泡在氯化汞溶液中。当实验做完后应立即用肥皂洗手。氯化汞俗称升汞，有剧毒，但适量使用是良好的消毒剂。

六、思考题

1. 用铝、稀硫酸、烧碱为原料制取氢氧化铝有几条合成路线？试从绿色化学的角度（原子利用率、环境因子）设计绿色合成途径制取氢氧化铝。
2. 试设计一铝热法的改进实验。

实验十四　氨的制备及性质实验

一、实验目的

1. 掌握实验室制取氨的实验技能。
2. 掌握氨的喷泉实验、催化氧化的实验技能。

二、实验原理

制取氨可用铵盐与碱混合加热产生。

$$2NH_4Cl + Ca(OH)_2 \xrightarrow{\triangle} CaCl_2 + 2NH_3\uparrow + 2H_2O$$

氨极易溶于水，在室温和常压下，1 体积的水中能溶解 700 体积的氨气。如将氨气充满在密闭的容器，滴进少量水后，由于氨极易溶解，便产生负压，外面的水被吸入，从导管尖口急速喷出，形成喷泉。氨溶于水中大部分与水结合成一水合氨。一水合氨（$NH_3 \cdot H_2O$）少部分电离成 NH_4^+ 和 OH^-，所以，氨水显碱性，使酚酞溶液变红色。

氨在催化剂作用下加热能产生 NO。

$$4NH_3 + 5O_2 \xrightarrow[\triangle]{催化剂} 4NO\uparrow + 6H_2O + 907kJ$$

在不同条件下，氨被氧化的产物不同。

三、实验用品

1. 仪器与材料

试管、圆底烧瓶（250mL）、烧杯（250mL）、锥形瓶（200mL）、玻璃棒、研钵、铁架台、粗玻璃管、玻璃导管、塞子、棉花、酒精灯、铂丝或铜丝。

2. 试剂

氯化铵、消石灰 [$Ca(OH)_2$]、氨水、过氧化氢溶液。

四、实验内容及操作

1. 氨的制备

加热固体 NH_4Cl 和 $Ca(OH)_2$ 混合物。

① 按图 3-27 把仪器连接，并检查装置的气密性。

② 把氯化铵与消石灰按 1∶2 的质量比在研钵中混合均匀，装入干燥试管里。

③ 用带直角导管的单孔塞塞紧试管口并固定在铁架台上。

④ 用酒精灯小心加热。

⑤ 用倒立的、干燥的试管收集氨气，并在试管口塞入一团疏松的棉花（目的是防止外面的空气流入）。

⑥ 把湿润的红色石蕊试纸放在管口检验，若试纸变蓝，则证明氨气已收集满。或者用蘸有浓盐酸的玻璃棒接近集气试管口检验，如有大量白烟产生，也证明已收集满。

2. 氨气的性质

（1）喷泉实验 将盛满气体的圆底烧瓶换上带玻璃管和滴管（滴管内预先吸入水）的塞子并塞紧，倒置烧瓶，使玻璃管插入盛有水（预先在水中滴入几滴酚酞）的烧杯中，打开弹簧夹，挤压滴管胶头，使少量水进入烧瓶，烧杯里的水挤进玻璃导管喷入烧瓶，形成美丽的喷泉。实验装置如图 3-28 所示。

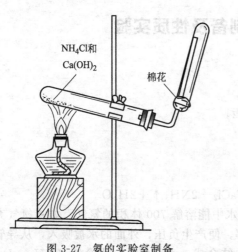

图 3-27 氨的实验室制备

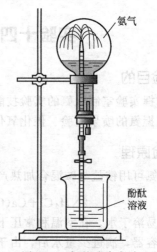

图 3-28 氨的喷泉实验

（2）氨气与酸反应 在一根粗玻璃管的两端，分别塞上一团棉花（不要太紧），然后分别用滴管向两端的棉花团滴入浓氨水和浓盐酸,两端再分别接上鼓气球,同时均匀鼓气,使产生氨气和氯化氢气体。将观察到的现象填写于表 3-4 中。

表 3-4　氨气与酸的反应

观察到的现象	
多长时间有圆环出现	
圆环在玻璃管中的位置	
结论	

（3）氨的催化氧化

① 在锥形瓶中加入约 20mL 浓氨水。

② 将螺旋状铂丝（或铜丝）在灯焰上加热至红热时,伸入锥形瓶里（离液面约 2cm,见图 3-29）,可以看到铂丝保持红热,不久会逐渐变暗（氧气不足的缘故）。这时,实验改进方法有：

a. 用打气球向瓶中液面下鼓入空气,可以使之又变红热,鼓气的速度可根据铂丝红热情况进行调整；

b. 在锥形瓶中放入 1 支微型试管,内盛少许 MnO_2,当铂丝红热变暗时,不用鼓入空气,只要用滴管向微型烧杯里滴入几滴过氧化氢溶液,红热程度就会加剧；

c. 在锥形瓶中加入 30% 的过氧化氢溶液约 2mL,用酒精灯微热,当看到液体中有少许气泡时,即停止加热,再把加热至红热的铜丝伸入锥形瓶中(离液面约 2cm)便可看到铜丝由红热到亮红、白亮。

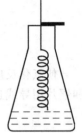

图 3-29　氨的催化氧化

五、注意事项

1. 氨的制备实验中仪器和药品都必须是干燥的；消石灰最好使用新制的,过久存放可能会变质；因 NaOH 易吸湿,故不能用 NaOH 代替消石灰；要制取干燥的氨气,可将产生的氨气通过装有碱石灰的干燥管。

2. 氨的喷泉实验中收集氨气的圆底烧瓶必须干燥,通入氨气的玻璃管要接近烧瓶的底部,烧瓶里要充满氨气,以便排尽空气；实验的仪器装置要密闭；充入烧瓶中的氨气浓度要大。

3. 氨的催化氧化实验中红热的铂丝（或铜丝）伸入锥形瓶时,切勿接触氨水；如实验用过氧化氢时,加热温度不能过高,否则反应剧烈会使混合液呈沸腾状态而逸出；氨水取量不宜过多,否则可能在锥形瓶内有白烟产生。

六、思考题

1. 实验室制取氨气还有哪几种方法？如何设计氨的实验室制法实验的教学组织与教学方法？
2. 喷泉实验成功的关键是什么？除氨气外,氯化氢也通常来做喷泉实验,二氧化碳可以吗？请设计方案。
3. 本书中氨的催化氧化实验可观察到哪几种现象？

实验十五　电解质溶液

一、实验目的

1. 熟练掌握电解池和原电池的化学原理,电极反应及总反应的书写。

2. 掌握离子迁移、电解水、电解饱和食盐水、电解氯化铜溶液及原电池实验的技能。

二、实验原理

电解是将直流电流通过电解质溶液或熔融态物质（又称电解液），在阴极和阳极上引起氧化还原反应的过程。

电解氯化钠溶液时，阳离子（Na^+ 和 H^+）移向阴极，阴离子（Cl^- 和 OH^-）移向阳极。

$$阴极：2H^+ + 2e^- = H_2\uparrow \text{（还原反应）}$$

$$阳极：2Cl^- - 2e^- = Cl_2\uparrow \text{（氧化反应）}$$

$$总反应：2NaCl + 2H_2O \xrightarrow{电解} 2NaOH + H_2\uparrow + Cl_2\uparrow$$

电解氯化铜溶液时，发生如下电极反应。

$$阴极：Cu^{2+} + 2e^- = Cu \text{（还原反应）}$$

$$阳极：2Cl^- - 2e^- = Cl_2\uparrow \text{（氧化反应）}$$

$$总反应：CuCl_2 \xrightarrow{电解} Cu + Cl_2\uparrow$$

使氧化反应和还原反应分别在两电极上进行，从而产生电流的装置称为原电池。当锌片和铜片用导线连接一同插入稀硫酸，会发生下列电极反应。

$$负极（锌片）：Zn - 2e^- = Zn^{2+} \text{（氧化反应）}$$

$$正极（铜片）：2H^+ + 2e^- = H_2\uparrow \text{（还原反应）}$$

三、实验用品

1. 仪器与材料

U 形管、石墨电极、滴管、直流电源、铁架台、玻璃导管、橡皮塞、小试管、电流计、琼脂-饱和氯化钾盐桥、导线、锌片、铜片等。

2. 试剂

饱和硫酸铜溶液、尿素、10%碳酸钠溶液、饱和食盐水、1mol/L 氯化铜溶液、0.3%高锰酸钾溶液、0.1%的硝酸钾溶液、1mol/L 硫酸溶液、1mol/L $ZnSO_4$ 溶液、1mol/L $CuSO_4$溶液、碘化钾淀粉试纸。

四、实验内容及操作

1. 离子迁移

(1) 取一支洁净的 15mm×150mm U 形管，向其中倒入含尿素的硫酸铜和高锰酸钾溶液。该混合液的配制方法是：在 25～30mL 饱和硫酸铜溶液中（常温下）加入 5mL0.3%的高锰酸钾溶液，再加 2～3g 尿素。然后用滴管细心而缓慢地向 U 形管的左右管中轮流交替加入用稀硫酸酸化的 0.1%硝酸钾溶液，使其高度各约 4cm 为止（务必使界面清晰），如图 3-30 所示。

(2) 在稀硝酸钾溶液中插入电极（若无铂片、铂丝，可用碳棒代替）。插入电极，使电极顶端距下面混合溶液面约 1cm，然后接通直流电源。直流电压为 16V。10min 后，就可以在阴极区液面出现一层蓝色溶液（水合铜离子的颜色），阳极区液面出现一层紫红色溶液（高锰酸根离子的颜色）。

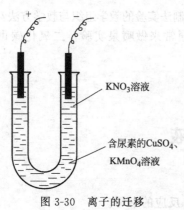

图 3-30 离子的迁移

2. 电解水

电解水可以用霍夫曼水电解器进行电解水实验，还可用简易水电解器进行电解水实验。电解水的简易装置中，电极用粗铁丝制作，套于塑料管内，使两端裸露，用一大烧杯作电解槽，电解液用10%碳酸钠溶液或氢氧化钠溶液，用两只口径、长短都一样的试管收集电解水产生的氢气和氧气（见图3-31）。

装置准备好后，先将电解液注入烧杯中，两根电极挂在烧杯壁上，两支试管都灌满电解液倒扣在电极上，将电极与电源相连，通过12V直流电进行电解，断电后，检验阴阳极的气体。可以发现a试管产生H_2，b试管产生O_2。

3. 电解饱和食盐水

（1）装置如图3-32所示，在U形管中注入饱和食盐水约3/4体积，分别插入铁钉、碳棒作电极，铁钉与电源负极相连接，碳棒与电源正极相连接。通电前在阴极区滴入2滴酚酞试液。夹持在铁架台上，倒入精制过的饱和食盐水，离管口约2cm。

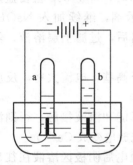
图3-31 电解水简易装置

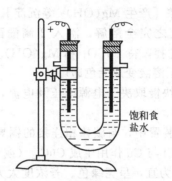
图3-32 电解饱和食盐水

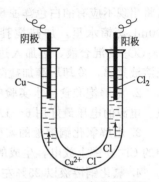
图3-33 电解氯化铜溶液

（2）接通12V直流电源。通电后，观察到阴极上有气体放出，阴极区的溶液变为红色。用润湿的碘化钾淀粉试纸检验阳极区产生的气体。

4. 电解氯化铜溶液

（1）装置如图3-33所示，在一支U形管注入盐酸酸化了的氯化铜溶液约3/4管，插入碳棒作电极，接通直流电源12V，阳极即有气体产生。用润湿的碘化钾淀粉试纸放在管口处检验阳极产生的气体。

（2）电解2~3min后，停止实验。取出阴极的碳棒，观察电极已镀上一层红色的铜。

5. 原电池

（1）方法1

① 在一烧杯里注入2/3杯的1mol/L稀硫酸，并插入一块锌片，可观察到锌片上有气体产生；再插入一块铜片，铜片上无气体放出。

② 用导线把锌片和铜片连接起来（见图3-34），在导线中间接一个电流计，可观察到指针发生偏转，说明导线中有电流通过，实验结果为铜片上有较多气体放出，而锌片上气体很少。

（2）方法2　如图3-35所示，在左右两烧杯中分别盛有1mol/L $ZnSO_4$溶液和1mol/L $CuSO_4$溶液，两烧杯之间的玻璃弯管为饱和氯化钾盐桥（琼脂-饱和KCl盐桥的制备为：烧杯中加入3g琼脂和97mL蒸馏水，使用水浴加热法将琼脂加热至完全溶解。然后加入30g KCl充分搅拌，KCl完全溶解后趁热用滴管或虹吸将此溶液加入已事先弯好的玻璃管中，静置待琼脂凝结后便可使用）。实验操作和现象如前所述。

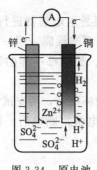
图 3-34　原电池

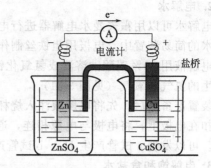
图 3-35　原电池

五、注意事项

1. 饱和食盐水在实验前最好进行精制，以除去其中的 Ca^{2+} 和 Mg^{2+}，否则通电后阴极区将出现不应有的白色浑浊现象〔产生 $Mg(OH)_2$ 等沉淀〕。精制时，可将 36g 粗食盐加入 100mL 蒸馏水里，加热搅拌使之完全溶解，滴入 2 滴酚酞指示剂，继续加入 NaOH 和 Na_2CO_3 的混合液，边加入边搅拌，待 $CaCO_3$ 和 $Mg(OH)_2$ 析出后，过滤上层溶液，然后把溶液煮沸，冷却后滴加盐酸至溶液变成无色即可。

2. 电解饱和食盐水实验的快慢取决于电源电压及电流，电压高些，电流大些，反应就快。电源的电压最好用 6～12V。

3. 电解氯化铜溶液的实验装置中，与碳棒相连接的铜导线不能和溶液接触，否则溶液中的 Cl^- 在铜上放电，生成 Cl 与 Cu 作用生成 $CuCl_2$（或 Cu 先放电变成 Cu^{2+}）。

4. 氯化铜溶液以 25% 左右为宜，呈亮绿色。若浓度太大，通电后阴极区溶液往往出现黑色，这是由于被还原出来的微小铜粒没有沉积在碳棒上而是悬浮在溶液里。

5. 湿润的碘化钾淀粉试纸显蓝色后就应拿开，不宜通气太久，否则由于氯气继续与碘作用，反而使蓝色消失 ($5Cl_2 + I_2 + 6H_2O \longrightarrow 2HIO_3 + 10HCl$)。

6. 若电流计指针偏转不明显，可以适当提高酸的浓度（用 1.5mol/L 硫酸），并把铜片与锌片用导线连接好，同时插入稀硫酸里。

六、思考题

1. 电解水时，为什么要加入少量电解质？
2. 试分析电解水实验的结果有时氢氧体积比不是 2：1 的主要原因。
3. 铜锌原电池实验为什么锌片上也有少量气泡？

实验十六　乙酸乙酯的合成及乙酸丁酯的水解

一、实验目的

掌握乙酸乙酯制取和乙酸丁酯水解的实验技能。

二、实验原理

醇和酸（包括有机酸和无机酸）发生酯化反应生成酯和水（此反应中羧酸提供羟基），而酯也可发生水解反应，生成羧酸和醇；酯的水解是酯化反应的逆反应。催化剂（酸或碱）可增大酯化及水解反应的速度。

$$RCOOH + R^1OH \underset{\text{水解}}{\overset{\text{酯化}}{\rightleftharpoons}} RCOOR^1 + H_2O$$

酯化过程和酯的水解过程同时发生。当没有催化剂存在时,达到平衡很慢。氢离子是这两个反应的活性催化剂,硫酸不仅保证在混合液中有较高的氢离子浓度,而且硫酸也能与酯化过程中所形成的水结合,使平衡移向生成酯的方向。所以浓硫酸在酯化反应中,起催化剂和吸水剂的作用,硫酸的用量只要乙醇的 3% 就可以完成它的催化作用,但为了能除去反应中生成的水,通常加入浓硫酸的用量再稍多一些。

生成的乙酸乙酯在无机盐溶液(如 Na_2CO_3 饱和溶液)中溶解度减小,容易分层析出。因乙酸乙酯比水轻,在液面上可以看到透明的油状液体,并可闻到一种香味,与下面滴有酚酞的饱和 Na_2CO_3 粉红色溶液形成明显的界面。

三、实验用品

1. 仪器与材料

烧杯、大试管、试管夹、量筒、铁架台、酒精灯、单孔橡胶塞、滴管,酒精灯、玻璃管、石棉网。

2. 试剂

乙醇、乙酸丁酯、冰醋酸、浓硫酸、饱和碳酸钠溶液、饱和氯化钠溶液、3mol/L 氢氧化溶液、1.5mol/L 硫酸溶液。

四、实验内容及操作

1. 乙酸乙酯的制备

(1) 蒸馏法 在一支大试管里加入 4mL 乙醇和 3mL 冰醋酸,再缓缓地加入 2mL 浓硫酸,振荡使混合均匀,按图 3-36 所示连接装置。开始用小火加热混合液,以后逐渐提高加热温度,但不可以使溶液沸腾,或用水浴加热,保持温度在 60~70℃,产生的蒸气经导管通到饱和 Na_2CO_3 溶液的液面上。数分钟后,在饱和 Na_2CO_3 溶液的液面上看到透明油状物生成,并可以闻到一种特殊的香味,这就是生成的乙酸乙酯。当管内混合液只剩下原来的 1/3 时停止加热。

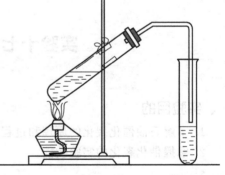

图 3-36 蒸馏法制备乙酸乙酯的装置

(2) 回流法 往试管中注入 3mL 乙醇、2mL 冰醋酸和 2mL 浓硫酸,试管用单孔塞配一根竖直的长玻璃导管作为冷凝管(不宜过短,以 30cm 左右为宜),做成一个冷凝回流的装置。把试管放在沸水里加热 3~5min,然后从沸水中取出冷却(或放在冰水中冷却)。装置如图 3-37 所示。向混合液中加 2mL 水,振荡后静置片刻,可以看到水与酯的界面,然后将此溶液倒进盛有饱和 NaCl 的小烧杯中,反应中没有作用完的乙酸和乙醇则溶于饱和 NaCl 溶液中,而酯则因盐析作用浮在水层上面,可用分液漏斗把乙酸乙酯分离出来。

2. 乙酸丁酯的水解

取四支试管,在两支中各加 3mL 蒸馏水,另外两支中分别加 3mL 3mol/L 氢氧化钠溶液和 1.5mol/L 硫酸溶液,并贴上标签。再向四支试管中各加入 1.5mL 乙酸丁酯。留下一

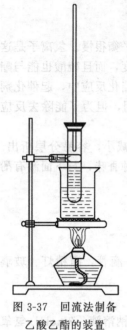

图 3-37 回流法制备乙酸乙酯的装置

支加水的试管作比较用,其余三支放入沸水浴中加热,每隔 10~20s,将它们取出振荡一次,要经常不断地振荡,否则反应速度减慢。10min 后取出试管,静置片刻使酯与水分层。然后比较各试管中留下酯的量,并和原来留作比较用的试样对比。可以观察到不加催化剂的试管里留下酯的量几乎和原来相等,而加有酸或碱的两支试管中,留下的酯分别为原体积的 2/3 和 1/2。

五、注意事项

1. 制取乙酸乙酯时,试管中的混合物含有乙酸、乙醇、乙酸乙酯和水等,它们的沸点分别为 118.1℃、78.4℃、77.1℃ 和 100℃。水浴加热温度偏低时,反应进行缓慢。但若水浴温度过高,则不仅会使乙醇、乙酸未经反应就过多地脱离反应体系,而且会使乙醇和浓硫酸之间发生如下反应:

$$CH_3CH_2OH + H_2SO_4 \longrightarrow CH_3CHOH + SO_2 + H_2O$$

$$CH_3CH_2OH + HOSO_2OH \xrightarrow{100\sim130℃} CH_3CH_2OSO_2OH + H_2O$$

2. 乙酸丁酯(沸点为 126.3℃)在沸水浴中水解的时间不能太长,以免乙酸丁酯大量挥发。

六、思考题

1. 比较本书中制取乙酸乙酯的两种方法,哪种方法更适合于课堂的演示实验教学?
2. 如何采取适当的方法和措施提高乙酸乙酯的产率?
3. 在乙酸乙酯的制备实验中浓硫酸和饱和碳酸钠溶液各起什么作用?

实验十七　石油的催化裂化

一、实验目的

1. 了解石油催化裂化的原理和过程。
2. 掌握催化裂化的实验技能。

二、实验原理

石蜡(代替石油)是分子量较大、沸点较高的烃,在催化剂作用下断裂为分子量小、沸点低的饱和烃和不饱和烃。如:

$$C_{20}H_{42} \xrightarrow[\triangle]{催化剂} C_{10}H_{22} + C_{10}H_{20}$$

不饱和烃,易发生加成反应使溴水褪色,易被氧化使高锰酸钾紫红色褪色。

三、实验用品

1. 仪器与材料

硬质大试管、试管、广口瓶、直角导管、尖嘴玻璃管、酒精灯或煤气灯、铁架台及附件、乳胶管、单孔橡皮塞、双孔橡皮塞。

2. 试剂

稀硫酸（1+4）、0.01%高锰酸钾溶液、0.3%溴水、石蜡、氧化铝粉末、硅酸铝。

四、实验内容及操作

1. 使用氧化铝催化剂

实验装置如图 3-38 所示，检验气密性后，在干燥的硬质试管 a 中加入 2g 石蜡（或用去掉烛心的蜡烛）和 15g 粉末状的氧化铝，加热，等石蜡熔化后，观察反应进行的情况，持续加热 3~6min 后，可观察到试管 c 中的酸性 $KMnO_4$ 溶液褪色，再将玻璃导管插入盛有溴水的试管中，可以观察溴水逐渐褪色，在试管 b 中可以观察到有少量的液体凝结。

实验完毕后，拆去实验装置，嗅试管 b 中液体的气味，可以闻到汽油的气味，将少量的这种液体分别注入盛有酸性高锰酸钾溶液和溴水的两支试管，振荡，溶液颜色均褪去。

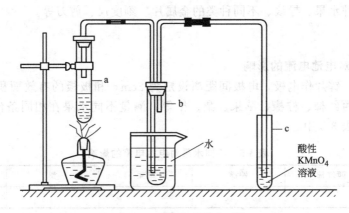

图 3-38 石油催化裂化实验装置

2. 使用硅酸铝催化剂

实验装置见图 3-38，将 2g 研细的石蜡和 10g 硅酸铝混合均匀后，装入试管 a 中。持续加热 5~10min，可观察到试管 c 中的酸性 $KMnO_4$ 溶液褪色。撤去试管 c，将玻璃导管换成尖嘴玻璃导管，在尖嘴处点火，可以看到淡蓝色的火焰。这说明裂化产生了可燃性气体。

五、注意事项

1. 所用仪器都必须洁净干燥，防止催化剂中毒。实验结果与催化剂的活性关系很大，催化裂化的程度，则取决于催化剂活性。所用的催化剂必须是 $\gamma\text{-}Al_2O_3$，$\alpha\text{-}Al_2O_3$ 无催化活性。

2. 石油裂化的催化剂除氧化铝和硅酸铝外，还可用三氯化铝、氧化铜、二氧化锰、氧化镁等。

3. 使用石蜡（或蜡烛）进行催化裂化，也应检验是否含有不饱和烃，以免干扰实验。

4. 高锰酸钾溶液浓度应小些，只要能够看到浅紫红色即可，否则褪色所需时间过长。

六、思考题

1. 分析比较以上两个实验中催化剂的使用量及其与反应时间和效果的关系。

2. 请设计一个实验检验石油裂解气中含有乙烯成分。

实验十八　水果电池的设计

一、实验目的
1. 了解如何才能做成一个效果较好的水果电池。
2. 探讨影响水果电池的电流的因素。

二、实验原理
以当时季节的主要水果作电解质溶液，不同种类的金属片作电极，设计原电池反应，即化学能转化为电能的装置。

三、实验用品
微安计，各种水果、导线、不同种类的金属片、刻度尺、剪刀等。

四、实验探究
1. 不同水果对电池电流的影响

均选用铜片、锌片作电极，电极间距离设定为2cm，和极板的有效面积为$4.5cm^2$。选取常见的水果如西红柿、柠檬、苹果、梨、橙等，测量不同水果在相同条件下所产生的电流，记录数据于表3-5中。

表3-5　不同水果对电池电流的影响　　　　　　　　　　　　　　　单位：μA

水果	西红柿	柠檬	苹果	梨	橙
电流					

当然，你也可以尝试用不同水果组合，设计电池，探究其电流大小的规律。

2. 不同电极对水果电池产生电流的影响

我们采用相同的水果西红柿，用铜片、锌片、铝片、铁钉及碳棒等组合成不同的电极，电极间的距离皆为2cm，插入到同一种水果中，用导线将它们与微安计连接起来，测量水果电池所产生的电流，将结果记录在表3-6中。

表3-6　不同电极的水果（西红柿）电池的电流　　　　　　　　　　　单位：μA

电极	Cu-C	Cu-Zn	Cu-Al	Cu-Fe	Fe-C	Fe-Al	Fe-Zn	Al-C	Al-Zn	Zn-C
电流										

3. 电极间距离对水果电池电流的影响

选用西红柿，用Cu-Zn作电极，将其按照不同的电极距离插入到西红柿中，用导线将它们与微安计连接起来，测量水果电池的电流，所测数据记录于表3-7中。

表3-7　不同电极距离的水果电池的电流　　　　　　　　　　　　　单位：μA

电极距离/cm	0.5	1.0	1.5	2.0	2.5	3.0	3.5	4.0	4.5	5.0	5.5	6.0
电流												

4. 电极有效面积对水果电池电流的影响

在水果上，插入面积不同的铜片和锌片，并保持铜片和锌片的距离为2cm，进行实验并记录数据于表 3-8 中。

表 3-8　插入水果中不同面积的电极的电池电流　　　　　　　单位：μA

水果	西红柿	柠檬	苹果	梨	橙
有效面积/cm²					

5. 不同温度的果汁对水果电池电流的影响

酒精灯加热橙汁，观察在不同温度时产生的电流，进行实验并记录数据于表 3-9 中。

表 3-9　不同温度果汁的水果电池的电流　　　　　　　单位：μA

温度/℃	30	40	50	60	70	80
电流						

五、实验结论

通过以上的实验探究，水果本身、电极材料及电极间的距离、电极插入水果中的面积及果汁温度对水果电池产生的电流有何影响呢？

课后结合实验报告重点总结如下内容：

（1）实验数据的分析与结论；

（2）本次实验的最大收获；

（3）根据你的体验，你如何组织中学生进行以水果电池的设计为课题的研究性学习？

六、思考题

1. 请你以生活中的代用品设计一趣味化学实验。
2. 探讨趣味化学实验的教学价值。

第四章 化学探究性实验的设计

实验探究，是科学探究的一种具体表现形式。高中化学课程标准提出的课程基本理念之一是"通过以化学实验为主的多种探究活动，使学生体验科学研究的过程，激发学习化学的兴趣，强化科学探究的意识，促进学习方式的转变，培养学生的创新精神和实践能力。"探究性实验设计的特点表现为：强调体验知识获得的过程；实验的内容具有真实性和实践性；鼓励从多方位、多角度思考问题。实验探究不仅仅是中学化学实验教学的目标、学生化学学习的方式，也是化学教师的教学方式。传统的以注入式为主的化学实验教与学方式，向以探究式为主的化学实验探究教学的转变，是化学实验教学的重要课题，其中，化学探究性设计是化学实验探究教学的重要内容。

第一节 化学探究性实验中变量的控制

化学学科中的科学探究主要是探索化学现象与化学本质之间的因果关系。自然界和真实实验中发生的化学现象往往纷繁复杂，影响研究对象的因素通常也不是单一的。如何把影响化学规律中的可观察和测量的关键要素提取出来，以寻得其内在的因果关系，这就是变量控制。

变量控制是科学探究能力的重要组成部分。虽然，日常化学课堂教学、实验学习等原因使得对于变量控制重视程度不足，但是，为了提高学生的科学素养，变量控制能力必须有意识地提高。化学教师可以通过提高变量控制的意识，挖掘化学学科内部的素材，构建一定的变量控制模式，提高学生变量控制的能力。有的研究者借鉴"穆勒五法"中的部分思想，对变量控制模式进行再构建，对变量控制的方式具有启发意义。

一、化学探究性实验中变量控制的基本模式

1. 求同法控制变量模式

该模式通过研究现象出现的若干场合，分析多种情况中的变化和不变因素，确定影响现象的共同因素，然后控制因素不变，考察在另外情境中是否也同样具有相同的被研究现象。从而，就可以得出该因素与现象具有相关性，见表 4-1。

表 4-1 求同法控制变量模式

场合	相关情况	被研究现象
(1)	A、B、C	a
(2)	A、D、E	a
(3)	A、G、F	a
……	……	……
结论：A 与 a 之间有因果联系		

课例：哪些物质能与银氨溶液发生银镜反应？

事实：乙醛能与银氨溶液在一定条件下形成光亮的银镜；葡萄糖能与银氨溶液在相同的条件下形成银镜；甲酸也能与银氨溶液形成一层银镜。

结论：由此推出含有—CHO基团的有机物都能发生银镜反应。

应用：甲酸酯也具有相同基团，所以该有机物也能发生银镜反应。

在化学学习中，对于不同的物质都具有相同的化学性质，那么，我们就可寻找其中变化的要素和不变的要素，然后，在新情境中保持不变的要素来考察被研究的现象，如果同样现象再次出现，就可推知其中必有相同的结构本质。

2. 差异法控制变量模式

该模式控制两个被研究情境中各变量不变，当作用另一个因素 A 时，出现现象 a；当不作用 A 时，现象 a 就不出现。这样，就说明因素 A 与现象 a 具有内在关联，见表 4-2。

表 4-2　差异法控制变量模式

场合	相关情况	被研究现象
(1)	A、B、C	a
(2)	—、B、C	—
结论：A 与 a 之间有因果联系		

课例：铁离子的检验。

事实：①在 $FeCl_3$ 溶液中，滴入 KSCN 后，溶液呈血红色；②在 $FeCl_2$ 溶液中，滴加 KSCN 溶液，则无明显的现象；③在加入 KSCN 的 Fe^{2+} 溶液中，加入 H_2O_2 后，溶液又呈血红色。

结论：Fe^{3+} 是引起溶液变为血红色的条件。

说明：这就是我们常用的对照实验模式。

3. 共变法控制变量模式

该模式主要考察不同场合中，保持其他变量不变，只将其中一个变量进行不同程度的作用。如果被研究的现象也会相应地变化，那么，就能推断该变量与现象之间具有一定的作用，见表 4-3。

表 4-3　共变法控制变量模式

场合	相关情况	被研究现象
(1)	A_1、B、C	a_1
(2)	A_2、B、C	a_2
(3)	A_3、B、C	a_3
……	……	……
结论：A 与 a 之间有因果联系		

课例：研究温度对弱电解质电离度影响规律。

事实：将 0.01mol/L 的醋酸溶液 25mL 装入烧杯，用测定溶液导电性装置。

① 0℃时，通电，灯泡钨丝红、暗淡；

② 50℃时，通电，灯泡比较明亮；

③ 100℃时，通电，灯泡明亮。

结论：温度对弱电解质导电性有影响。

说明：运用该模式时，应注意只是其中一个因素会影响实验结果，当多个因素共同起作用时，结论未必正确了。例如，醋酸的导电性随着加水量的变化就应注意主次矛盾的转化。

4. 剩余法控制变量模式

该模式考察一个较复杂的体系中，现象 a、b、c、d 可能与 A 具有内在的因果关系。当无法直接证实 A 是否与 d 具有因果联系，通过排除 a、b、c 与现象 A 无因果联系，由此，推断出 A 与 d 之间有因果联系，见表 4-4。

表 4-4 剩余法控制变量模式

场合	A 与被研究的复合现象 a、b、c、d 之间有因果联系
(1)	A 与 a 无因果联系
(2)	A 与 b 无因果联系
(3)	A 与 c 无因果联系
结论：A 与 d 之间有因果联系	

课例：新制的氯水中哪些成分具有漂白性？

事实：① 氯气溶于水，有色布条放入氯水中，一会儿即褪色；

② 有色布条放入干燥的氯气中，无明显现象；

③ 盐酸和水均无漂白作用。

结论：次氯酸是引起漂白现象的原因。

说明：我们还可以用求同控制变量法进一步证实。如补充验证实验：放置在空气中的次氯酸钙溶液也具有漂白性。当然，这种模式运用时，应注意 a、b、c 与 d 之间应不能有明显的相互影响，且复合现象 a、b、c、d 其中必须含有 A 的原因。

二、基于化学探究性实验中变量控制的问题解决

示例：某学生向装有相同铝片的 2 支试管里加入等体积 $c(H^+)=3.0mol/L$ 的盐酸和硫酸，注意观察化学反应的进程，其实验结果见表 4-5。

表 4-5 等体积 $c(H^+)=3.0mol/L$ 的盐酸和硫酸分别和相同铝片反应的实验现象

反应进程	1	2	3	4	5
盐酸	少量气泡	较多气泡	大量气泡	反应剧烈	铝片耗尽
硫酸	均无明显现象				

对于这种实验现象如何来解释呢？有的学生是如下解释：

① 与硫酸反应的铝片表面的氧化膜太厚了；

② 硫酸太浓了，在铝片表面形成了致密的氧化膜；

③ 铝与硫酸反应生成了硫酸铝，覆盖在铝片的表面，阻止了反应的进行……

评析：从以上对现象的解释来分析，许多学生对问题的解释只是着眼于硫酸与铝反应的异常现象；只从铝与硫酸无法持续接触角度寻找无气泡产生的原因。他们没有从两者的比较中找出其中不同的变量，最终导致他们的解释都是想当然的，自然也无法找出其中的本质。

对于案例中，铝与相同 H^+ 浓度的盐酸和硫酸反应的异常，我们可以运用变量控制模式补做以下实验。

猜想1：氧化膜是实验现象异常原因；猜想2：Cl^- 和 SO_4^{2-} 是引起实验现象不同的原因。

① 根据差异法控制变量法设计实验，探究是否氧化膜对实验现象有影响，见表 4-6。

表 4-6 探究氧化膜对实验现象的影响

实验 1	实验 2
操作与现象:取 2 条未用砂纸打磨的铝片,都浸入氢氧化钠溶液中,片刻后其表面产生无色气泡,5min 后取出,用水洗净。其后,将两铝片分别浸入 HCl、H_2SO_4 两种稀溶液中:一片浸入 HCl 稀溶液,表面产生许多无色气泡,而另一片浸入 H_2SO_4 稀溶液中现象一直不明显	操作与现象:再取 2 条铝片,用砂纸擦去氧化膜,都浸入浓硝酸中,无明显变化,5min 后取出,用水洗净。其后,将两铝片分别浸入 HCl、H_2SO_4 两种稀溶液中,现象同实验 1
实验结论 1:氧化膜不是引起实验现象异常的原因	

实验结论 1:氧化膜不是引起实验现象异常的原因。

② 根据共变法控制变量模式设计实验,探究两种阴离子对现象的影响。

实验:往 8 支相同的试管中加入相同的铝片后,分为两组,并分别加入等体积 $c(H^+)=3.0mol/L$ 的盐酸和硫酸。在 4 支试管加硫酸几乎不产生气泡的试管里,有一支不加氯化钠,其余依次加入 1 颗、2 颗和 3 颗相同大小的氯化钠颗粒,观察实验现象,实验发现反应速率一个比一个快;在 4 支试管加盐酸的试管中,有一支不加硫酸钠颗粒,其余依次加入 1 颗、2 颗和 3 颗相同大小的硫酸钠颗粒,实验发现气泡一个比一个少。

实验结论 2:氯离子对反应具有促进作用,硫酸根则相反。

第二节 化学探究性实验条件的优化——正交实验法

对那些受催化剂、药品比例、温度、压强、时间、介质等诸因素影响的实验,要想探究最佳反应条件,可以利用正交实验设计法进行研究。正交实验设计法是利用正交表来安排实验。使用正交法能从众多的不同条件搭配中,选出少量的最具"代表性"的实验条件,并能对影响实验结果的各个因素的重要程度进行定量分析,以实现最大限度的节能、省时、防毒、防污染效果。

一、正交实验设计的基本概念

正交实验设计是一种解决多因素优化问题的卓有成效的方法。为了更好地理解和应用正交实验设计,需要了解以下一些基本概念。

1. 指标

指标是在实验中用来衡量实验效果的特性值(如产量、反应速率和转化率等)。指标一般分为定量指标和定性指标。正交实验需要通过量化指标以提高可比性。所以,通常把定性指标通过评分定级等方法转化为定量指标。

2. 因素和水平

因素是指可能影响实验指标的原因或要素。因素通常用大写字母 A、B、C……来表示。在实验设计时,因素分为可控因素和不可控因素。可控因素指在现有条件下,能人为控制和调节的因素;不可控(噪声)因素指在现有条件下,还无法控制和调节的因素。在实验设计中,首先要选择可控因素列入实验当中,而对不可控因素,在每次实验中要尽量保持它们的一致,以降低这些不可控因素对实验结果造成的影响。

实验中选定因素所处的状态和条件称为水平,或者说是实验中各因素的不同取值。在实验中需要考虑某因素的几种状态时,则称该因素为几水平因素。因素的水平应是能被直接控制的,水平通常用数字 1、2、3……表示。

因素和水平举例说明如下。

【例 4-1】 影响某化合物产量的主要因素有温度、反应时间、原料配比和催化剂用量 4 种，每种因素各分 2 个等级水平，如表 4-7 所示。则此例中有 4 个 2 水平因素。

表 4-7　实验因素与水平举例

水平	因素			
	A（反应温度）	B（反应时间）	C（原料配比）	D（原料配比）
1	40℃	20min	1∶1.0	0.10g
2	60℃	25min	1∶1.5	0.20g

3. 正交表

正交表是由数学工作者根据"因素均衡分散"等原则设计为适合各种试验情况设计的表格。正交表的设计种类很多，实验研究者可根据自己需要从各种版本的"数理统计书"中挑选。

表 4-8 就是一张正交表，通常写作 $L_9(3^4)$，读作 L、9、3、4 表。这里符号"L"表示正交表；L 右下角的数字"9"表示此表有 9 行，总共要做 9 次实验；括号内右上角的指数"4"表示此表有"4"列，最多可安排四个因素；括号内数字"3"表示每个因素可取三个水平。常用的二水平表有 $L_4(2^3)$、$L_8(2^7)$、$L_{16}(2^{15})$；四水平表有 $L_{16}(4^5)$；五水平如 $L_{25}(5^6)$ 等。还有一批混合水平的表在实际中也是十分有用的，如 $L_8(4\times 2^4)$、$L_{12}(2\times 3^1)$ 等。例如 $L_8(4\times 2^4)$ 表示要求做 8 次实验，允许最多安排 1 个 4 水平因素、4 个 2 水平因素。

下面就以 $L_9(3^4)$（读作 L、9、3、4 表）正交表为例作一介绍。

表 4-8　$L_9(3^4)$ 表

实验号 \ 列号	1	2	3	4
1	1	1	1	1
2	1	2	2	2
3	1	3	3	3
4	2	1	2	3
5	2	2	3	1
6	2	3	1	2
7	3	1	3	2
8	3	2	1	3
9	3	3	2	1

表 4-8 中的列号表示各个因素（如果不同因素之间会产生相互影响，列号有时也代表某些因素间的交互作用），横行表示各次实验中各因素所取水平的组合。从这个正交表中，还可以看到每个因素的水平重复了 3 次实验，而且每两个因素的水平组成一个全面实验方案，这两个特点使实验点在实验范围内排列规律整齐，即整齐可比。

二、正交实验设计的基本步骤及实验安排

1. 正交实验设计的基本步骤

① 明确实验目的，确定考核指标。要求考核指标是定量的指标，这样才便于实验后的

计算分析。有时候，实验可提出多项指标以便综合比较。

② 确定影响实验指标的重要因素有哪些，尽量不要遗漏，如果对实验指标的变化规律了解不多，可以适当多取一些因素，以便考察其影响。已经知道影响很小的因素则应省略，以减少工作量。

③ 确定每个因素取几个水平进行实验。所取水平不宜过多，但主要因素或者希望深入了解的因素可多取一些水平。各因素水平数不一定都相等，同时应考虑到便于选择正交表。

④ 确定是否要考虑，以及考虑哪些因素间的交互作用。所谓交互作用，是指在有些实验中，某几个因素共同作用时所产生的额外影响。交互效应不需要像具体因素那样在实验中另作安排，仅在计算时要占用正交表的一列位置，跟其他因素一样进行计算。

⑤ 考察条件，确定每次可做多少平行实验，是否需要分批写成，以及每批的实验次数。

⑥ 选择适宜的正交表，据此做出实验安排表。

2. 正交实验设计安排表举例

【例 4-2】 影响某化合物产率的因素有 A——温度（80～90℃）、B——反应时间（90～150min）、C——含量（5%～7%），它们分别取 3 种水平：A_1 80℃、A_2 85℃、A_3 90℃；B_1 90min、B_2 120min、B_3 150min；C_1 5%、C_2 6%、C_3 7%。为了探寻最佳实验条件，可选用 $L_9(3^4)$ 正交表来安排实验。表 4-9 为该实验研究设计的表头。

表 4-9 影响某化合物产率的因素-水平表

水平\因素	A(温度)	B(反应时间)	C(含量)
1	A_1：80℃	B_1：90min	C_1：5%
2	A_2：85℃	B_2：120min	C_2：6%
3	A_3：90℃	B_3：150min	C_3：7%

根据上述表头的设计，实验安排表如表 4-10 所示。

这是一个三因素三水平实验。如果暂不考虑因素间的交互作用，按 $L_9(3^4)$ 正交表安排实验是合适的。$L_9(3^4)$ 最多可研究四个因素，现只考察三个因素。将温度 A，反应时间 B，浓度 C 依次安排在 $L_9(3^4)$ 表的第 1、2、3 列上，第 4 列没有安放因素，可以空着或抹掉它。水平对号入座，以便得到实验计划表（表 4-10），按表 4-10 确定的实验方案实验，求得待测考核指标，对实验结果进行直观分析计算。

表 4-10 实验计划、结果记录及直观分析表

实验号\因素	A(温度)	B(反应时间)	C(含量)	产率
1	1(80℃)	1(90min)	1(5%)	31%
2	1(80℃)	2(120min)	2(6%)	54%
3	1(80℃)	3(150min)	3(7%)	38%
4	2(85℃)	1(90min)	2(6%)	53%
5	2(85℃)	2(120min)	3(7%)	49%
6	2(85℃)	3(150min)	1(5%)	42%
7	3(90℃)	1(90min)	3(7%)	57%
8	3(90℃)	2(120min)	1(5%)	62%
9	3(90℃)	3(150min)	2(6%)	64%

续表

因素 实验号	A(温度)	B(反应时间)	C(含量)	产率
K_1	123	141	135	
K_2	144	165	171	
K_3	183	144	144	
k_1	41	47	45	较宜条件
k_2	48	55	57	$A_3B_2C_2$
k_3	61	48	48	
极差 R	20	8	12	

三、正交实验结果的直观分析

作为定量测试的正交实验结束后，要求对实验结果进行分析，其方法有两种，一是直观分析法，二是方差分析。直观分析法的计算量小、简单且很直观；方差分析法的计算工作量大，需要学习、理解分析步骤、有关公式也多，但较为精细、科学，可弥补直观分析的不足。本书仅介绍直观分析的方法和过程。

表 4-10 中的 K_1 就是把每列中所有对应于水平"1"的指标（产率）值相加，即 A 列的 K_1 的值 123＝31＋54＋38，而 B 列中的 K_2 值 165＝54＋49＋62，以此类推。表 4-10 三行小写 k 值是指相应水平的平均值，即把大 K 值除以水平等级数"3"而得。最下面一行的 $R=k_{\max}-k_{\min}$，表示的是最大 k 值减去最小 k 值得极差。极差值越大，表明该因素对指标的影响也就越大。

表 4-10 中因素 A 的 R 值最大，说明反应温度因素对产率的影响最大，极差分析可知主次关系为：温度、含量和反应时间。分析 k 值表明，该实验的最佳条件应是 $A_3B_2C_2$，即温度 90℃、反应时间 120min、含量 6％。这个最佳点并没有做过测试，这是正交实验直观分析的优点，当然研究者应在这点上再做一次实验，以验证分析结果。

第三节 化学探究性实验的研究案例

实验一 不同价态硫元素间的转化

一、问题的提出

高中化学 1（必修）学习硫及其化合物性质时，课程标准要求通过实验来学习化学概念以及元素化合物知识。新课程中的元素化合物教学没有按结构、性质、用途的传统路线，没有用元素周期律来研究，弱化了结构对性质的指导作用，强化了物质分类和氧化还原理论对物质性质研究的指导作用；课程标准强调元素化合物的应用问题，课程标准是以元素为核心的，而不是以"族"为核心的。如何从元素的价态和物质分类观设计实验探究不同价态硫元素的性质及转化呢？

二、实验用品

1. 仪器与材料

烧杯、试管、酒精灯、导管、单孔塞。

2. 试剂

硫化亚铁、亚硫酸钠、浓硫酸、酸性高锰酸钾溶液、氯水、硝酸、氧气、硫化钠、稀硫酸、碘化钾、金属单质等。

三、实验设计

1. 完成实验任务"探究不同价态（−2、0、+4、+6）硫元素间的相互转化"的过程中，你需要依次解决哪些问题？
2. 你将选择哪些物质作为代表物实现−2、0、+4、+6 价硫元素间的转化？
3. 你将使用哪些试剂实现上述物质间的转化？选择试剂的原则是什么？
4. 你将通过哪些实验证明实现了上述转化？
5. 请将你的实验方案填入表 4-11。

表 4-11　不同价态硫元素间的转化实验方案

转化	代表物	所用试剂	实验步骤（用图示表示）	检验实验结果	所用试剂	实验步骤（用图示表示）
$\overset{-2}{S} \longrightarrow \overset{0}{S}$	———→———					
$\overset{0}{S} \longrightarrow \overset{+4}{S}$	$S \longrightarrow SO_2$			检验生成 SO_2		
$\overset{+4}{S} \longrightarrow \overset{+6}{S}$	———→———			检验生成 ———		
$\overset{+6}{S} \longrightarrow \overset{+4}{S}$	$H_2SO_4 \longrightarrow SO_2$			检验生成 SO_2		
$\overset{+4}{S} \longrightarrow \overset{0}{S}$	———→———			检验生成 ———		
$\overset{0}{S} \longrightarrow \overset{-2}{S}$	———→———					

四、实验结果与记录

根据你设计的实验方案完成实验，并将实验情况记录于表 4-12 之中。

表 4-12　不同价态硫元素间的转化实验记录

序号	实验内容	实验现象	解释或化学方程式（或离子方程式）
1	$S \rightarrow SO_2$		
	检验生成 SO_2		
2	$\overset{+4}{S} \longrightarrow \overset{+6}{S}$		
	检验生成		
3	浓 $H_2SO_4 \longrightarrow SO_2$		
	检验生成 SO_2		
4	$\overset{+4}{S} \longrightarrow \overset{0}{S}$		
	检验生成 S		

五、思考题

1. 分析本实验的教学功能并设计教学思路及策略。
2. 在实验过程中，你遇到了哪些问题？做好本实验的技术关键是什么？

实验二 氢氧化亚铁制备实验的探究

一、问题的提出

传统的氢氧化亚铁的制取方法是用新制的硫酸亚铁与氢氧化钠溶液反应。虽然硫酸亚铁是新制的，氢氧化钠就算是沸腾的，但是由于溶液中或多或少还是溶解了部分氧气，而且由于反应体系是一个开放性的体系，与外界存在着物质交换与能量交换，不断会有氧气溶解到溶液中，所以新生成的氢氧化亚铁很快就被氧化成氢氧化铁，甚至观察不到有白色絮状的氢氧化亚铁沉淀。因为沉淀在生成过程中，还没有凝聚起来就已经被氧化了，所以根本看不到白色的氢氧化亚铁沉淀，只看到了被氧化了的氢氧化亚铁与刚生成的氢氧化亚铁组成的混合物：一些暗绿色的絮状沉淀。

二、问题解决的思路

要制得白色的氢氧化亚铁沉淀，并使氢氧化亚铁沉淀能较长时间保持白色沉淀的状态，关键在于减少影响氢氧化亚铁沉淀生成的各种因素。首要的因素就是溶液中氧气的含量，只有减少溶液中氧气的含量，才有可能制得白色的氢氧化亚铁沉淀；其次就是隔绝溶液与空气的接触，以免刚生成的氢氧化亚铁又被新溶进溶液里的氧气所氧化；再次是尽可能减少中间过程，这样有利于减少反应物与空气接触，也就是减少了溶液中溶解氧气的机会，达到尽可能减少溶液中氧气含量的目的。

需要创造的条件：无 Fe^{3+} 的环境；无 O_2 的环境。可以采取的措施：排除溶液中的 Fe^{3+}→加铁粉；驱逐溶液中的溶解氧→加热煮沸；避免与空气接触→反常规操作、油封、滴管的使用、试剂瓶装满等。

三、实验用品

1. 仪器与材料

大试管、具支试管、T 形管、长滴管、带有小孔的塑料填片、锡纸、止水夹、铜片、500mL 烧杯、直流电源、铁钉和石墨等。

2. 试剂

铁屑、$FeSO_4$、$NaOH$、苯、稀硫酸（1+4）、硫酸亚铁铵晶体、稀盐酸、钠、煤油、植物油。

四、实验设计

1. 隔绝空气的复分解反应法（实验装置见图 4-1）

注意：配制 $FeSO_4$ 和 $NaOH$ 溶液所用的蒸馏水要临时煮沸再冷却后使用，在盛 $FeSO_4$ 溶液的试管中加盖一层油脂或苯等密度比水小的有机物，以防溶液与空气直接接触。

（1）新配 6mL 左右的含少量铁屑的 $FeSO_4$ 溶液（$FeSO_4$ 溶液不能直接加热）。

（2）取 $FeSO_4$ 溶液 2mL，立即加入苯约 1mL，以隔绝空气。

（3）在上述试管中用特制的长滴管迅速、直接将已经煮沸处理过的 $NaOH$ 溶液伸入 $FeSO_4$ 溶液下层滴加（或直接加 $NaOH$ 固体 2~3 粒），振荡（注意不要破坏油膜），可观察到 $Fe(OH)_2$ 的白色沉淀生成。

实验特点：操作简便，现象明显，$Fe(OH)_2$ 可保存较长时间。

2. 还原性氛围中的复分解反应法

（1）方案 1（装置如图 4-2 所示）

① 在具支试管 A 中加入铁屑和适量的稀 H_2SO_4，在试管 B 中加入过量的 NaOH 溶液（注：两种溶液均为煮沸除去溶解氧的）。

② 打开止水夹 a，塞紧塞子后，检验试管 B 出口处排出 H_2 的纯度。

③ 当排出 H_2 纯净时，再夹紧止水夹 a，产生的 H_2 的压力将 Fe^{2+} 的溶液由 A 压入 B 中的 NaOH 溶液，产生白色沉淀。

实验特点：试管 A 中反应生成的 H_2 充满了试管 A 和试管 B，且外界空气不容易进入，生成的 $Fe(OH)_2$ 沉淀能较长时间保持白色。

图 4-1　氢氧化亚铁制备（隔绝空气）

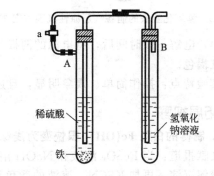

图 4-2　氢氧化亚铁的制备（还原性氛围方案 1）

（2）方案 2

① 取一支洁净的试管，加入约 2g 硫酸亚铁铵晶体 $[(NH_4)_2Fe(SO_4)_2·6H_2O]$，再加入 5mL 除去溶解氧的蒸馏水，制成溶液。

② 向试管中慢慢滴加 2mL 苯（液封）。

③ 切取黄豆粒大小的钠粒，吸净煤油后沿管壁滑入试管内。

④ 待钠粒消失后，用胶塞塞紧管口，观察白色难溶物的产生。

实验特点：硫酸亚铁铵中的 Fe^{2+} 很稳定，有利于 $Fe(OH)_2$ 的制备；苯层的液封抑制了氢氧化亚铁向氢氧化铁转化，使在 H_2 的氛围中生成的 $Fe(OH)_2$ 与空气隔绝，白色的 $Fe(OH)_2$ 可以较长时间保存。

（3）方案 3（装置如图 4-3 所示）

① 取出一支大试管，在试管中加入一定量的铁屑。

② 向试管中加入几毫升的稀盐酸，振荡让其充分反应。

③ 再次振荡一下溶液，等铁粉都沉淀下去了，加入 2mL 左右的煤油。

④ 将带有小孔的塑料填片用玻璃棒送到下层的溶液的中部。

⑤ 取出一块钠，用滤纸把它表面的煤油吸干净，然后切取一小块钠，再用带有小孔的锡纸，把钠跟几块铜片包起来，包好后就把其投到溶液中，让其与氯化亚铁溶液反应。

实验特点：此法制得的氢氧化亚铁絮状沉淀保持白色时间较长，效果十分明显。

3. 隔绝空气电解法

（1）在一个电解池（或小烧杯）中倒入一定量经煮沸除去溶解氧的新制 NaOH 溶液；再缓缓滴 10mL 植物油（液封）。

（2）在电解池中插入两个电极：小铁钉和石墨棒，其中小铁钉接电源的正极，石墨棒接电源的负极，如图 4-4 所示。

（3）接通电源，不久便可观察到小铁棒附近液中产生白色胶状沉淀（注：如果电解液为经煮沸除去溶解氧的新制 NaCl 溶液，白色沉淀在两极之间的溶液中生成）。

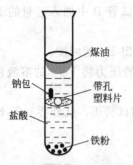
图 4-3 氢氧化亚铁的制备（还原性氛围方案 3）

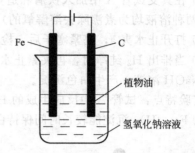
图 4-4 氢氧化亚铁的制备（隔绝空气电解法）

(4) 电解一段时间后，将电源的两极反接，又观察到白色胶状沉淀逐渐变为灰绿色，最后变红褐色。

实验特点：操作简单、现象明显，且还能说明 $Fe(OH)_2$ 被氧化的原理。

五、拓展视野

1. 制得的白色 $Fe(OH)_2$ 很快变为浅绿色，转变是否和 $Fe(Ⅲ)$ 有关

文献报道：当 $FeSO_4$ 溶液和 NaOH 溶液反应生成的白色 $Fe(OH)_2$ 开始呈现浅绿色时，加酸溶解沉淀，再加 KSCN，溶液的颜色和原 $FeSO_4$ 溶液与 KSCN 溶液混合的颜色相同。由此认为：沉淀开始呈现的浅绿色和 $Fe(Ⅲ)$ 无关。有研究者认为呈现浅绿色是 $Fe(OH)_2$ 转变为 $Fe[Fe(OH)_4]$（未提供实验证据）。

当白色沉淀转变为明显的绿色时，加酸溶解沉淀，再加 KSCN 显红色，表明有 $Fe(Ⅲ)$ 生成。

2. 能否制得（可保存的）白色 $Fe(OH)_2$ 样品

为排除 O_2 的影响，快速通 H_2 入新鲜配制的 $FeSO_4$ 溶液和 NaOH 溶液十几分钟（根据经验，快速通 H_2 十几分钟可"驱尽"溶解的 O_2）后，混合 2 种溶液（不和空气接触）得白色 $Fe(OH)_2$ 沉淀，不久沉淀还是显色了（变色过程和前述不全同）。文献报道：和氧化亚铁相同，$Fe(OH)_2$ 是不稳定的物质，即使在室温也会缓慢转化成 Fe_3O_4、H_2、H_2O，反应式为：$3Fe(OH)_2 = Fe_3O_4 + H_2\uparrow + 2H_2O$。因此不可能有（可保存的）白色 $Fe(OH)_2$ 的样品。

六、思考题

1. 欲制白色 $Fe(OH)_2$ 的演示实验中，哪种实验设计方法较好？
2. 如何利用 $Fe(OH)_2$ 的制备实验培养学生的创新思维？

实验三 蓝瓶子实验最佳反应条件的探究

"蓝瓶子"实验指亚甲蓝、氢氧化钠以及葡萄糖的混合溶液由蓝色变为无色，振荡溶入氧气后变为蓝色，且可多次振荡，实现溶液颜色反复变化的实验。它首次由 Campbell 于 1963 年在美国《化学教育》杂志上详细介绍本实验，研究从亚甲蓝溶液的反应温度、氢氧化钠的最佳用量两个方面对该实验最佳反应条件进行了探究。

一、实验目的

1. 理解蓝瓶子反复变色实验的原理以及催化剂的概念。

2. 探究蓝瓶子反复变色实验的最佳反应条件，学习观察方法和对比实验法。
3. 了解控制化学反应条件的作用。

二、实验原理

亚甲蓝是一种氧化还原指示剂，易溶于水，能溶于乙醇。在碱性条件下，盛放在锥形瓶中的蓝色的亚甲蓝溶液可以被葡萄糖还原成无色的亚甲白溶液。亚甲蓝与亚甲白的结构式分别如图 4-5 和图 4-6 所示。

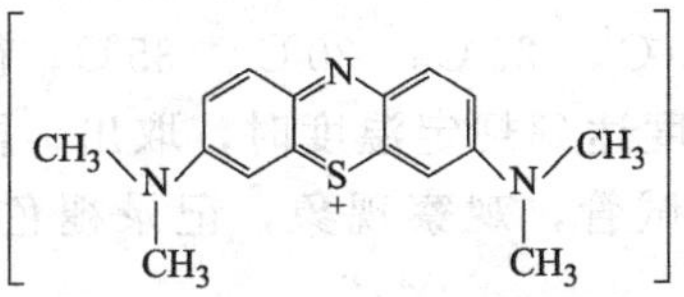

图 4-5 亚甲蓝的结构 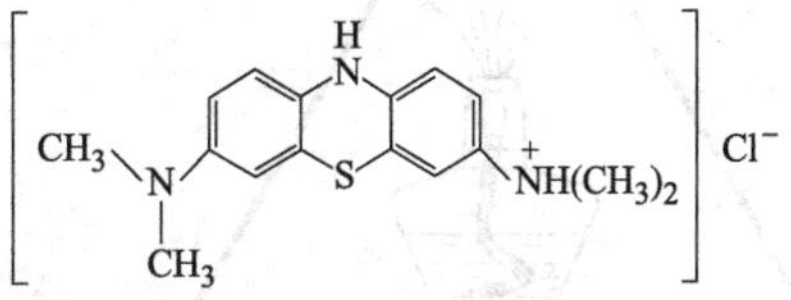　　　　图 4-6 亚甲白的结构

振荡锥形瓶中的混合液，使其溶入空气或氧气后，亚甲白被氧气氧化成亚甲蓝，致使该混合液又呈现蓝色。若静置混合液，亚甲蓝又被葡萄糖还原成无色的亚甲白。如此反复振荡、静置锥形瓶，其混合液在蓝色与无色之间互变，故称为蓝瓶子实验。其变色原理为：

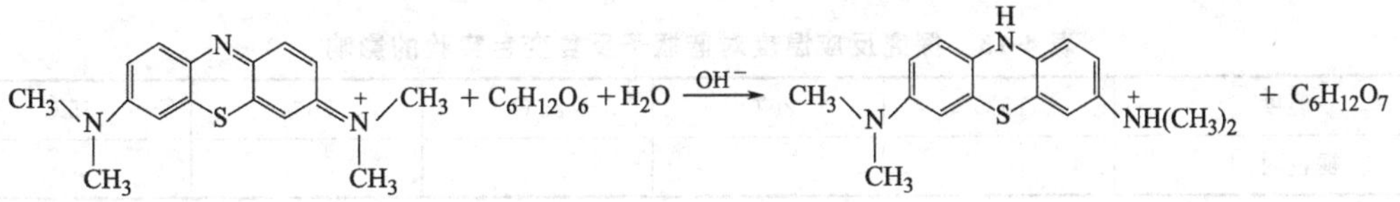

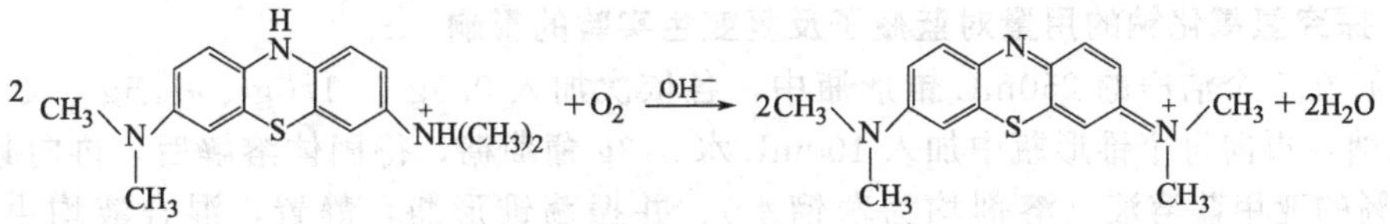

（反应式1：亚甲蓝 + $C_6H_{12}O_6$ + H_2O $\xrightarrow{OH^-}$ 亚甲白 + $C_6H_{12}O_7$）

（反应式2：2 亚甲白 + O_2 $\xrightarrow{OH^-}$ 2 亚甲蓝 + $2H_2O$）

总反应为：

$$2C_6H_{12}O_6 + O_2 \xrightarrow{OH^-} 2C_6H_{12}O_7$$

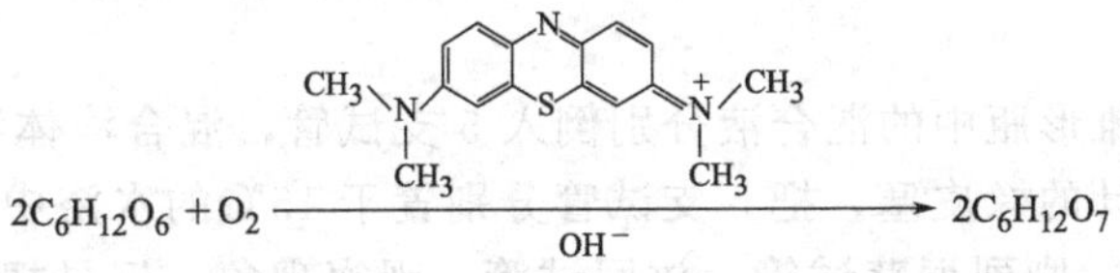

这种现象又称为亚甲蓝的化学振荡。由蓝色出现至变成无色所需要的时间称之为振荡周期，振荡周期的长短受反应条件如亚甲蓝溶液的最佳溶剂选择、反应温度、氢氧化钠的用量等因素的影响。其中，亚甲蓝在葡萄糖与氧气反应中起着催化作用。

三、实验用品

1. 仪器与材料

250mL 锥形瓶 5 只、20mm×200mm 试管 5 支、温度计 5 支、单孔橡皮塞 5 只、500mL 烧杯、计时器、托盘天平、100mL 量筒、石棉网、酒精灯、三脚架。

2. 试剂

葡萄糖、氢氧化钠、亚甲蓝溶液（浓度 0.2%）。

四、实验装置

蓝瓶子反复变色实验装置如图 4-7 所示。

五、实验探究

1. 探究反应温度对蓝瓶子反复变色实验影响

（1）在一个 250mL 的锥形瓶中，依次加入 2g 氢氧化钠、100mL 水、3g 葡萄糖，待固

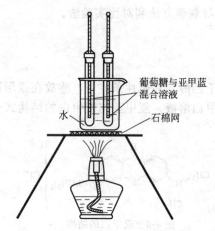

体溶解后再滴加 5 滴 0.2%的亚甲蓝溶液（溶剂为蒸馏水），并振荡锥形瓶，静置，混合液由蓝色褪为无色。

（2）将混合液分别倒入 5 支洁净的试管中，倒入的体积均为试管容积的 1/3，然后塞上带有温度计的橡皮塞，将装有混合液的试管放入装有水的大烧杯中，进行水浴加热，水浴温度分别控制在 15℃、20℃、25℃、30℃、35℃，待试管内的混合液温度达到规定温度时，取出、剧烈振荡试管，放回试管，观察现象，记录褪色时间，完成表 4-13。

图 4-7 蓝瓶子反复变色实验装置

实验现象和结果分析：亚甲蓝溶液经剧烈振荡、静置后，混合液的颜色都由无色变为蓝色，然后褪为无色，但是褪色的时间各不相同。在其他反应条件相同的情况下，随着反应温度的升高，反应速度_____，褪色时间_____。

表 4-13 探究反应温度对蓝瓶子反复变色实验的影响

温度	15℃	20℃	25℃	30℃	35℃
褪色时间					

2. 探究氢氧化钠的用量对蓝瓶子反复变色实验的影响

（1）在 5 个洁净的 250mL 锥形瓶中，各依次加入 0.5g、1.0g、1.5g、2.0g、2.5g 氢氧化钠，再向每个锥形瓶中加入 100mL 水、3g 葡萄糖，待固体溶解后，再向其中滴加 5 滴 0.2%的亚甲蓝溶液（溶剂均为蒸馏水），并振荡锥形瓶，静置，混合液均由蓝色褪为无色。

（2）将上述 5 个锥形瓶中的混合液分别倒入 5 支试管，混合液体积为试管容积的 1/3，并分别塞上带有温度计的橡皮塞，把 5 支试管分别置于 15℃的水浴中，待试管内的混合液温度达到 15℃时取出、剧烈振荡试管，放回试管，观察现象，记录褪色时间；同理，然后分别做水浴温度为 20℃、25℃、30℃的混合液褪色时间实验，完成表 4-14 的记录。

表 4-14 探究氢氧化钠的用量对蓝瓶子反复变色实验的影响

温度 \ 时间	NaOH 量 0.5g	1.0g	1.5g	2.0g	2.5g
15℃					
20℃					
25℃					
30℃					

实验现象和结果分析：亚甲蓝溶液经剧烈振荡、静置后，混合液的颜色都由无色变为蓝色，然后褪为无色，但是褪色的时间各不相同。在其他反应条件相同的情况下，随着氢氧化钠的用量的增加，反应速度_____，褪色时间_____。

六、实验结论与讨论

1. 亚甲蓝和葡萄糖混合液在碱性条件下经剧烈振荡、静置后均褪色，但褪色时间的长短都受溶剂的不同、氢氧化钠的用量多少以及实验温度高低的影响。

2. 在本实验中，配制亚甲蓝溶液的溶剂用蒸馏水，但为了降低实验成本，也可用自来水配制所有溶液，而且不影响实验结果。本实验既可以作为教师的演示实验，也可作为学生的探究性实验。从表4-14中可以看出，若室温在25℃左右时，作为教师的演示实验，建议选择氢氧化钠的用量为2.5g的反应条件，因为课堂教学时间紧，要求演示实验时间不宜过长；作为学生的探究性实验，建议选择氢氧化钠的用量为1.0g的反应条件，因为在此反应条件下，反应时间比较长，学生会更好地对实验进行控制、测量、思考与探究，而且实验安全，又降低实验成本，从而达到理想的化学教学效果。若室温低于20℃时，实验时应要进行热水浴（温度为25℃）；若室温达到30℃左右时，实验时应减少氢氧化钠的用量（为0.5g）或进行冷水浴（温度为25℃），这样才能顺利进行教师演示实验和学生实验。

3. 本实验中看到的颜色变化是由于亚甲蓝进行可逆的氧化还原反应的缘故。在其他反应条件相同和有空气或氧气存在时，混合液褪色所需时间很大程度上取决于混合液被振荡的程度大小，因为溶入的氧气的量是不同的。所以在本实验中，要控制混合液被振荡的时间和程度应相同。值得注意的是，在本实验条件下，混合液最终呈现黄棕色，通入空气或振荡时，均不能使之回复蓝色。这是由于葡萄糖在强碱条件下形成的双键在不同位置的烯醇式或碳键断裂分解为醛，醛经过聚合后生成树脂状的物质。一旦混合液变为棕色时，应倒掉，因为它不再能用于阐明其催化作用。

七、拓展视野

1. 用果蔬汁代替葡萄糖

由于葡萄糖广泛分布于植物的果实、种子、叶、根和花中，因此，可以用果蔬汁代替葡萄糖进行实验。在试管（大小均可）中加入约1.5～2mL的西瓜汁（或葡萄汁、番茄汁、黄瓜汁、冬瓜汁、荔枝汁等，或苹果皮、橘子皮浸出液），加入1mol/L的NaOH溶液5～10滴，振荡试管，溶液可显淡红或淡黄、黄或无色。最后滴入1～2滴亚甲蓝溶液（0.1％），振荡使全部溶液显蓝色或暗绿色或紫色。静置一会儿（从几秒到几分钟），溶液的蓝色（或暗绿或紫色）消失，恢复原来的颜色。再振荡试管，溶液又呈蓝色（或紫色、暗绿色）。振荡-静置伴随的颜色变化可重复多次，直至果蔬汁所含葡萄糖（或其他还原糖）全部（或大部）被氧化。

2. 蓝瓶子实验的自组织现象的显示

自组织现象是比利时科学家普里高津等人创立的耗散结构理论的实验基础。该理论认为一个远离平衡态的开放体系，通过与外界交换物质和能量，在一定条件下，可能从原来的无序状态转变为一种在时间、空间或功能上有序的状态。形成的新的有序结构是靠不断耗散物质和能量来维持的，称为"耗散结构"。

把做过2～3次蓝瓶子实验的颜色循环变化的溶液倒入称量瓶（或25mL小烧杯）中，振荡短时间，溶液变蓝（或暗绿）。静置2～4min，可看到溶液出现如图4-8的自组织图案（有序结构图案）。

再振荡称量瓶，溶液又变蓝色，静置一会儿，又呈现基本相似的图案。可循环反复多次，反复的次数主要决定于体系中还原糖的浓度和种类（亚甲蓝催化不同还原糖氧化反应的活化能不同），对一个实验样品，一开始如葡萄糖浓度较高，可出图4-8(a)自组织图案，反复几次后，随着部分葡萄糖被氧化，自组织图案转成图4-8(b)，再逐渐转成图4-8(c)，最后色块并合直至不出现自组织图案。一开始如溶液中葡萄糖含量或果蔬汁里还原糖含量很低，则可能呈现图案图4-8(c)，甚至不产生自组织图案。

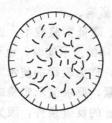 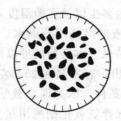 

(a) 还原糖浓度高　　　　　(b) 中间状　　　　　(c) 还原糖浓度低时

图 4-8　蓝瓶子实验的自组织图案

图 4-8(a)、(b)、(c) 是三种典型的自组织图案，它们的出现和果蔬种类似乎无关。在实验中也出现过诸如网状和树枝状等自组织图案。把容器振荡之后，立刻盖上盖子，则溶液不出现自组织图案。

八、思考题

1. 氢氧化钠在"蓝瓶子"实验中的作用是什么？
2. 氢氧化钠浓度对实验效果有无影响？
3. 围绕"蓝瓶子"实验的某一问题，请设计一探究性学习方案。

实验四　纤维素水解制备葡萄糖的最佳实验条件探究

一、问题的提出

纤维素发生水解一般要在浓酸中或在加压下才能进行，水解的最终产物是葡萄糖，即纤维素水解可以发生银镜反应。通过判断银镜的质量，可以判断水解条件的好与差。

影响纤维素水解的因素有多方面，如纤维素的供体（脱脂棉、滤纸、树叶或者其他的含有纤维素的物品）、水解方式（用研钵或者烧杯进行水解）、加酸的方式（先酸后水或者先水后酸）、酸的浓度、水解液的温度和 pH 值等。不同的影响因素对实验造成的影响不同，王艳云和靳莹（2009）探寻了如何运用正交实验法探究纤维素水解的最佳实验条件的设计。

二、实验用品

1. 仪器与材料

100mL 烧杯、脱脂棉、温度计。

2. 试剂

72%的硫酸溶液、10%的氢氧化钠溶液、酚酞试液、1%的硝酸银溶液、氨水（1+5）。

三、纤维素水解的正交实验设计过程

1. 实验指标的确定

为了便于定量比较实验结果的优劣，本实验采用通过对形成银镜的光亮程度评分，作为实验指标。银镜指标评分见表 4-15。

2. 因素、水平的确定

（1）4 个主要因素的确定　有关纤维素水解反应的最佳实验条件探讨，已有诸多文献报道，众说不一。本研究确立 7 个固定因素（见表 4-16）。选出 4 个主要影响因素，分别是纤维素用量、加酸方式、水解液是否进行 60~70℃水浴、水解液加入量。

表 4-15 银镜指标评分标准

分值	外观
100	银镜光亮、洁白,厚薄均匀,无斑点,无花纹
90～99	银镜光亮、洁白,厚薄均匀,稍有斑点和花纹
80～89	银镜光亮、洁白,略显灰白或灰黑
70～79	银镜光亮、厚薄不均,略显灰白或灰黑,有斑点和花纹
60～69	银面发黑,银镜稀薄
60 以下	银面稀薄,银镜效果不明显

表 4-16 纤维素水解的 7 个固定因素

因素	最佳水平	因素	最佳水平
A:纤维素	脱脂棉	E:硝酸银质量分数	1%
B:纤维素水解操作方式	烧杯+玻璃棒	F:氨水体积比	1+5
C:硫酸体积分数	72%	G:银镜反应水浴温度	90℃
D:水解 pH	8～9		

(2) 因素水平表的确定　在本正交试验设计中对纤维素用量、水解液加入量选择 3 种状态,即 3 种水平,对是否水浴、加硫酸方式因只可能有两种,故对它们采用 2 水平法。因素水平的选取如表 4-17 所示。

表 4-17 纤维素水解的因素水平表

A 水解液是否水浴	B 加硫酸方式	C 纤维素用量	D 水解液加入量
是	先水后酸	0.1g	15 滴
是	先水后酸	0.2g	8 滴
否	先酸后水	0.3g	10 滴

(3) 实验方案的设计及其结果的直观分析表　本实验选取 $L_9(3^4)$ 表,见表 4-18。

表 4-18 纤维素水解实验方案 $L_9(3^4)$ 表

实验号 \ 因素	A 水解液是否水浴	B 加硫酸方式	C 纤维素用量	D 水解液加入量	分数
1	1(是)	1(先水后酸)	1(0.1g)	1(15 滴)	
2	1	2(先水后酸)	2(0.2g)	2(8 滴)	
3	1	3(先酸后水)	3(0.3g)	3(10 滴)	
4	2(是)	1	2	3	
5	2	2	3	1	
6	2	3	1	2	
7	3(否)	1	3	2	
8	3	2	1	3	
9	3	3	2	1	

续表

因素 实验号	A 水解液是否水浴	B 加硫酸方式	C 纤维素用量	D 水解液加入量	分数
K_1					
K_2					
K_3					
k_1					
k_2					
k_3					
极差 R					

四、实验操作步骤

1. 水解液的配制（以某次实验为例）

取 0.1g 脱脂棉置于小烧杯中，在不断搅拌下，以先滴加水后加酸的方式，使纤维素在质量分数为 72% 的硫酸中初步水解。然后将初步水解的纤维素液在 60~70℃ 水浴中加热 3min 左右。当水解液呈亮棕色时，取出小烧杯。稍冷后，向小烧杯中滴加 2 滴酚酞试液，再用质量分数为 10% 的氢氧化钠中和至溶液变成粉红色。此时，溶液 pH=8~9，静置。

2. 银氨溶液的配制

取质量分数为 1% 的硝酸银溶液 2mL 至试管中，然后逐滴滴加氨水（1+5），直至沉淀刚刚消失为止［为了防止氨水过量，需回滴质量分数为 1% 的硝酸银至溶液刚出现浑浊时为止，然后再回滴半滴氨水（1+5），得澄清溶液备用］。

3. 银镜的生成

向银氨溶液中滴加 10 滴水解液的上层清液，小心混匀后，置于 90℃ 水浴中，片刻后即可观察到银镜析出。

五、实验结果的记录与处理

1. 完成 9 次实验得出分数值，并计算出 K_1、K_2、K_3 和 k_1、k_2、k_3，以及极差 R 值。

2. 实验数据的分析。从极差 R 值大小，可以判定各个因素对实验指标影响的主次关系。即极差值越大，表明该因素的不同水平对实验结果的影响越大。从你的实验极差 R 值大小来看，影响本次实验的因素主次关系为 ＿＿＿＿＿＿＿＿＿＿。

3. 本实验最佳配比方案的选定。根据 k 值数据分析，得出本实验最佳配比是：＿＿＿＿＿＿＿＿＿＿。最后，经过实验验证，确立最佳实验方案。

六、注意事项

1. 本实验用银镜反应验证纤维素水解情况，所以实验中所用试管一定要洁净。

2. 水解纤维素时水和硫酸要逐滴加入，并边搅边加，以防止水解一旦变黑而影响银镜效果。

3. 水解液在 60~70℃ 水浴中加热的时间不宜过长，约 3min 当水解液变亮棕色时即取出；时间太长水解液易炭化变黑，影响银镜效果。

4. 银氨溶液应现用现配，因银氨溶液易被氧化，故久置后会析出易发生爆炸的氮化银等物质。

5. 在银氨溶液中加入水解液后不能振摇。放入水浴中后，试管要固定。

七、迁移与应用

正交设计法在许多中学实验探究中具有重要价值。

【例 4-3】 物质的量浓度对反应速率影响的实验。

本实验出现在人教版选修 4（化学反应原理）中，实验的具体步骤为：取 2 支试管分别加入 4mL 0.01mol/L 的 $KMnO_4$ 溶液，然后向 1 支试管中加入 0.1mol/L $H_2C_2O_4$（草酸）溶液 2mL，记录溶液褪色所需的时间；向另外 1 支试管中加入 0.2mol/L $H_2C_2O_4$（草酸）溶液 2mL，记录溶液褪色所需要的时间。

以此验证增加反应物的物质的量浓度，速率加快；减小反应物的物质的量浓度，反应速率减慢的结论。但在实际教学中，因外界条件的变化，这个演示实验往往不易成功，3 种可能性的实验现象都有。

故可利用正交设计法进行实验探究，4 个因素分别为 $KMnO_4$ 物质的量浓度、$KMnO_4$ 溶液体积、$H_2C_2O_4$ 物质的量浓度、$H_2C_2O_4$ 溶液体积。采用三水平四因素的方法设计实验，最终探究得出最佳实验效果，然后固定 $KMnO_4$ 物质的量浓度、$KMnO_4$ 溶液体积和 $H_2C_2O_4$ 溶液体积，取最差实验效果的 $H_2C_2O_4$ 物质的量浓度进行对比，探究物质的量浓度对反应速率的影响。

【例 4-4】 木炭还原氧化铜的实验探究。

木炭还原氧化铜充分反应其理论的质量比为 1：13.3，但实际反应，试管里氧气要消耗一些炭，且反应中还会产生一氧化碳，故炭用量就会偏高。有人曾提出 1：1、1：5、1：7、1：10 等的质量比做实验，当然，比例太大或太小，效果都会受到影响。实际上，反应物实际的最佳质量比值要受到多因素的影响，例如反应试管的大小、火焰的温度、反应物颗粒的大小及混合的程度、反应物堆积的形态、反应物的含水量等。因此，木炭还原氧化铜最佳实验条件的探究可用正交实验设计，对此实验进行改进。

此外，还可以用正交实验法研究制备透明皂，甲烷制取实验中各药品的最佳配比、铁丝在氧气中燃烧演示实验最佳效果的探究，影响过氧化氢分解反应速率最佳实验条件的研究等。

八、思考题

1. 纤维素水解实验时，硫酸浓度定为多少？硫酸浓度偏高好些还是偏低好些？为什么？
2. 请设计木炭还原氧化铜最佳实验条件的正交实验方案。

实验五　碳酸钠、碳酸氢钠固体与盐酸反应过程热效应的实验探究

一、问题的提出

碳酸钠、碳酸氢钠分别与盐酸反应是人教版高中化学教科书中一个非常重要的实验，原本实验目的是让学生比较上述两种钠盐与盐酸反应的速率问题，但实验者可以意外发现 Na_2CO_3 与盐酸反应后溶液的温度略微上升，而 $NaHCO_3$ 反应后的混合液温度明显下降。如何对实验过程温度变化的原因进行探究呢？

熊言林（2009）等研究者通过进行实验过程温度变化的测定，从溶解热效应、反应热效应、稀释热效应的整体视角进行分析，从而探究出整个实验过程中温度变化的原因。

二、实验探究方案

1. 测定固体分别与盐酸反应的温度

操作：向试剂1中加入试剂2，搅拌、测温、记录（见表4-19）。

表4-19　Na_2CO_3、$NaHCO_3$固体分别与盐酸反应的温度变化情况

试剂1	试剂2　混合前温度/℃	混合后最高或最低温度/℃
0.5g Na_2CO_3	10mL HCl(1+1)19.0	25.5
0.5g $NaHCO_3$	10mL HCl(1+1)19.0	18.4

分析：从表4-19中可以看出，Na_2CO_3与盐酸反应，温度升高，说明整个实验过程是放热过程；$NaHCO_3$与HCl溶液反应，温度下降，说明整个实验过程是吸热过程。上述2个实验过程中包括溶解、反应和稀释等过程，但不能确定哪个过程是放热过程还是吸热过程，所以，应进一步通过实验来确定。

2. 测定固体溶于水及其与过量盐酸反应的温度

操作：向试剂1中加入试剂2，搅拌、测温，静置、测温，再加入试剂3，搅拌、测温、记录（见表4-20）。

表4-20　Na_2CO_3、$NaHCO_3$固体分别溶于水及其与盐酸反应的温度变化

试剂1	试剂2 混合前温度/℃	溶解后的温度 /℃	静置后温度 /℃	试剂3　温度 /℃	混合后温度 /℃
0.5g Na_2CO_3	10mL H_2O　19.0	22.3	19.0	10mL HCl(1+1)19.0	22.7
0.5g $NaHCO_3$	10mL H_2O　19.0	17.5	19.0	10mL HCl(1+1)19.0	19.8

分析：从表4-20中可以看出，Na_2CO_3溶于水，温度升高，说明溶解过程是放热的；$NaHCO_3$溶于水，温度下降，说明溶解过程是吸热的。碳酸钠溶液与过量盐酸反应，温度升高，但很难说明该反应过程是放热的；同样，碳酸氢钠溶液与过量盐酸反应，温度略升高，但也很难说明该反应过程是放热的，因为还要看剩余的盐酸与水混合稀释有无明显热效应变化。

3. 测定固体溶于水及其与盐酸恰好完全反应的温度

操作：向试剂1中加入试剂2，搅拌、测温，静置、测温，再加入试剂3，搅拌、测温、记录（见表4-21）。

表4-21　Na_2CO_3、$NaHCO_3$固体分别溶于水至饱和及其与盐酸恰好完全反应的温度变化

试剂1	试剂2 混合前温度/℃	溶解后的温度 /℃	静置后温度 /℃	试剂3　温度 /℃	混合后温度 /℃
0.5g Na_2CO_3	2.3mL H_2O　19.0	23.4	19.0	9mL HCl(1+1)19.0	22.1
0.5g $NaHCO_3$	5.2mL H_2O　19.0	17.2	19.0	6mL HCl(1+1)19.0	18.3

分析：从表4-21中可以看出，Na_2CO_3溶于水，温度升高，说明溶解过程是放热的；$NaHCO_3$溶于水，温度下降，说明溶解过程是吸热的。CO_3^{2-}（aq）和H^+（aq）的反应是放热反应，HCO_3^-（aq）和H^+（aq）的反应是吸热反应。

4. 测定盐酸（1+1）稀释的温度

操作：向试剂1中加入试剂2，搅拌、测温、记录（见表4-22）。

表 4-22 用水稀释盐酸（1+1）的温度变化情况

试剂 1 温度/℃	试剂 2 温度/℃	混合后温度/℃
10mL H_2O 19.0	10mL HCl(1+1) 19.0	21.2

分析：从表 4-22 中可以看出，稀释盐酸（1+1），温度升高，说明盐酸（1+1）稀释过程是放热的。

5. 稀释 Na_2CO_3、$NaHCO_3$ 溶液的温度变化情况

操作：向试剂 1 中加入试剂 2，搅拌、测温，静置、测温，再加入试剂 3，搅拌、测温、记录（见表 4-23）。

表 4-23 稀释 Na_2CO_3、$NaHCO_3$ 溶液的温度变化情况

试剂 1	试剂 2	混合前温度/℃	溶解后温度/℃	静置后温度/℃	试剂 3(20℃)	混合后温度/℃
0.5g Na_2CO_3	10mL H_2O	19.0	23.3	19.0	10mL H_2O	19.0
0.5g $NaHCO_3$	10mL H_2O	19.0	17.5	19.0	10mL H_2O	19.0

分析：由表 4-23 可知，Na_2CO_3 的溶解是放热过程，$NaHCO_3$ 的溶解是吸热过程，两者再稀释无明显的热量变化。

三、实验结论

通过上述实验可得出以下结论：

（1）溶解热效应 Na_2CO_3 的溶解过程是放热过程；$NaHCO_3$ 的溶解过程是吸热过程。

（2）反应热效应 CO_3^{2-}（aq）和 H^+（aq）反应是放热反应；Na_2CO_3 溶液和 HCl 溶液反应，是放热反应；HCO_3^-（aq）和 H^+（aq）的反应是吸热反应；$NaHCO_3$ 溶液和 HCl 溶液的反应，是吸热反应。

（3）稀释热效应 HCl 溶液和 H_2O 混合是放热过程；稀释 Na_2CO_3、$NaHCO_3$ 无明显热量变化。

（4）总的实验过程热效应 Na_2CO_3、$NaHCO_3$ 分别与 HCl 溶液反应实验过程的温度变化，是由溶解热效应、反应热效应、稀释热效应共同加合决定的。放热之和大于吸热之和，实验过程为放热的；反之，实验过程为吸热。从本实验的相关数据中，可以明显看出，HCl 溶液过量与否，对反应后混合液的温度有直接影响。

四、思考题

1. 试以假设"Na_2CO_3、$NaHCO_3$ 溶解产生温差"或"Na_2CO_3、$NaHCO_3$ 与盐酸产生温差"设计一探究式教学的过程。
2. 请设计用锌粒和稀硫酸制取氢气的最佳反应条件的实验。

实验六 H_2O_2 使含酚酞的氢氧化钠溶液红色褪去的原因探究

一、提出问题

将 H_2O_2 水溶液滴入含有酚酞的 NaOH 溶液中，红色褪去，这是为什么？其褪色原因可能有：

① H_2O_2 是二元弱酸，消耗了 OH^-，而使得溶液红色褪去；
② H_2O_2 具有强氧化性，将酚酞氧化，红色褪去。

二、问题解决设想

1. 若是 H_2O_2 的酸性所致，即 H_2O_2 的加入仅是消耗了 OH^-，使溶液碱性减弱，从而使溶液红色褪去则再往褪色后的无色溶液中加入 NaOH 溶液，溶液应可再变红。

2. 若是 H_2O_2 的强氧化性所致，由于 H_2O_2 将变红的酚酞氧化成无色物质，则必须破坏酚酞原有的分子结构，即这种氧化漂白是不可逆的，因此，再往褪色后的无色溶液中加入 NaOH 溶液，溶液不可能再变红。

溶液红色褪去的原因究竟是什么呢？经过查阅有关资料可知 NaOH 与酚酞溶液的红色褪去的可能性有 3 个：
① NaOH 溶液的浓度过大；
② H_2O_2 中和了 NaOH；
③ H_2O_2 氧化了酚酞。

为了确定其原因，设计以下实验进行探究。

三、实验设计

1. 实验仪器与药品

仪器：小试管、玻璃管、胶头滴管。
药品：NaOH 固体粉末、30% H_2O_2 水溶液、酚酞试液、品红试液。

2. 实验步骤与现象解释

实验步骤与现象解释见表 4-24。

表 4-24 实验记录

实验步骤	实验现象		结　论
① 配制浓度分别为 1mol/L、2mol/L、4mol/L、8mol/L 的 NaOH 溶液，各取少量分别置于不同小试管中，滴入酚酞	NaOH 溶液变红，但褪色时间不同		NaOH 溶液浓度过高也能使酚酞红色褪去。因此要判断酚酞与 NaOH 的红色溶液加入 H_2O_2 后褪色的原因，NaOH 溶液的浓度不能过高，以保证可看到较为明显的实验现象。以下实验都是选用 0.5mol/L NaOH 溶液
	NaOH 溶液浓度/(mol/L)	褪色时间/s	
	1	120	
	2	60	
	3	10	
	4	3	
② 向少量 NaOH 溶液中滴加入 1 滴酚酞，振荡	溶液变红		往含酚酞的 NaOH 溶液加入 H_2O_2 红色褪去的原因不是 H_2O_2 的酸性所致
往溶液中加入少量 30% H_2O_2，振荡	溶液红色迅速褪去，变为无色溶液，有小气泡产生		
往溶液中加入一定量的 NaOH 溶液	无明显现象		
③ 向约 3mL 的 H_2O_2 溶液中滴加 1 滴酚酞，充分振荡，放置约 3min	溶液变红色		
再往其中加入少量的 NaOH 溶液	溶液由红色变为暗蓝色，并有少量气泡产生，蓝色逐渐变浅		
④ 向约 3mL 的 H_2O_2 溶液中滴加 2 滴品红试液，充分振荡并放置约 3min	无明显现象		
将该溶液分别装于两支试管中，一支试管中加入少量稀硫酸，另一支试管中加入少量 NaOH 溶液	加入硫酸的试管无明显现象，而加入 NaOH 溶液的试管中出现很多小气泡，溶液红色褪去		

四、结论

根据以上实验可知，H_2O_2 本身并不能迅速氧化酚酞、石蕊和品红，而加入了 NaOH 溶液后，由于 H_2O_2 在碱性中迅速分解产生活泼的初生态氧，才能使这些指示剂氧化褪色。反应的化学反应方程式为：

$$H_2O_2 + 2NaOH = Na_2O_2 + 2H_2O$$
$$2Na_2O_2 + 2H_2O = 4NaOH + O_2\uparrow$$

这两个反应属于循环反应，加合可得：

$$2H_2O_2 \xrightarrow{OH^-} 2H_2O + O_2\uparrow$$

即 OH^- 相当于使 H_2O_2 分解产生 O_2 的催化剂。

因此，往含酚酞的 NaOH 稀溶液中加 H_2O_2，红色褪去的主要原因是 H_2O_2 在碱性中迅速分解产生活泼的初生态氧所致。

五、拓展与迁移

1. 向浓度低于 1mol/L 的 NaOH 溶液中滴入酚酞，通常在较短的实验时间内，可以不考虑由于 NaOH 溶液浓度过大而使溶液红色褪去这一因素。

2. H_2O_2 本身并不能迅速氧化变红的酚酞、石蕊和品红，而使其褪色。

3. H_2O_2 加入滴有酚酞的 NaOH 溶液中，溶液红色褪去的主要原因是 H_2O_2 在碱性条件下分解产生活泼的初生态氧所致。

4. 酚酞不溶于水，易溶于酒精。酚酞试液是酚酞的酒精溶液，无色。酚酞试液在碱性溶液里呈红色，在酸性和中性溶液里为无色。酚酞是一种有机弱酸，在 pH<8.2 的溶液里为无色的内酯式结构，当 pH>8.2 时为红色的醌式结构。酚酞的醌式或醌式酸盐，在碱性介质中很不稳定，它会慢慢地转化为无色羧酸盐式；遇到较浓的碱液，会立即转变为无色羧酸盐式。所以，酚酞试剂滴入浓碱液时，酚酞开始变红，很快红色褪去变成无色。

5. 酚酞为白色或微带黄色的细小晶体，难溶于水而易溶于酒精。因此通常把酚酞配制为酒精溶液使用。当酚酞试剂滴入水或中性、酸性的水溶液时，会出现白色混浊物，这是由于酒精易溶于水，使试剂中难溶于水的酚酞析出的缘故。

六、思考题

1. 以"双氧水能否使紫色石蕊试液变红"为课题，设计一探究性实验。

2. 化学反应大多发生在一个复杂的化学环境中，常常伴随着"异常"现象，请你总结产生化学实验"异常"现象的原因主要有哪些？

第五章 微型化学实验教学研究

微型化学实验，英文名称为 microscale chemical experiment 或 microscale laboratory，简写为 ML，是 20 世纪 80 年代兴起的一种化学实验的新方法和新技术。它是指"以微小量的试剂，在微型化的仪器装置中进行的化学实验"，其试剂用量近为常规用量的 1/1000～1/10。与常规化学实验相比较，微型实验具有体积小、时间省、反应快、效果好、易操作、较安全、动手操作机会多、趣味性高、用药少、污染低等特点。微型化学实验研究是化学实验课程资源开发的重要途径，也是化学实验教学的发展趋势之一。

第一节 微型化学实验仪器及其教学

一、配套微型实验仪器

由湛江师范学院研制开发的中学化学微型实验仪器箱（ML-1），外形包装美观、仪器精巧新颖、配置合理、组装灵活，具有较强实用性，已获多项国家专利，能满足初、高中和职业技术学校的大部分化学实验的需要。其优点如下：

① 仪器具有多功能，能以不多的仪器种类和数量获得较多的实验用途；

② 仪器连接部位采用简易标准接口（非磨口）设计（专利号：01258568.8），但又具有磨口仪器安装方便的特点；

③ 仪器组装成的具有启普原理的微型气体发生器（专利号：01258569.6），兼有固-液制气、液-液制气和固体加热制气等多种用途；

④ 多功能微型实验操作台（专利号：01258570.X）能方便地安装各种微型化学实验装置；操作台的底座上设计有四个孔穴，可用于点滴反应，其中仪器夹为不锈钢弹簧式设计，安装时不需螺母固定，易装、易调、易拆卸；

⑤ 便携式微型仪器箱（24cm×13cm×11cm），使用、携带和保管都很便利。

ML-1 微型实验仪器的名称、用途和使用注意事项等介绍见表 5-1。

二、仪器组装与使用

1. 微型仪器的连接

微型仪器的简易标准接口分别由统一管径的玻璃仪器外接口（A）和内接口（B）组成（见表 5-1 仪器图中的 A、B）。其中内接口的管壁吹制成有一个稍比外接口内径小且有一定锥度的球状。仪器连接时，先在内接口外面（用水使之润滑）套上一段（约 1.5～2cm 长）弹性乳胶管，然后再插入到需连接仪器的外接口紧贴密封。一些仪器连接的示意图见图 5-1～图 5-3。

2. 操作台

操作台由底座、支柱、主铁夹、仪器夹、卡仪板组成。

操作台配套齐全，操作方便、结构简单、所占空间小。主铁夹和仪器夹全部用弹簧夹代替螺母，装拆方便、调节灵活。能满足安装各种微型化学实验装置的需要。

表 5-1　ML-1 微型实验常用仪器介绍

仪器名称	一般用途	使用注意事项
微型气体发生器	由 U 形管和内套管组成 ①装配气体发生装置,可用于液-固制气、液-液制气和固-固加热制气 ②可作电解、电镀的盛液容器	①在直接加热时,要防止骤冷骤热,以免引起仪器破裂 ②使用时要轻拿轻放,以免用力过猛,在弯曲处断裂 ③若内套管需要取出时,应注意保存 ④与其他仪器连接时,不要用力过猛,以免破裂
V 形侧泡反应管	①用于气体与液体或气体与固体进行反应的仪器 ②可作液体、固体加热分解的反应器	①在直接加热时,要先使其均匀受热,再在固定部位加热 ②与其他仪器连接时,不要用力过猛,以免破裂
具支试管	①用于制取少量气体 ②用作反应的容器 ③作洗气或干燥管 ④当斜放时可同时在两处装载试剂分别进行实验	①在直接加热时,要防止骤冷骤热,以免引起仪器破裂 ②与其他仪器连接时,不要用力过猛,以免破裂
小试管	①盛少量试剂 ②用作少量试剂的反应容器 ③可用于收集少量气体	①可直接加热,防止骤冷骤热 ②加热时应用仪器夹夹持 ③与其他仪器连接时,不要用力过猛,以免破裂
直形通气管	①用于导气 ②作搅拌棒 ③接上普通滴管胶头即可组成一支滴管,用于吸取或滴加少量液体药品 ④球状处为内接口,套上乳胶管可与微型气体发生器或具支试管连接组装成各种装置	①作为滴管在取液体时不能倒置 ②与其他仪器连接时,不要用力过猛,以免破裂
直角形通气管	①用于导气 ②球状处为内接口,套上乳胶管可与具支试管连接组装成气体干燥和洗气装置	与其他仪器连接时,不要用力过猛,尤其要注意弯曲处,以免折断破裂

续表

仪器名称	一般用途	使用注意事项
尖嘴管	①作可燃气体的燃烧管 ②用于导气 ③球状处为内接口,套上乳胶管可与其他仪器连接组装	与其他仪器连接时,不要用力过猛,以免破裂
小烧杯	①用作较大容量的反应容器,以使反应物均匀混合 ②作配制溶液的容器 ③盛水容器	①防止搅动时液体溅出,或沸腾时液体溢出 ②防止玻璃受热不均匀而破裂
酒精灯	加热用	①在第一次点燃时,先打开盖子用手扇去其中聚集的酒精蒸气后才点燃,以免发生事故 ②停止加热时必须要用灯帽盖灭
多用滴管	①可作为液体试剂或气体的储存容器、滴管、反应容器等 ②把颈管拉细,作为毛细管和搅拌棒	①不能直接加热,可在80℃以下水浴加热 ②聚乙烯制品,耐一般无机酸碱的腐蚀,不能装载有机试剂 ③储存液体和气体时,可对管端加热熔封,用时剪开用后封回 ④作试剂瓶用途时须贴上小标签
小药匙	①取固体药品用 ②作搅拌棒	取用一种药品后,必须洗净并用滤纸擦干后才能取另一种药品
主铁夹	①大夹用于夹操作台支柱而起固定作用 ②小夹用于夹仪器夹或卡仪板 ③夹把柄孔可用于放置小试管或具支试管	①使用过程中不要同时用手抓着两个把柄,以免夹子打开 ②使用完毕应擦去夹子上的化学药品和水
仪器夹	①可夹持仪器进行加热 ②可夹持试管、微型气体发生器、具支试管和V形侧泡反应管等	①使用过程中不要同时用手抓着两个把柄,以免夹子打开 ②使用完毕应擦去夹子上沾污的化学药品和水
卡仪板	①可用于固定仪器 ②与主铁夹和微型操作台配合使用可充当试管架	如果用于夹持仪器进行加热时,应距离加热点尽量远,以免橡胶被烧坏

续表

仪器名称	一般用途	使用注意事项
止气(水)夹	夹着乳胶管,阻止气体或液体通过	防止大角度折反
操作台	①用于固定或放置反应容器 ②操作台底座上的两个孔可用于放置多用滴管 ③操作台底座上有4个孔穴,用于点滴反应,适用一些不需要分离的沉淀反应,尤其是显色反应	①仪器固定时,仪器和操作台的重心应落在底座中部 ②操作台支柱可活动,使用完毕后可拆下放置 ③孔穴不适宜接触有机溶剂
水槽(仪器盒托盘)	①装载仪器配件 ②装较大量的水当作水槽使用	用后要擦干水
毛刷	洗刷玻璃仪器	小心刷子顶端的铁丝撞破玻璃仪器

注：A 为玻璃仪器简易标准外接口；B 为玻璃仪器简易标准内接口。

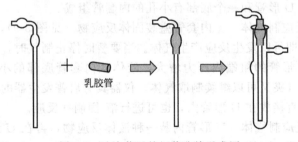

图 5-1 洗涤装置的组装连接示意图

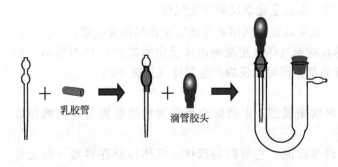

图 5-2 一种气体发生装置的组装连接示意图

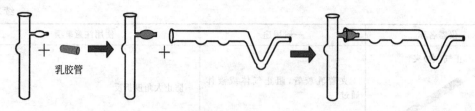

图 5-3 具支试管与 V 形侧泡反应管的连接示意图

操作台为双支柱设计，两柱用插孔式安装固定，可以根据需要选用一根支柱或两根支柱组成操作台。能使比较复杂的实验装置组合在同一操作台上进行实验（见图 5-6）。

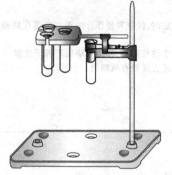

图 5-4 组装成试管架

（1）主铁夹 其特征为有两个互相垂直的大小夹子和圆圈把柄。其中大夹用来夹住操作台支柱，可沿支柱任意旋转 360°，能上下滑动、调节高度与角度。其垂直的小夹用来夹住仪器夹或卡仪板等，它们可以在小夹上做 360°旋转。圆圈状把柄可以放置小试管、具支试管等仪器（见图 5-4）。

（2）仪器夹 夹柄为圆柱状，将其夹在主铁夹上，能绕柄柱旋转 360°，用于夹住装置中较大的仪器（见图 5-6）。也可以手拿着圆柱状的夹柄，夹持试管进行加热。

（3）卡仪板 由橡胶制造而成，配有圆柱状的金属把柄，将其夹在主铁夹的垂直小夹上，能绕柄柱旋转 360°。板中孔开有缺口，利用橡胶的弹性可将仪器放入或取出（见图 5-4）。

卡仪板和主铁夹组成的试管架，能同时放置 3～5 支小试管（见图 5-4），有利于做对比实验，有利于对小而轻的仪器进行稳定操作而避免翻倒。

3. 微型气体发生器

由一个带支管的 U 形管和一个底部有小孔的内套管组成。

（1）液体-固体反应制气体 内套管盛装固体反应物（见图 5-9），在 U 形管内加液体反应物至浸没固体，即可以发生反应产生气体。当要暂时停止制气时，用止气夹关闭与支管连接的乳胶管，使 U 形管的粗端内压力增大，液体从内套管底部的小孔排出而脱离固体，反应终止。当打开止气夹又可以继续制取气体。仪器具有启普发生器的功能。

如果把固体物质直接放在 U 形管内，也可进行液-固制气反应。

（2）液体-液体反应制气体 U 形管内装一种液体反应物，再在 U 形管细端口插入吸取另一种液体反应物滴管（滴管由直形通气管配上滴管胶头组成）。挤压胶头将滴管里的液体流下使两种液体接触，即发生化学反应产生气体。

如果制气量少，也可以直接利用具支试管来作气体发生器。

（3）固体-固体反应制气体 把两种固体反应物都放入 U 形管内，用酒精灯加热 U 形管底部，即可以反应产生气体（见图 5-7）。

4. 多用滴管

以聚乙烯为原料吹塑成型，由圆筒形具有弹性的吸泡与细长的径管构成。

多用滴管具有许多功能，它可以盛液体、气体作储存容器（贴上标签、盖上自制的盖子或酒精灯火上熔封径管，见图 5-5），可用于吸取液

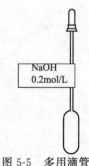

图 5-5 多用滴管

体也可以滴加液体作滴管,还可以作某些反应的反应容器。其径管可作搅拌棒,若把其径管拉长拉细,可作毛细管。一般的无机酸、碱、盐溶液以及指示剂溶液可长期储存在多用滴管中;而浓硝酸等强氧化剂,苯、甲苯、松节油、丙酮、石油醚等有机溶剂会与聚乙烯发生不同程度反应或溶解作用,不宜长期储于多用滴管中。

三、微型化学实验课堂教学简介

微型化学实验可以在多种条件下进行,甚至在普通教室也能够实现。下面介绍的是以湛江师范学院开发的成套微型化学实验仪器,进行课堂教学常采用的一些基本做法。

1. 学生微型化学仪器的配备

在普通教室里采用微型实验进行教学,一般应配备学生人手一套或是同桌的两人一套微型仪器,以满足课堂实验的要求。

2. 教室里要具备的实验设施

(1) 实验所需操作面积 微型仪器箱规格为 $24cm \times 13cm$,操作台面积 $15cm \times 10cm$。而普通教室的课桌规格为 $50cm \times 60cm$,这不仅可以满足实验所需操作面,而且还可以同时在课桌上进行各种纸笔学习活动。

(2) 供水、洗涤、废液回收措施 由于微型仪器的容积小,实验用水量一般每堂课人均不超过 $100mL$。因此,学生每人只配备两个饮水塑料杯、每班相应备有两个塑料桶,分别盛净水和回收废液,即可解决普通教室实验的供水、洗涤、排污等问题。

3. 药品的分发

(1) 药品分装 液体试剂存储于塑料多用滴管中;固体试剂分装于青霉素小药瓶里。

(2) 药品发放 由学生小组长负责分发,根据实验用药量的多少,可每人一份或课桌的前后 4~6 人共用一份药品,互相传递使用。

4. 实验安全与教室里空气质量的保障

微型化学实验仪器的装置小,反应物的用量也少,所造成的污染和危险性也就小。其中气体的制备与性质实验一体化是最有效的减少空气污染的方法。实践证明,只要操作正确、规范,试剂用量控制在微型实验范围内,微型化学实验是很安全的。

第二节 化学典型教学微型实验研究

实验一 氧气的制备及性质微型实验

一、实验目的

1. 学习利用微型化学仪器制取氧气的方法。
2. 掌握氧气制备及化学性质的一体化实验方法。
3. 认识催化剂在化学反应里的催化作用。

二、实验原理

参考第三章 实验二 "五、参考资料"。

三、实验用品

1. 仪器和材料

U形管、V形侧泡反应管、侧泡具支试管、微型酒精灯、橡胶塞、乳胶管、微型实验操作台、塑料小药匙。

2. 药品

氯酸钾（AR）、二氧化锰（AR）（在蒸发皿内进行焙烧处理）、木炭、硫粉、红磷、细铁丝、饱和石灰水。

四、实验内容及操作

1. 氧气的制备及性质（Ⅰ）

(1) 把约1.5g $KClO_3$（在表面皿上，用角匙轻轻压碎）和0.5g MnO_2 混合均匀，放入侧泡具支试管里。

用塑料小药匙分别取一颗绿豆大小的木炭、硫粉和半颗米粒大小的红磷分别放于V形侧泡反应管的侧泡处。

再在另一支侧泡具支试管中加入约1mL澄清石灰水，按图5-6连接好装置。

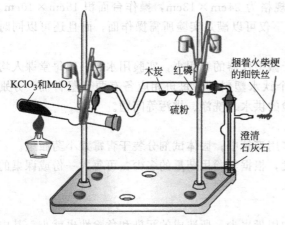

图5-6 氧气的制备与性质一体化实验装置（Ⅰ）

(2) 在试管的底下部徐徐加热，使均匀受热，然后对反应混合物的前部加热制氧气（待产气速率明显变慢时，再将火焰逐渐移向管底）。用带火星木条放在侧泡具支试管的支管口检验。当确认有氧气生成时，点燃捆在细铁丝上的火柴梗，吹灭明火后立即移至支管口处，并在管口下方垫一张白纸，观察细铁丝的燃烧现象和白纸中是否留有黑色的微粒（Fe_3O_4）。

然后用酒精灯依次加热V形侧泡反应管中的木炭、硫粉和红磷，观察发生的现象。

2. 氧气的制备及性质（Ⅱ）

(1) 把约3g $KClO_3$（在表面皿内用角匙轻轻压碎）和1g MnO_2 锰混合均匀，放入U形管中。

用塑料小药匙分别取一颗绿豆大小的木炭、硫粉和半颗米粒大小的红磷分别放于V形侧泡反应管的侧泡处，按图5-7连接好装置。

(2) 先在U形管下方来回移动加热，使之均匀受热，然后对着反应物的部位加热制氧气。

用带火星木条放在管口检验。当确认有氧气生成时，点燃捆在细铁丝上的火柴梗，吹灭明火后立即移至管口处，并在管口下方垫一张白纸，观察细铁丝的燃烧现象和白纸中是否留有黑色的微粒（Fe_3O_4）。

然后用酒精灯依次加热V形侧泡反应管中的木炭、硫粉和红磷，观察发生的现象。

3. 二氧化锰的催化作用

(1) 在侧泡具支试管底部放入约0.5g $KClO_3$ 固体粉末，在试管的侧泡处放入约0.1g MnO_2 固体，如图5-8所示装置。

(2) 用酒精灯加热试管底部的 $KClO_3$，在 $KClO_3$ 没有熔化前，用带火星木条移到具支试管口，观察木条是否复燃。再继续加热至 $KClO_3$ 熔化（约4~5min）再用带火星木条移到具支试管口，观察木条是否能复燃，这说明了什么？

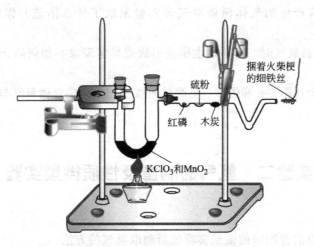

图 5-7　氧气的制备与性质一体化实验装置（Ⅱ）

（3）把酒精灯移至侧泡处加热 MnO_2，加热 3～5min，同样用带火星木条移到具支试管口，观察木条能否复燃。

（4）稍冷，将侧泡具支试管垂直，让 MnO_2 落入试管底部与 $KClO_3$ 混合。然后稍许加热，用带火星木条移到具支管口，观察木条是否复燃。

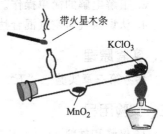

图 5-8　二氧化锰的催化作用

五、讨论与研究

1. 实验评价：氧气的制备及性质（Ⅰ）的实验设计巧妙、合理。通过侧泡具支试管里的石灰水即可以看到实验中生成氧气的多少与快慢，增加直观性，又可以检验木炭在氧气中燃烧的产物，再就是作为碱可以消除大部分由硫粉和红磷分别在氧气中燃烧而生成的有毒气体，起到了一举三得的效果。

2. $KClO_3$ 是一种强氧化剂，易燃易爆，特别是当混进还原性物质时，它对摩擦、冲击、加热更容易引起爆炸，故在使用时应特别小心！粗颗粒晶体的 $KClO_3$，要将它粉碎成细颗粒时，可轻轻地压碎，不可研磨，更不能将其与 MnO_2 混合研磨，以防发生爆炸。应当把 $KClO_3$ 和 MnO_2 分别处理成细末后再混合均匀。

3. 选好 MnO_2 是实验成功的重要条件，市售的 MnO_2 常混有可燃性的有机杂质，如树根、草屑、炭末等。因此，在使用前，必须把它放在坩埚内灼烧至无火星、无白烟为止，以除去其中含有的水分、草屑、炭等易燃性物质。

4. 细铁丝可选用石棉网上的铁丝，事先用砂纸擦亮。用 2 根细铁丝拧在一起，一端系牢一根长约 2cm 的火柴梗。

5. 红磷与氧气反应非常剧烈，因此红磷不要过多，以免燃烧太剧烈造成 V 形侧泡反应管破裂。

6. 为了确保实验成功，建议在做氧气分别与木炭、硫粉和红磷的实验时，可以使用两盏微型酒精灯（错开实验时间，互借邻位同学的酒精灯），一盏酒精灯加热试管底部的 $KClO_3$ 来制备氧气，同时用另一盏酒精灯分别用来加热木炭、硫粉和红磷进行一体化实验。

六、思考题

1. 在实验中有没有找到证据证明木炭与氧气反应生成的气体是二氧化碳？为了防止硫

粉、红磷与氧气反应产生的气体污染空气该实验采取了什么措施？你想想有没有更好的方法？

2. 用 $KClO_3$ 制备氧气时，容易发生哪些事故或异常现象？如何防止这些事故及异常现象的发生？

3. 如何设计一个比图 5-6 和图 5-7 更简单的微型一体化装置做氧气与木炭或硫粉、红磷的反应？

实验二　氢气的制备及性质微型实验

一、实验目的
1. 学会使用具有启普原理的微型实验仪器制取氢气的方法。
2. 掌握氢气的性质。
3. 了解电解的简单操作。
4. 认识氢气与空气混合达到一定体积比后具有爆炸性。

二、实验原理
参考第三章实验三"五、参考资料"。

三、实验用品
1. 仪器和材料

微型气体发生器、侧泡具支试管、直形通气管、尖嘴管、止气夹、微型实验操作台、微型酒精灯、小试管、一次性小塑料杯（约 30mL）、矿泉水瓶盖、多用滴管、6～9V 电池、大头针。

2. 药品

粗锌粒、稀盐酸（1+1 或 1+4 稀硫酸）、10％氢氧化钠溶液、水、肥皂水（或洗洁精液）、氧化铜。

四、实验内容及操作
1. 氢气的燃烧及吹肥皂泡

（1）按图 5-9 安装好仪器，在微型气体发生器的内套管中加入几粒锌，塞上胶塞和在微型气体发生器的另一端加入稀 HCl（1+1）溶液至刚浸没锌粒，锌即与 HCl 发生反应，夹紧止气夹，暂停制气。

（2）在气体发生器的乳胶管口接上尖嘴管，打开止气夹，取一小试管用排水法收集 H_2 验纯。然后在尖嘴管口上点燃纯净氢气，观察火焰的颜色。

（3）拔掉尖嘴管，在胶管口蘸上肥皂水，把胶管口向上吹肥皂泡。待肥皂泡胀到足够大时，迅速平移振动（或用手轻轻扇动）使泡泡脱离管口，观察肥皂泡运动的方向。

吹肥皂泡实验结束后，用止气夹夹住胶管，观察气体发生器内的变化情况。

2. 氢气与空气混合点燃发生爆炸

取一个约 30mL 的一次性塑料杯，用仪器盒托盘作为水槽，通过排水法收集满一塑料杯的氢气，然后把塑料杯轻轻拿离水面并放在仪器盘隔板的上方，如图 5-10 所示。迅速将明火移到小塑料杯的下端点燃氢气，注意观察发生的现象。

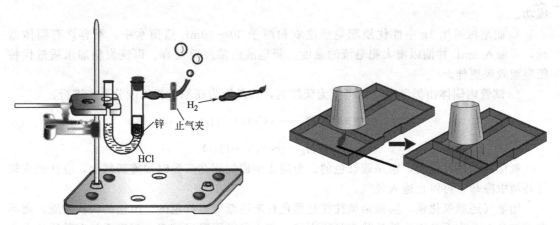

图 5-9　氢气的制备与性质实验　　　　　图 5-10　氢气与空气混合点燃发生爆炸

3. 氢气还原氧化铜

取少量 CuO 粉末平铺在一支干燥的侧泡具支试管底部，如图 5-11 所示装置。

打开止气夹，使反应继续产生 H_2。估计通入的 H_2 至试管中的空气排尽后，用酒精灯加热侧泡具支试管底部 CuO 处，观察现象。反应结束后，先移去酒精灯，继续通 H_2 至试管冷却后再停止通入 H_2。

4. 水的电解和氢气的爆鸣

取一多用滴管，预先吸入约 2/3 管的 10％氢氧化钠溶液，再在多用滴管的两侧分别各插入一根大头针作电极，两根大头针要与氢氧化钠溶液接触，但互相不能接触，如图 5-12 所示装置。把 6～9V 电池的正负极分别接在大头针上，观察现象。

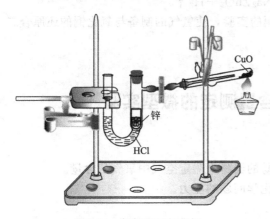 

图 5-11　氢气还原氧化铜　　　　　　　　图 5-12　氢气的爆鸣

将多用滴管的径管口插进矿泉水瓶盖里肥皂水的表面，当有较多肥皂泡鼓起时，用燃着的火柴接触肥皂泡，观察爆鸣的情况。

五、讨论与研究

1. **实验评价**：该微型仪器的微型气体发生器设计合理，用药量特别少，使用 3～4mL 的酸液就可以具有启普原理的气体发生器功能，容易做到学生实验人手一个启普发生器，掌握实验原理和熟练操作的方法。在氢气的性质实验中可以随时开始与停止，实验简便快速。

2. 建议使用粗锌粒做实验。纯锌遇稀硫酸立即发生反应，产生氢气以气泡的形式附着在锌的表面上而阻碍与酸接触，使反应减慢。由于产生氢气量少而使氢气的燃烧实验不易成功。

3. 肥皂液可用 1g 中性优质肥皂或洗衣粉溶于 30～40mL 蒸馏水中，不容许有固体微粒，再加入 2mL 甘油以增大肥皂液的黏度。肥皂液的浓度要适宜。以洗发精加水适量代替肥皂液效果更佳。

4. 试管内固体由黑色变红色再变为紫红色，这是因为还原过程可能分两步进行：

$$2CuO + H_2 \xrightarrow{\triangle} Cu_2O + H_2O$$

$$Cu_2O + H_2 \xrightarrow{\triangle} 2Cu + H_2O$$

氧化亚铜是红色的，铜是紫红色的。为防止生成的铜在高温时被重新氧化，应让铜在氢气环境中冷却，再停止通入氢气。

用氢气还原氧化铜，实验结果往往是黑色粉末逐渐变成红色的、疏松的块状物质，而不变成红色。一方面是因为铜的状态是粉末状，细小颗粒因吸光较多而观察不到铜单质的光亮颜色；另一方面可能是因为红色疏松的块状物是铜与氧化亚铜的混合物，该混合物若呈砖红色，以氧化亚铜为主，若呈紫红色，则以铜占多数。

5. 实验后试管内壁上的铜镜可用硝酸或氯化铁溶液煮沸除去。

六、思考题

1. 要吹出大气泡，所用吹管的出气口稍小还是稍大些好？哪些材料做吹管较好？

2. 氢气与空气混合点燃发生爆炸实验中，在小纸杯底点火时，有时一点就爆，有时要燃烧片刻才爆，有时点火又不爆是何原因？

3. 固体氢氧化钠和锌粉混合物受热时可产生氢气：

$$Zn + 2NaOH \xrightarrow{\triangle} Na_2ZnO_2 + H_2 \uparrow$$

请设计一个微型装置可用作氢气还原氧化铜的实验，使氢气的制备与氧化铜的还原合二为一。

实验三　空气中氧气含量测定的微型实验

一、实验目的

1. 认识氧气是空气的主要成分，学习用简易的器材来测定空气中氧气的含量。
2. 培养用辩证唯物主义观点分析解决简单化学问题的能力。

二、实验原理

空气是成分比较固定的混合物，空气的成分按体积计算，大约是：氮气占 78%、氧气占 21%、稀有气体占 0.94%、二氧化碳占 0.03%、其他气体和杂质占 0.03%。

利用某物质易跟氧发生反应，将空气中的一种成分氧气全部耗尽来测定其组成。蜡烛在空气中燃烧，生成 CO_2 和水蒸气，由于 CO_2 可溶解于水，生成的水蒸气也凝结成水。所以该反应中氧气的消耗量即为容器内气体体积的减少量。燃烧前容器内外的气压相等，燃烧过程中，随氧气的逐渐消耗，容器内的气压渐减，容器外的气压大于容器内的气压，这个气压差使容器内的水面逐渐上升，至填补完氧气的消耗量所占的体积后，容器内外的气压恢复相等，水面的上升停止。根据容器内水面上升的高度，可测出空气中氧气的含量（约占空气体积的 1/5）。

三、实验用品

1. 仪器和材料

矿泉水瓶、仪器盒托盘（作水槽用）。

2. 药品

小蜡烛、水、红墨水。

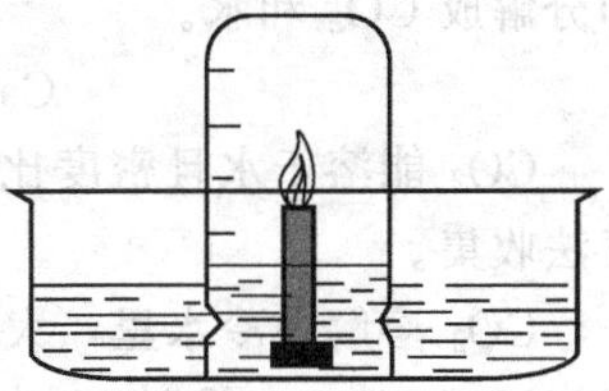

图 5-13 测定空气中氧气含量

四、实验内容及操作

用仪器盒托盘作水槽，盛装一定体积的水（加入几滴红墨水把液体染成红色以便于观察）。

取一支矿泉水瓶，切去瓶颈细口部分，把矿泉水瓶倒扣在水槽中，在矿泉水瓶与水面接界处划上一横线，然后将矿泉水瓶露在水面上的部分容积划分为 5 等份。

用一支短的小蜡烛固定在水槽上，点燃蜡烛，待燃烧稳定以后，把矿泉水瓶轻轻地倒扣在水槽中，如图 5-13 所示，观察发生的现象。燃烧停止，待矿泉水瓶内温度下降后，观察矿泉水瓶内水面上升的高度。

五、讨论与研究

1. 实验评价：实验完全可以使用日常生活中的简易器材来替代顶部有孔的钟罩来完成测定空气中氧气的含量的化学实验。实验简便并可多次重复，容易被学生接受，使实验生活化、简单化和微型化，以适应 21 世纪绿色化学的发展要求。

2. 实验用的矿泉水瓶切去瓶颈细口部分后，最好能尽量保留长一些，以防止实验时蜡烛会烧穿矿泉水瓶底或把矿泉水瓶烧变形。

3. 小蜡烛尽量短些（约 1~2cm 长），这样既可以避免蜡烛把矿泉水瓶底烧坏，又可以保证矿泉水瓶里的空气能充分提供给燃烧，使得到的实验结果更准确。

4. 如果该实验发现测定的空气中氧气含量小于 21%，可能的原因是：

① 装置气密性不好，有漏气；

② 蜡烛燃烧不完全，使瓶内氧气有剩余；

③ 未冷却至室温就测体积，实测进入瓶内的水体积比应进入的水体积小。

六、思考题

1. 蜡烛燃烧的产物是二氧化碳和水，试论述为什么用蜡烛来做空气中的氧气含量的测定实验也能得到与红磷实验一样空气中的氧气含量大约为 1/5 的结果？

2. 如果要讨论用蜡烛燃烧来测定空气中氧气的含量，你认为其误差主要是由哪些原因造成的？

实验四　二氧化碳的制备及性质微型实验

一、实验目的

1. 学习使用微型化学实验仪器制取二氧化碳。
2. 掌握二氧化碳的性质。

二、实验原理

大理石、石灰石的主要成分是碳酸钙，碳酸盐与盐酸反应可产生不稳定的碳酸，碳酸立

即分解成 CO_2 和水。

$$CaCO_3 + 2HCl == CaCl_2 + H_2O + CO_2\uparrow$$

CO_2 能溶于水且密度比空气大（是空气密度的 1.53 倍），故可用瓶口向上的排空气集气法收集。

CO_2 溶解在冷水里，大部分以水合分子（$CO_2\cdot H_2O$）的形式存在，只有小部分生成碳酸（H_2CO_3）。20℃时 1L 水中能溶解 0.9L CO_2。碳酸不稳定，受热时分解成 CO_2 和水：

$$H_2CO_3 \rightleftharpoons CO_2\uparrow + H_2O$$

如果需要碳酸时，只要在使用前把 CO_2 通入水中即可。碳酸是一个二元弱酸，在水溶液中分步电离：

$$H_2CO_3 \rightleftharpoons HCO_3^- + H^+ \quad K_1 = 4.2\times 10^{-7}$$
$$HCO_3^- \rightleftharpoons CO_3^{2-} + H^+ \quad K_2 = 4.8\times 10^{-11}$$

因此，CO_2 的水溶液呈弱酸性。

CO_2 能跟碱反应生成盐，如跟氢氧化钙反应则生成白色的碳酸钙沉淀：

$$CO_2 + Ca(OH)_2 == CaCO_3\downarrow + H_2O$$

三、实验用品

1. 仪器和材料

微型气体发生器、侧泡具支试管、小试管、直角形通气管、多用滴管、3mL 及 30mL 烧杯、微型酒精灯、止气夹、微型操作台。

2. 药品

石灰石、稀盐酸（1+1）、紫色石蕊试液、澄清石灰水、蓝色石蕊试纸。

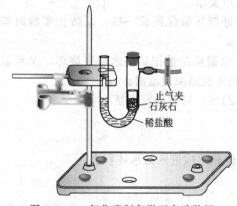

图 5-14 二氧化碳制备微型实验装置

四、实验内容及操作

1. 二氧化碳的制备

在微型气体发生器的内套管中加入几小颗石灰石（碳酸钙），塞上胶塞和在微型气体发生器的另一端加入稀盐酸，如图 5-14 所示装置。盐酸与石灰石接触而发生反应生成 CO_2，夹紧止气夹，即可暂停制气。

2. 二氧化碳与澄清石灰反应及水溶性

（1）将图 5-14 装置的导气管伸入装有约 0.5mL 澄清石灰水的小试管中，通入 CO_2，如图 5-15 所示，观察澄清石灰水的变化情况，完毕关闭止气夹。

（2）取一支多用滴管，先吸取约 1/3 管的水，将径管朝上用手缓缓捏挤出吸泡中空气（注意不要把水挤出）。然后按图 5-16 所示，从微型气体发生器中慢慢吸取 CO_2 气体。待吸泡充满气体后，拔出来并迅速将滴管的径管折弯不让气体跑出。充分摇荡多用滴管，注意观察其吸泡发生的现象。观察完毕，将滴管内的溶液滴 1 滴到蓝色石蕊试纸上，观察试纸的颜色变化。

3. 二氧化碳是比空气重的气体

分别在 3mL 烧杯和 30mL 烧杯（或透明塑料水杯）的内壁贴上湿润的蓝色石蕊试纸（由杯底贴至高出杯口约 2cm），如图 5-17 所示装置。把导气管插入 3mL 的烧杯接近底部，持续通入 CO_2。跟随试纸变色的进度，用带火星的木条分别插到试纸变色所处的空间和试

图 5-15　澄清石灰水通入二氧化碳

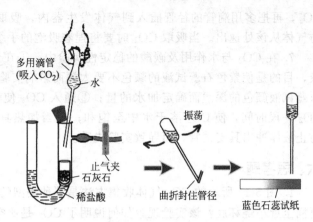
图 5-16　多用滴管吸入二氧化碳

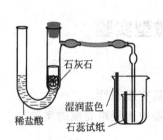
图 5-17　证明二氧化碳密度大小实验

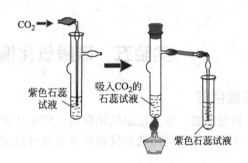
图 5-18　二氧化碳与水作用及碳酸的稳定性

纸未变色所处的空间，进行观察比较。

4. 二氧化碳与水作用及碳酸的稳定性

图 5-18 装置中，具支试管中加入水和紫色石蕊试液各约 0.5mL。实验时先通入 CO_2 气体使试管内液体变红色为止（使 CO_2 溶于水中至饱和），然后将直角形通气管连接在具支试管的支管上，塞上胶塞，再将直角形通气管插入到装有水和紫色石蕊试液各约 0.25mL 的小试管中，用酒精灯小心加热侧泡具支试管中的液体，观察具支试管和小试管内液体的颜色变化情况。

五、讨论与研究

1. 实验评价：CO_2 的制备设计为在具有启普原理的气体发生器的微型仪器中进行，用药量特别少，可以随时停止，方便 CO_2 的各性质实验的开展。

2. 用石灰石（或大理石）制取 CO_2 时，一般用盐酸而不用硫酸。如果用稀硫酸与大理石反应，则反应生成的硫酸钙微溶物覆盖在大理石的表面，会阻碍反应的继续进行；如果直接用碳酸钠与稀盐酸反应，则反应太快，难以控制。

3. 盐酸的浓度过高时，制得的 CO_2 会混有氯化氢气体，且反应速度过快；盐酸浓度过低时，生成气体的速度很缓慢。一般应采用 1+1（或 6mol/L）盐酸。

4. 石灰石颗粒的大小与生成气体的速度有关，颗粒越小，比表面积越大，反应越快。颗粒较大时，生成气体速度缓慢。

5. 所用的石灰水最好是新鲜的，且浓度要大，否则很容易被过量通入的 CO_2 使白色沉淀转化为碳酸氢钙而溶解于水。

6. 在做 CO_2 的水溶性实验中，要先关闭止气夹，让微型气体发生器的粗管端充满

CO_2，再把多用滴管的径管插入到气体发生器内，吸取 CO_2 气体时，要用胶塞堵上管口以防气体从该处逸出。当吸取 CO_2 时要将捏着吸泡的手缓缓地放开，以吸收尽量多的气体。

7. 在 CO_2 与水作用及碳酸的稳定性实验中，①在试管中加入各一半的水和紫色石蕊试液，目的是使紫色石蕊试液的颜色不要太深而影响实验现象的观察，在实际操作中可以根据石蕊试液颜色的深浅而确定加水的量；②通入 CO_2 使具支试管内液体变红色后，应继续通 CO_2 一段时间，使 CO_2 溶于水中至饱和；③当加热具支试管时，要细心操作，缓缓加热，防止液体冲出具支试管，而导致实验失败。

六、思考题

1. 图 5-17 所示的 CO_2 气体收集方法是哪种类型的气体收集方法？试述其通气管为什么要插至近小烧杯底？该实验现象如何说明了 CO_2 是比空气重的气体？

2. 不用盐酸和石灰石，试试在家中能否找到其他物质代替盐酸和石灰石来制备 CO_2 气体？

实验五 碳跟氧化铜反应的微型实验

一、实验目的

1. 通过炭粉、木炭还原氧化铜的反应来认识碳在高温下具有还原性。
2. 学习和体会利用微型仪器很容易就可以完成在常规仪器中比较难完成的实验。

二、实验原理

常温下碳对多数试剂几乎不发生化学反应，碳的活性随着温度的升高而迅速增大。高温下，碳是优良的还原剂，碳被氧化时，生成 CO 或 CO_2，温度在 1000℃ 以上时，碳几乎全部被氧化成 CO，而在实验室的加热条件下，生成的气体主要是 CO_2。

$$2CuO + C \stackrel{\triangle}{=\!=\!=} 2Cu + CO_2 \uparrow$$

三、实验用品

1. 仪器和材料

侧泡具支试管、小试管、直角形通气管、微型酒精灯、乳胶管、止气夹、微型实验操作台。

2. 药品

木炭、氧化铜、澄清石灰水。

四、实验内容及操作

1. 将研细的木炭粉和氧化铜按体积比约为 1∶4 的比例混合，再充分研磨均匀，取混合物 0.3g（约一粒花生米大小）放入侧泡具支试管内，斜铺于试管底部，并使试管口斜向下。用一小试管盛装约 0.3mL 的澄清石灰水，按图 5-19 所示装置安装。

2. 用酒精灯先预热试管，然后集中在固体部位加热，观察现象。

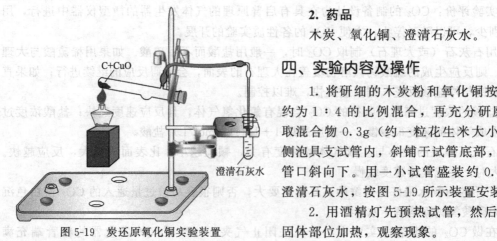

图 5-19 炭还原氧化铜实验装置

3. 加热至试管内固体混合物的颜色不再改变时（加热约 4~5min），用止气夹夹住胶管，将导管从石灰水中移出，然后熄灭酒精灯。待试管冷却后把试管里的粉末倒出在白纸上观察。

五、讨论与研究

1. 实验评价：该微型实验由于使用了内径比较小的侧泡具支试管，使得反应试剂在管内堆积得比较紧密，在加热时热的传递较好，因此采用微型的酒精灯，就可以完成在常规实验中常常要用到酒精喷灯才能完成的实验。使实验变得更简单，试剂用量少、反应时间短，且实验现象明显。

2. 该实验为固相反应，固体分子间的接触面较小、扩散力较弱，因此两种固体破碎得越细越干燥、混合得越均匀、反应速度就越快。所以木炭和氧化铜粉末应尽量磨细，两者混合时要充分研磨均匀。将药品装入试管中应适当压实，使火焰能完全加热反应物。

3. 木炭有较强的吸附性，能吸收水分和空气，因此实验中所用的木炭必须要烘干，最好是即干即用。

4. 由于反应后，还原产物仍保持较高的温度，且试管内与外界的压强差较大，若将通气管移出小试管的石灰水，则空气会进入到试管，从而使还原产物重新氧化造成实验现象不明显。因此反应完毕，先用止气夹夹住乳胶管，这样既能防止在冷却的过程中发生倒吸的现象，又能防止空气进入试管使还原产物重新氧化，有利于观察实验现象。

5. 该实验也可用活性炭代替木炭进行实验，同样可得到预期效果。

6. 此实验木炭与氧化铜的最佳质量比为 1∶4~1∶5，如果木炭量过多，则炭粉会遮盖还原出来的单质铜；若氧化铜量过多，则剩余的氧化铜与还原出来的金属铜继续反应，生成砖红色氧化亚铜而不能生成红色的金属铜粉。

六、思考题

1. 实验停止加热时，在移去酒精灯之前，先用止气夹夹住橡胶管的目的是什么？如果不这样做将对实验效果有什么影响？

2. 探讨对图 5-19 所示的装置进行气密性检验的各种简易方法。

实验六　一氧化碳的制备及性质微型实验

一、实验目的

1. 了解制备一氧化碳的原理和方法。
2. 认识一氧化碳的可燃性、还原性及毒性。
3. 探索环保微型实验装置的设计方法和操作技能。

二、实验原理

实验室制取一氧化碳通常用甲酸脱水的方法，将甲酸与浓硫酸的混合物加热至 80~90℃，甲酸脱水生成一氧化碳。

$$HCOOH \xrightarrow[80\sim 90℃]{浓 H_2SO_4} CO\uparrow + H_2O$$

一氧化碳能被氧化成二氧化碳，是一种良好的还原剂。在高温下，一氧化碳能从许多金属氧化物中夺取氧，使金属还原。

$$CuO+CO \xrightarrow{\triangle} Cu+CO_2$$
$$Fe_2O_3+3CO \xrightarrow{高温} 2Fe+3CO_2$$

三、实验用品

1. 仪器和材料
侧泡具支试管、V形侧泡反应管、尖嘴管、小烧杯、微型酒精灯、微型操作台。

2. 药品
浓硫酸（1.84g/cm³）、甲酸（1.2g/cm³）、氧化铁、氧化铜、澄清石灰水、小磁铁。

四、实验内容及操作

1. 一氧化碳的制备及性质（Ⅰ）

（1）在侧泡具支试管中加约1mL浓硫酸，在滴管中吸入约0.4mL甲酸。在V形侧泡反应管的侧泡处分别装入氧化铁和氧化铜粉末各0.04g（约花生米大小）。在V形处滴加约1~2滴澄清石灰水。装置如图5-20所示。

（2）将甲酸滴下，并微热侧泡具支试管底部，促使一氧化碳生成。用火将尖嘴管口出来的CO点燃，观察火焰颜色。接着用经澄清石灰水润湿的小烧杯罩在火焰上，观察现象。

（3）对装有氧化铜的侧泡处加热，观察氧化铜和澄清石灰水的现象变化。

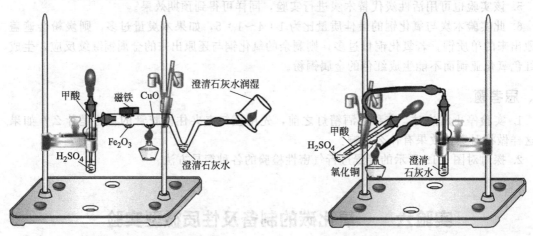

图5-20　一氧化碳的制取与性质实验装置（Ⅰ）　　图5-21　一氧化碳的制取与性质实验装置（Ⅱ）

（4）随后对装有氧化铁的侧泡处加热，观察氧化铁的颜色变化。

用一小磁铁靠近V形侧泡反应管装氧化铁的上方，并靠着管壁轻轻移动磁铁，观察实验现象。

2. 一氧化碳的制备及性质（Ⅱ）

（1）在侧泡具支试管中加约0.3mL浓硫酸，侧泡处加入氧化铁和氧化铜粉末各0.02g（约黄豆大小体积）。在滴管中吸入约0.1mL甲酸，在另一侧泡具支试管中滴加约0.2mL的澄清石灰水，装置如图5-21所示。

（2）将甲酸滴下，并微热侧泡具支试管底部，促使一氧化碳生成。对装有氧化铜的侧泡处加热，把尖嘴管口对着酒精灯的火焰以点燃生成的CO，观察火焰颜色、氧化铜和澄清石灰水的现象变化。

五、讨论与研究

1. 实验评价：该微型装置设计简单、巧妙、安全。大大降低了 CO 和其他试剂的用量，只用一盏酒精灯就可以作为加热源和尾气的处理，使学生即可观察到 CO 燃烧时发出的蓝色火焰，又消除了 CO 对大气的污染，增强了环保意识。

2. CO 的制备及性质（Ⅰ）实验中，①V 形侧泡反应管的 V 形处盛装的石灰水不宜过多，液体不要充满 V 形处，要保留一些空隙让气体通过，否则气体容易把 V 形处的液体冲出来；②若反应中产生的 CO 比较少，使点燃的 CO 火焰快要熄灭时，应马上将酒精灯再移到侧泡具支试管的底部进行加热，使其产生较多的 CO，以保持 CO 的燃烧。

3. 在 CO 的制备及性质（Ⅱ）实验中，用酒精灯加热侧泡具支试管底部时要特别小心，微热即可，如果加热太强烈，会使酸液冲到装有氧化铜的侧泡处，而导致实验失败。

六、思考题

1. 在一氧化碳与氧化铁的反应中，还原剂是什么物质？被还原的是哪些元素？
2. 工业上炼铁的还原剂是什么？试写出生产这种还原剂的化学方程式。

实验七 灭火的原理和方法微型实验

一、实验目的

1. 认识灭火的工作原理。
2. 学习利用微型实验仪器设计一个简易的灭火器。

二、实验原理

碳酸盐与强酸反应能放出二氧化碳，二氧化碳不能燃烧，也不支持燃烧，故能灭火。

$$Na_2CO_3 + 2HCl = 2NaCl + H_2O + CO_2\uparrow$$

三、实验用品

1. 仪器和材料

微型气体发生器、多用滴管。

2. 药品

碳酸钠粉末、浓盐酸。

四、实验内容及操作

在微型气体发生器中加入约 2mL 浓盐酸，在细管端塞上胶塞，然后把微型气体发生器倒过来，使浓盐酸全部转移到仪器的细管端，

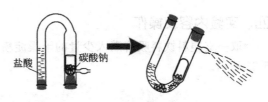

图 5-22 简易灭火器

再在干燥的内套管中装入约 0.2g 碳酸钠粉末，并放进仪器的粗管端，塞上胶塞，装置如图 5-22 所示。

当要灭火时，可以迅速将微型气体发生器竖立起来，使碳酸钠立即倾入酸液中，并让微型气体发生器的支管口对着由一小团纸燃烧的火焰，观察是否有白色泡沫从支管口喷出并能把火焰灭掉。

五、讨论与研究

1. 实验评价：该微型装置设计简单、巧妙。使用 2mL 左右的盐酸，就可以成功制作一个简易的灭火器，让学生亲自感受灭火的直观现象。

2. 装碳酸钠粉末的内套管一定要干燥，否则碳酸钠粉末会粘在玻璃上，不能全部倒出与盐酸发生反应而影响实验效果。

3. 仪器的胶塞要塞紧，竖立起微型气体发生器时，切勿让支管口对着任何人。

4. 该实验不宜使用浓硫酸，因为浓硫酸的腐蚀性很强，对桌面、衣物、人体都有危险，使用浓盐酸则稍微安全些。

六、思考题

1. 灭火时，为什么仪器内的液体能喷射出来？
2. 该实验如果把碳酸钠粉末改用石灰石，可以吗？实验效果将会如何？

实验八　可燃性粉尘爆炸的微型实验

一、实验目的

1. 学习用简易的器材来设计可燃性粉尘的爆炸实验。
2. 增加对安全与爆炸的认识。

二、实验原理

可燃性固态物质的粉尘具有很小的直径和比表面积，与空气有着极大的接触面积，在空气中达到一定的比例，一旦遇到明火就会剧烈燃烧甚至发生爆炸。所以面粉车间、炭粉车间等都严禁明火。

三、实验用品

1. 仪器和材料

塑料饮料吸管、洗耳球（或气唧）。

2. 药品

蜡烛、淀粉（或面粉）。

四、实验内容及操作

取一支塑料饮料吸管灌入少量的干燥淀粉，在塑料饮料吸管一端连接一个洗耳球，如图 5-23 所示。

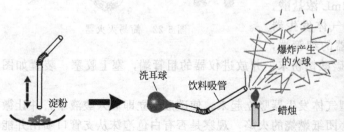

图 5-23　粉尘爆炸实验

将塑料饮料管口对着一支燃着的蜡烛火焰上方，迅速挤压洗耳球，使饮料管中的淀粉在火焰的上方喷发出来，观察现象。

五、讨论与研究

1. 实验评价：该实验设计简单、巧妙、安全，可以不断重复操作。实验中出现一个个大火球直观的现象，增加了化学课堂的趣味和魅力，让学生感受到化学就在我们的身边。

2. 实验使用的淀粉颗粒要细，可选用市售的淀粉。淀粉一定要干燥，否则不易产生火球，如果淀粉潮湿，实验前最好要烘干。

3. 实验中最好使用直径为 0.8～1.2cm 的塑料饮料吸管，如果吸管的中间有一段软管能转弯为最佳。

4. 将干燥的淀粉按一定的距离和高度喷射在蜡烛火焰的上方是实验现象是否明显的关键，实验者可以重复多做几次实验来把握淀粉喷射的距离和高度，以产生一个足够大火球的直观现象。

该实验也可以把 2～3 根点燃的蜡烛一字排列（每根蜡烛约相距 8～10cm），然后把干燥的淀粉向着这 2～3 根蜡烛火焰的上方喷射，成功率会更高。

5. 可燃性粉尘和其他物质一样也具有一定能量，由于粉尘的粒径小、比表面积大，从而其表面能也增大。可燃性粉尘与空气混合，能形成可燃的混合气体，若遇明火或高温物体，极易着火，靠近火源的粉尘首先受热燃烧起来。燃烧后的粉尘，氧化反应十分迅速，生成大量的二氧化碳气体和水蒸气，并产生大量的热。它产生的热量能很快传递给附近粉尘，从而引起一系列连锁反应，释放大量热能，体积猛烈膨胀，形成很高的膨胀压力。整个燃烧的过程只要极短的时间，这一瞬间的反应若在密闭的容器或空间中进行，便发生了爆炸。

六、思考题

1. 给气球充气过多而发生的爆炸和点燃氢气球发生的爆炸，这两种爆炸有哪些区别和联系呢？

2. 在有些地方，如加油站、面粉厂、某些工厂车间等，都要挂上"严禁烟火"警示牌，为什么呢？试从调查中寻找答案。

实验九　钠与水反应的微型实验

一、实验目的

1. 观察金属钠与水反应，了解金属钠的活泼性。
2. 学习用简单、安全的方法就可以进行钠与水反应并对所生成产物的检验实验。

二、实验原理

参考第三章实验十二"二、实验原理"。

三、实验用品

1. 仪器和材料

侧泡具支试管、多用滴管、滴管胶头、微型操作台、镊子、小刀、滤纸。

2. 药品

金属钠、酚酞试液、肥皂水、水、2%$CuSO_4$ 溶液、$FeSO_4$ 溶液、液体石蜡。

四、实验内容及操作

1. 钠与水的反应

(1) 取一支侧泡具支试管,加入水至侧泡的中部,用滴管胶头封住支管,如图 5-24 所示。把一小块米粒大的钠投入侧泡具支试管中,然后迅速用肥皂液在试管口上抹一下,细心观察发生的一系列现象。待试管口上的肥皂泡吹得比较大时,马上用点燃的火柴将火焰移近肥皂泡,观察发生的现象。

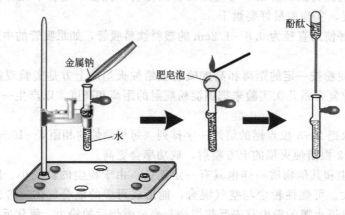

图 5-24 钠与水的反应

(2) 钠反应完毕,再在侧泡具支试管中加 1 滴酚酞试液,观察溶液颜色的变化。

2. 钠与水反应的扩展实验

(1) **钠与硫酸铜溶液的反应** 往一支侧泡具支试管中依次加入约 2mL 的 $CuSO_4$ 溶液和约 1mL 液体石蜡,然后把一小块米粒大的钠投入到具支试管中,如图 5-25 所示。细心观察钠在煤油与 $CuSO_4$ 溶液界面处的反应情况,及 $CuSO_4$ 溶液层里将发生的现象。

(2) **钠与硫酸亚铁溶液的反应(氢氧化亚铁制备)** 往一支侧泡具支试管中依次加入约 2mL 的 $FeSO_4$ 溶液和约 1mL 液体石蜡,然后把一小块米粒大的钠投入到具支试管中。细心观察钠在液体石蜡与 $FeSO_4$ 溶液界面处的反应情况,及 $FeSO_4$ 溶液层里将发生的现象。

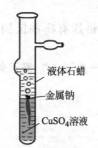

图 5-25 钠与硫酸铜溶液反应

五、讨论与研究

1. 实验评价:很巧妙地设计了一个由于危险而备受关注的钠与水反应及氢气的验证的微型实验,该实验安全快捷、反应平稳、装置简单、直观性强、现象明显。

2. 水加到侧泡具支试管的侧泡中部处,是为了使金属钠能够在空间比较大部位进行反应,以便观察。

3. 米粒大小的钠进行实验现象就非常明显,所以钠块不要切得太大。该实验的安全性比较高,实验中的金属钠不易因反应剧烈而蹦出来造成危险。反应所用的金属钠要除去表面的氧化层,且表面的煤油要用滤纸擦干,用剩的钠要放回煤油中保存,不可到处乱放。

4. 在钠与水的反应中,当加入金属钠后,要迅速在管口处抹肥皂液。抹肥皂液时,应在管口稍停留一会,有利于形成肥皂泡,使产生的气体被封在侧泡具支试管里。

5. $CuSO_4$ 溶液浓度不宜过大,过浓的 $CuSO_4$ 溶液产生的沉淀絮状不明显,一般浓度约为 2% 比较合适。

6. 在钠与硫酸铜溶液的反应中，加入液体石蜡层高度一般不能低于 1.5cm，否则起不到缓和反应的效果。

7. 可用煤油、汽油等代替液体石蜡作液封，但液体石蜡能使氢氧化亚铁保留时间更长（可达一天）。

8. 由于反应间断进行，反应放热现象很不明显，不会引起煤油、汽油或液体石蜡及生成的 H_2 燃烧，钠块也没有熔化，实验十分安全。

9. 由于金属钠和生成的 H_2 是强还原剂，又有液体石蜡作液封，避免了 O_2 与 $FeSO_4$ 溶液层的接触，使反应生成的氢氧化亚铁隔绝氧化剂不被氧化，生成的白色沉淀能较长时间保存。

六、思考题

1. 在该实验中，哪些实验现象能呈现钠的密度大小、熔点高低、反应是否放热、生成什么产物？

2. 金属钠与硫酸铜溶液反应，会有什么现象？生成什么物质？要证实自己的判断还需补充什么实验？试进行实验探究。写出总化学方程式，并改写为离子方程式。

3. 推测少量金属钠投入氯化铁溶液中产生的现象，并用实验验证。

实验十　铁与水蒸气反应的微型实验

一、实验目的

1. 认识铁在红热状态可以与水蒸气反应的性质。
2. 学习用微型仪器来改进实验。

二、实验原理

铁不能与冷、热水反应，但在高温条件下，铁粉与水蒸气可以发生下列反应：

$$3Fe+4H_2O(气) \xrightarrow{1173K} Fe_3O_4+4H_2\uparrow$$

$$Fe+H_2O（气）\xrightarrow{843K} FeO+H_2\uparrow$$

铁粉与水蒸气的反应中，用酒精喷灯加热温度可以达到 1173K 的高温，如果用酒精灯进行加热所提供的温度不会超过 1000K，所以用酒精灯加热和用酒精喷灯加热都发生了化学反应，且都有氢气生成，但铁的氧化产物不同，应为实验现象完全相同的两个化学反应。

三、实验用品

1. 仪器和材料

侧泡具支试管、多用滴管、矿泉水瓶盖、微型酒精灯、微型操作台。

2. 药品

还原铁粉、水、肥皂水、棉花。

四、实验内容及操作

(1) 在距侧泡具支试管侧泡约 2cm 处放入一团棉花（棉花在试管中长度约 2cm），然后用多用滴管慢慢加水将棉花湿透。然后在侧泡具支试管的侧泡处加入少量的铁粉（约花生米颗粒大小），用矿泉水瓶盖装一些肥皂水。仪器装置如图 5-26 所示。

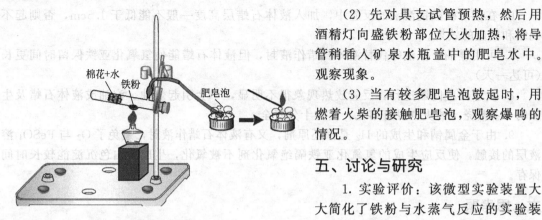

(2) 先对具支试管预热，然后用酒精灯向盛铁粉部位大火加热，将导管稍插入矿泉水瓶盖中的肥皂水中。观察现象。

(3) 当有较多肥皂泡鼓起时，用燃着火柴的接触肥皂泡，观察爆鸣的情况。

五、讨论与研究

1. 实验评价：该微型实验装置大大简化了铁粉与水蒸气反应的实验装置，设计巧妙、合理，能够使用微型

图5-26 铁粉与水蒸气反应

的酒精灯即可完成一个需高温才能完成的实验。将反应物置于侧泡具支试管中，起到了水蒸气的产生、导流气体和反应容器三方面的作用，不但实现了简化，而且节省了药品、节约了时间。

2. 棉花放置在侧泡具支试管里后，才慢慢滴加水，不要弄湿其他部位的侧泡具支试管壁。加水的量以使棉花湿透，而又不至于有过多的水向外流出即可。

3. 酒精灯不要在湿棉花的部位进行加热，否则会导致棉花里的水很快被蒸干或短时间内产生水蒸气的量太多，大量的水蒸气会带走热量而使反应温度降低。

六、思考题

1. 通常情况下铁不与水发生反应，本实验采取了哪些措施使铁粉与水发生了明显的反应？
2. 本实验如何证明铁粉与水蒸气的反应，生成铁的氧化产物是Fe_3O_4或FeO？
3. 木结构和钢结构的建筑发生火灾时，喷水灭火有时却发现火势烧得旺，试解释原因。

实验十一　碳酸钠和碳酸氢钠热稳定性比较的微型实验

一、实验目的

1. 通过实验比较碳酸钠、碳酸氢钠的热稳定性，掌握鉴别它们的方法。
2. 学习如何将两个实验并入一个微型装置中进行实验的方法。

二、实验原理

碳酸钠比碳酸氢钠稳定。碳酸钠的熔点是851℃，其分解温度大约在1800℃。而碳酸氢钠超过150℃即开始分解。温度升高，分解加快。在170~180℃，经30min，碳酸氢钠即全部分解为碳酸钠。

加热碳酸钠时，澄清的石灰水没有起变化。加热碳酸氢钠时，导管口有大量气泡冒出，澄清石灰水变浑浊（生成碳酸钙沉淀），说明碳酸氢钠加热时分解。

三、实验用品

1. 仪器和材料

侧泡具支试管、小试管、直角形通气管、微型酒精灯、微型操作台。

2. 药品

固体碳酸钠、固体碳酸氢钠、澄清石灰水。

四、实验内容及操作

(1) 在侧泡具支试管底部加入 2 小药勺（黄豆颗粒大小）的固体 $NaHCO_3$，再在侧泡处放置 2 小药勺的固体 Na_2CO_3。

(2) 在小试管中装约 0.3mL 澄清石灰水，按图 5-27 安装仪器。

(3) 先用微型酒精灯加热装 Na_2CO_3 的侧泡处，观察澄清石灰水是否有变化。再把酒精灯移到侧泡具支试管底部加热 $NaHCO_3$ 处，再细心观察澄清石灰水的变化情况。

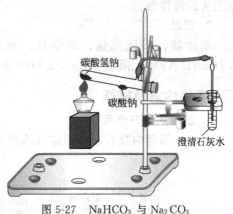

图 5-27　$NaHCO_3$ 与 Na_2CO_3 热稳定性的比较

五、讨论与研究

1. 实验评价：本实验将两个实验并入一个微型装置中进行成为可能，减少了实验仪器和药品，操作前后连贯、实验简便快速，能直接进行对比，既科学合理，又提高了教学效果。

2. 该实验是用一支侧泡具支试管同时装载两种化合物来进行的实验，所以用酒精灯加热的顺序有讲究，要先加热侧泡具支试管中 Na_2CO_3 所在的侧泡处，待观察完澄清石灰水是否变浑浊后，再加热侧泡具支试管中 $NaHCO_3$ 所在的底部。

3. 实验完毕，要先把导管口移出石灰水面，再停止加热，避免石灰水倒流致使试管破裂。

六、思考题

1. 根据实验的结果，你认为 Na_2CO_3、$NaHCO_3$ 固体，哪一个热稳定性好，你是怎样得出这一结论的？

2. 在澄清石灰水中滴入几滴 $NaHCO_3$ 溶液，有何现象？写出反应的离子方程式。在澄清石灰水中滴入几滴 Na_2CO_3 溶液，有何现象？写出反应的离子方程式。能否用澄清石灰水来鉴别 Na_2CO_3 和 $NaHCO_3$ 溶液？

实验十二　氯气的制备及性质微型实验

一、实验目的

1. 掌握氯气的制备和性质的实验技能。
2. 学习全封闭一体化微型装置的设计思想和操作方法。
3. 认识氯水（或潮湿的氯气）有漂白作用。

二、实验原理

参考第三章　实验四"五、参考资料"。

三、实验用品

1. 仪器和材料

U 形管、V 形侧泡反应管、侧泡具支试管、直角形通气管、微型酒精灯、多用滴管、微型实验操作台。

2. 药品

浓盐酸、二氧化锰、细铜丝、金属钠、红磷、紫色石蕊试液、饱和 NaBr 溶液、0.1mol/L AgNO₃ 溶液、2mol/L HCl 溶液、10% NaOH 溶液、大红纸、纸巾。

四、实验内容及操作

1. 氯水的漂白作用

（1）U 形管内装有 5 小药匙（约花生米大小）的 MnO₂，胶头滴管吸入约 0.8mL 浓盐酸。取干燥的 V 形侧泡反应管，在侧泡处分别放一小块干燥红纸和一小块润湿红纸；向侧泡具支试管内加入约 2mL 水。按图 5-28 安装仪器，并在侧泡具支试管的支管口塞上一小团纸巾，再滴加 10% NaOH 溶液润湿纸巾来吸收尾气。

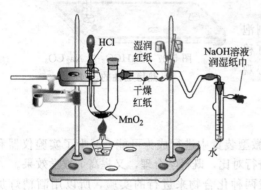

图 5-28 氯气的制备及氯水漂白实验装置

（2）挤压滴管胶头滴下浓盐酸，稍加热使之反应。观察 U 形管和 V 形侧泡反应管中的现象。

2. 氯水的性质

（1）在图 5-28 实验装置中，侧泡具支试管里的水，既可以吸收氯气又可以制备氯水。观察水的颜色变化，待氯水饱和后用作下列氯水的性质实验。

（2）如图 5-29 所示。将 4 支小试管编号为：1#、2#、3#、4#。

在 1# 和 2# 试管中均加入约 0.2mL 紫色石蕊试液。向 1# 试管中逐滴加入氯水，边滴边振荡，观察现象。向 2# 试管中滴入几滴稀盐酸，观察现象。

（3）在 3# 和 4# 试管中均加入约 0.2mL 氯水。向 3# 试管中逐滴加入紫色石蕊试液，边滴边振荡，观察现象。向 4# 试管中滴入几滴 AgNO₃ 溶液，观察现象。

3. 氯气的性质

（1）按图 5-30 安装仪器，U 形管内装有 8 小药匙的 MnO₂，胶头滴管吸入约 1.5mL 浓盐酸，在一支干燥的侧泡具支试管中加入一束细铜丝，干燥的 V 形侧泡反应管的侧泡处分别加入半粒米大小的金属钠和红磷，在 V 形处加入约 2 滴饱和的 NaBr 溶液，小烧杯中加入 10% NaOH 溶液来吸收尾气。

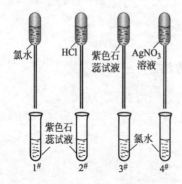

图 5-29 氯水的性质

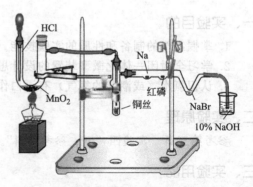

图 5-30 氯气的制备及性质一体化实验装置

(2) 用酒精灯先加热侧泡具支试管底部的铜丝处,然后挤压滴管胶头,逐渐注入浓盐酸,再稍加热微型气体发生器开始制备氯气,观察铜丝在氯气中反应的现象。

(3) 把酒精灯移至 V 形侧泡反应管中的金属钠处加热,观察金属钠与氯气的反应现象。

(4) 把酒精灯移至 V 形侧泡反应管中的红磷处稍加热,观察红磷在氯气中的反应现象。再观察 V 形处的 NaBr 溶液的变色情况。

(5) 反应完成后,先用止气夹夹住微型气体发生器支管口的乳胶管,拆卸装置,再向放铜丝的侧泡具支试管里注入少量水振荡,观察溶液所呈的颜色。

(6) 剩余氯气的处理 向 U 形管中加入约 3mL 10%NaOH 溶液,塞紧胶塞,小心振荡,反复挤压滴管的胶头,将管内和滴管胶头内的氯气用碱液完全吸收,然后再用水清洗。

五、讨论与研究

1. 实验评价:氯气的实验毒性及对环境影响都比较大,本微型实验将氯气的制备及性质实验进行一体化设计,不用专门收集氯气即可完成全部的性质实验。大大减少氯气逸出的机会,减少实验仪器和药品。操作前后连贯,实验简便、快速、安全、现象明显。

2. 整套装置要有良好的气密性,防止氯气逸出污染环境。

3. 制备氯气时,加入盐酸不宜过快,反应剧烈时,要暂时停止加入。加热温度不宜超过 90℃,以免挥发出大量的氯化氢。

4. 由于微型仪器产气量少,为了使红纸褪色实验明显,红色纸条最好取宣传用的大红纸。

5. 如果天气潮湿,红纸应先干燥,否则实验时,干燥的红色纸条也会褪色或颜色变浅。

6. 铜丝最好选择多股细铜丝(去胶皮电线),实验前要用砂纸擦光亮去掉表面的氧化物。

7. 铜在氯气里燃烧,生成氯化铜晶体是棕黄色,当它溶解在水里,会发生颜色的变化。氯化铜在很浓的溶液中呈现黄绿色,在较浓的溶液中呈绿色,在稀的溶液里呈蓝色。黄色是由于 $[CuCl_4]^{2-}$ 络离子的存在,蓝色是由于 $[Cu(H_2O)_4]^{2+}$ 络离子的存在。当这些络离子同时存在时就呈现绿色。

六、思考题

1. 在图 5-28 装置中的 V 形侧泡反应管两侧泡处的干燥红纸与润湿红纸的位置若相互对换,则对实验现象可能有什么影响?

2. 次氯酸的漂白实验,用哪些有色物质和哪些实验方法既省时效果又明显?

3. 用滴管将新制的饱和氯水逐滴滴入含酚酞的 NaOH 稀溶液中,当滴到某一滴时,红色突然褪去,试分析产生这种变化现象的可能原因,并用实验对这些可能原因进行确定或排除。

实验十三 二氧化硫的制备及性质微型实验

一、实验目的

1. 探索用微型装置和全封闭联合装置来进行有毒气体——二氧化硫、硫化氢的制备和性质实验的操作。

2. 认识二氧化硫水溶液的主要化学性质。

二、实验原理

参考第三章 实验五"五、参考资料"。

三、实验用品

1. 仪器和材料

U形管、V形侧泡反应管、侧泡具支试管、尖嘴管、直形通气管、直角形通气管、止气夹、小试管、多用滴管、微型酒精灯、微型实验操作台。

2. 药品

浓硫酸、稀硫酸（1+1）、硫化亚铁、铜片、紫色石蕊试液、品红溶液、0.1mol/L $KMnO_4$ 溶液、10% NaOH 溶液、0.1mol/L $Ba(OH)_2$ 溶液、0.1mol/L $BaCl_2$ 溶液、0.1mol/L $NaHCO_3$ 溶液、2mol/L HCl 溶液、石蕊试纸。

四、实验内容及操作

1. 二氧化硫的制备及性质实验（Ⅰ）

（1）在一支侧泡具支试管中加入约 0.5g 硫化亚铁，用直形通气管连接上滴管胶头使其组成一支滴管，吸入稀硫酸，紧塞在该侧泡具支试管中。在另一支干燥的侧泡具支试管中滴入约 0.5mL 浓硫酸，用胶塞塞住试管口。在 V 形侧泡反应管的侧泡处分别加入 1~2 滴紫色石蕊试液和品红溶液，在 V 形处加入约 2 滴高锰酸钾溶液。如图 5-31 所示连接好仪器装置（注意气密性）。

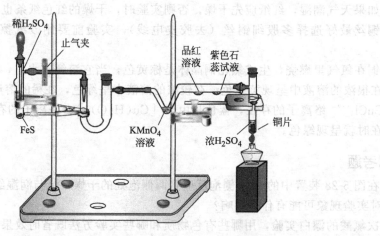

图 5-31 二氧化硫的制备及性质一体化实验装置（Ⅰ）

（2）夹紧止气夹，加热装浓硫酸的侧泡具支试管，沸腾后投入一小块铜片。细心观察 V 形侧泡反应管中各处的实验现象，待紫色石蕊试液变红色，品红溶液也褪色后，用酒精灯加热这两处试剂，再观察现象。

（3）挤压滴管胶头使稀 H_2SO_4 加入侧泡具支试管中，与硫化亚铁接触，即有 H_2S 生成，打开止气夹，使生成的 H_2S 进入 U 形管中与原存有的 SO_2 接触，观察 U 形管中发生的实验现象。

2. 二氧化硫的制备及性质实验（Ⅱ）

（1）实验如图 5-32 所示。在干燥的侧泡具支试管中加入一小块铜片，加入约 0.5mL 浓硫酸，用胶塞塞住试管口。另一支侧泡具支试管中加入约 2mL 水，插上套有胶管的尖嘴管（不要接触到水面）。在 V 形侧泡反应管的侧泡上依次加入 2 滴紫色石蕊试液、品红溶液，在 V 形处加入 2 滴 KMnO₄ 溶液。用纸巾插入 V 形侧泡反应管的出气端口，并用 10% NaOH 溶液润湿。

（2）慢慢加热侧泡具支试管里的浓硫酸与铜片，并注意控制反应温度避免反应过于剧烈，观察侧泡具支试管和 V 形侧泡反应管里的变化现象。

（3）取一支多用滴管，先吸取约 1/3 管的水，将径管朝上用手缓缓捏挤出吸泡中空气（注意不要把水挤出）。然后按图 5-33 所示，从制备 SO₂ 的侧泡具支试管中慢慢吸取 SO₂ 气体。待吸泡充满气体后，拔出来并迅速将滴管的径管折弯（不让气体跑出）。充分摇荡多用滴管，注意观察其吸泡发生的现象。观察完毕，将滴管内的溶液滴 1 滴到石蕊试纸上，观察试纸的颜色变化。

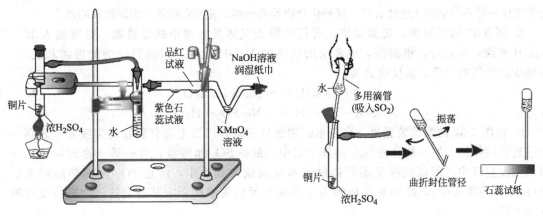

图 5-32　二氧化硫的制备及性质一体化实验装置（Ⅱ）

图 5-33　二氧化硫水溶性试验

（4）对 V 形侧泡反应管中原来盛品红溶液和紫色石蕊试液的两侧泡处分别加热，观察现象的变化。

（5）二氧化硫水溶液的性质实验　在图 5-32 实验装置中，盛水的侧泡具支试管可以吸收 SO₂，可制备二氧化硫水溶液，用于下列性质实验，如图 5-34 所示。

① 在 1# 小试管中加入约 0.3mL SO₂ 水溶液，将润湿的石蕊试纸放在试管口上方片刻，观察现象。然后再滴 2 滴 NaHCO₃ 溶液，观察现象。

② 在 2# 小试管中加入约 0.5mL Ba(OH)₂ 溶液，然后逐滴加入 SO₂ 水溶液，当有大量沉淀生成时，将试管中的浑浊液平分到 2 支小试管中，其中一支继续滴入 SO₂ 水溶液，另一支滴入稀盐酸，观察现象。

③ 在 3# 小试管加入约 0.3mL SO₂ 水溶液和 2 滴 BaCl₂ 溶液，观察现象。然后再加入 5 滴入 3% H₂O₂，振荡放置片刻，再向其中加入 2 滴稀盐酸，观察加入稀盐酸前后时的实验现象。

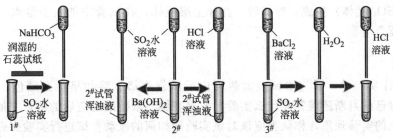

图 5-34　二氧化硫水溶液的性质实验

五、讨论与研究

1. 实验评价：SO_2 及 H_2S 的实验毒性及对环境影响都比较大，本微型实验将 SO_2 的制备及性质实验进行全封闭联合装置的一体化设计。大大减少了 SO_2 逸出的机会，减少了实验仪器和药品。操作前后连贯，实验简便、快速、安全、现象明显。

2. 实验时装置要有良好的气密性，以防止 SO_2 逸出污染空气。

3. 在制取 H_2S 的实验中，不能用强氧化性的酸，如硝酸、浓硫酸来代替盐酸或稀硫酸。因为生成的 H_2S 具有强还原性。且所用的硫化亚铁最好是新烧制的，若用存放较久的硫化亚铁，可先用浓盐酸浸泡一下。

4. SO_2 具有漂白性，能漂白某些有色物质。SO_2 的漂白作用是由于 SO_2 的分子与有机色素分子生成一种不稳定的无色化合物。这种化合物容易分解，使有色物质又恢复原来的颜色。

5. 图 5-31 的实验里，实验完毕，可打开微型气体发生器中的橡胶塞，迅速加入 10% NaOH 溶液，再塞好，稍振荡，使多余的气体被 NaOH 吸收，再进行仪器的拆卸和洗涤，以减少对空气的污染。其反应式为：

$$H_2S+2NaOH == Na_2S+2H_2O$$
$$SO_2+2NaOH == Na_2SO_3+H_2O$$

6. 在图 5-32 的实验装置里，在装水的侧泡具支试管口插上套有胶管的尖嘴管，起到一个三通管的作用，使一部分的 SO_2 溶解于水中，制备 SO_2 水溶液，另一部分的 SO_2 进入 V 形侧泡反应管中。所以尖嘴管不要接触到水面或插入到水中，防止 SO_2 全部都溶解水里（SO_2 极易溶于水中），使 SO_2 不能到达 V 形侧泡反应管中而影响其与别的试剂进行反应的性质实验。

7. 按图 5-31 或图 5-32 的方法进行实验，在铜与浓硫酸的反应后，可观察到未反应完的铜表面有黑色的不溶物，而试管底部出现少量的灰黑色的沉淀物，如果将试管内的溶液倒入另一支盛有水的试管中则很难观察到溶液变蓝。出现这种异常现象的原因是，附在铜表面的黑色物质是 CuS、Cu_2S 等硫化物，而灰黑色的沉淀是 CuS、Cu_2S 等与 $CuSO_4$ 的混合物。整个反应是在非水溶液中进行的，反应过程中生成的少量的水以水蒸气释放出，生成的 $CuSO_4$ 几乎没有被水溶解而以白色沉淀出现在试管中。反应后试管中的溶液几乎都是浓 H_2SO_4，被倒出稀释的是 H_2SO_4 而不是 $CuSO_4$ 溶液，故很难观察到溶液变蓝色。

为了能明显地观察到铜与浓硫酸反应，在加水后的溶液变蓝色的实验现象，而且在实验中不使之产生黑色物质，可以将此实验做如下的改动：

① 将一根铜制的导线剥去塑料包皮后露出铜芯，取一支滴管（不要胶头），将导线伸进滴管，使铜芯在尖嘴的一端露出；

② 在一支试管中加入少量浓 H_2SO_4，用酒精灯加热至接近沸腾；

③ 将伸进滴管里的导线（铜芯露出的一端）伸进预先加热的浓硫酸中，同时把湿润的石蕊试纸靠近试管口，待试纸变红时取出铜导线。静置片刻，在试管底部可以观察到有白色沉淀（即 $CuSO_4$ 晶体）生成。冷却后，弃掉上层液体，往试管中加入少量水，白色沉淀溶解即可得到蓝色溶液。

六、思考题

1. 图 5-31 实验中，铜与浓硫酸加热反应后试管底部沉淀物呈什么颜色，那是什么物质？要证实自己的判断还需补充什么实验？要想在铜与浓硫酸反应后的试管中加入水可观察到溶液变蓝色的实验现象，你认为应该对该实验做如何的改动？试进行实验探究。

2. 简述用品红试纸检验 SO_2 的实验操作方法。

3. 在充分溶解了 SO_2 的蒸馏水中依次加入足量的 $BaCl_2$ 溶液、氯水、稀硝酸，并在每一种试剂加入后都充分振荡，能观察到哪些现象？试进行实验探究。

实验十四　浓硝酸、稀硝酸跟铜反应微型实验

一、实验目的
1. 了解铜与浓硝酸、稀硝酸的反应现象。
2. 观察二氧化氮与一氧化氮气体理化性质差异及其转化关系。
3. 通过对铜与硝酸反应环保实验装置的探讨，培养创新实验装置能力和环保意识。

二、实验原理
浓硝酸和稀硝酸都有氧化性，几乎能跟所有的金属（除金、铂等少数金属外）或非金属发生氧化-还原反应，如跟铜反应：

$$Cu + 4HNO_3(浓) = Cu(NO_3)_2 + 2NO_2\uparrow + 2H_2O$$

$$3Cu + 8HNO_3(稀) = 3Cu(NO_3)_2 + 2NO\uparrow + 4H_2O$$

二氧化氮溶于水，生成稀硝酸和一氧化氮：

$$3NO_2 + H_2O = 2HNO_3 + NO\uparrow$$

一氧化氮不溶于水，在常温下易跟氧气化合生成红棕色并有刺激性气味的二氧化氮：

$$2NO + O_2 = 2NO_2$$

三、实验用品
1. 仪器和材料

U 形管、侧泡具支试管、尖嘴管、多用滴管、微型酒精灯、微型实验操作台。

2. 药品

铜片、浓硝酸、NaOH 溶液。

四、实验内容及操作

（1）在 U 形管和侧泡具支试管里各放入一小块铜片。向 U 形管加水至浸过弯管部分以形成液封，用套有乳胶管的尖嘴管塞住细口端的管口（保持尖嘴管的小孔能与大气相通），按图 5-35 安装仪器。

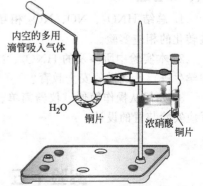

图 5-35　铜与硝酸反应实验装置

（2）向侧泡具支试管加入约 1mL 浓硝酸，塞住胶塞，细心观察各处反应现象：

① 用手抚摸侧泡具支试管外壁，感受温度的变化，观察具支试管内的反应现象；

② 观察 U 形管的粗管端气体的颜色；

③ 随着反应的进行，观察 U 形管内铜片与水的变化现象，以及 U 形管的细管端气体的颜色变化。

（3）当观察到 U 形管内的铜片与水发生反应，估计产生的气体在 U 形管的细管端的浓度比较高时，用多用滴管对着尖嘴管上方的胶管口吸入 U 形管细管端内的气体，观察多用滴管内吸入的气

体颜色变化情况，说明了什么？

（4）实验废气的处理：实验完毕，用多用滴管吸取 NaOH 溶液分别注入 U 形管和侧泡具支试管，中和剩余的硝酸，吸收装置里残留的气体（NO_2、NO），观察现象。

五、讨论与研究

1. 实验评价：该实验设计能体现"绿色化学"的理念，构思巧妙，充分利用资源、循环使用、降低污染。能把前一个反应的产物作为下一个反应主体试剂的反应物，进一步降低实验成本。并在短时间内完成各项反应，装置简单、直观性强、现象清晰，能清楚地观察到 NO 气体的本色，以及 NO 气体遇空气后变成棕红色 NO_2 气体的过程，能获得显著的实验效果。

2. 实验时装置要有良好的气密性，防止氮的氧化物外逸，造成空气污染。

3. 在 U 形管细口端的管口用尖嘴管塞住并保持尖嘴管的小孔能与大气相通，其作用有两个：①不让产生的 NO 太多地跑掉，使 NO 积累聚集在 U 形管细口端有较高的浓度，以利于下一步的反应；②通过尖嘴管的小孔能与大气相通，起到一个平衡的作用，可避免由于浓 HNO_3 与铜的反应生成大量的 NO_2 会把 U 形管里的水赶往细口端处。

4. 实验中使用的浓 HNO_3 其浓度要大，以无色的为佳。浓硝酸的量不要太多，否则与铜剧烈反应，有可能使部分反应液冲到 U 形管里。如果硝酸为浅黄色，说明部分已经分解，浓度比较低，则要加热才能与铜反应，放出较大量的 NO_2。

5. 实验中所用的铜片应该是纯铜，且在使用前要将其表面的氧化物除去。最好不用各种杂质（合金）铜。因为有些合金元素可能导致稀 HNO_3 的还原产物中混有 NO_2，而造成现象不明显。为了加快反应的速度，最好用纯的铜丝，加大接触面。

6. 在实验中通常看到铜与浓 HNO_3 反应溶液颜色为绿色而不是蓝色，其原因是，铜离子（Cu^{2+}）在水溶液中实际上是以水合离子 $[Cu(H_2O)_4]^{2+}$ 的形式存在的，水合铜离子呈蓝色，所以我们常见的铜盐溶液大多呈蓝色。而在浓 HNO_3 的溶液中，不仅有水合铜离子 $[Cu(H_2O)_4]^{2+}$，还有产生的大量 NO_2 气体，NO_2 溶解在溶液中呈棕黄色。根据光学原理，蓝色和黄色的混合色为绿色。所以 NO_2 的黄色跟水合铜离子的蓝色混合就出现了我们看到的浓 HNO_3 与铜反应所得溶液呈绿色。

7. 在传统的浓硝酸与铜的实验中，由于产生较多的剧毒气体 NO_2 不易消除而严重地污染环境，本实验可以从根本上解决了对环境的污染问题。反应中产生的 NO_2 被限制在 U 形管内，与水发生反应生成 NO，NO 通过不断充入空气来消除，直至最后全部耗尽，转化成稀硝酸。

六、思考题

1. 总结 HNO_3、NO、NO_2 相互转化的关系并画出关系图，从上述的实验中找出实现这些转化的相应实验。

2. 本实验中所涉及的 HNO_3、NO、NO_2 都是有毒的，在教学中，你准备结合此实验向中学生进行什么样的安全教育？

3. 如何从操作简便、仪器简单、符合环境保护的角度出发，改进和创新 Cu 与稀 HNO_3 反应实验装置的设计？

实验十五 电解食盐水的微型实验

一、实验目的

1. 了解氯化钠溶液电解时，各电极上发生的反应及不同的产物。

2. 掌握电解的方法与原理，认识电能转化为化学能。

3. 通过对在试纸上进行的电解食盐水环保实验方法的设计，培养创新实验能力和环保意识。

二、实验原理

参考第三章实验十五"二、实验原理"。

三、实验用品

1. 仪器和材料

U 形管、微型酒精灯、9V 电池、铅笔芯、回形针、大头针、微型实验操作台。

2. 药品

饱和食盐水、淀粉-KI 试纸、肥皂液、酚酞。

四、实验内容及操作

1. 在 U 形管里进行的食盐水电解

按图 5-36 所示安装仪器。

（1）U 形管内加入饱和食盐水至支管口处，U 形管的细管口插上铅笔芯作电极，U 形管的粗管口插上回形针（拉直）作电极，并塞上胶塞（不让漏气），两电极经导线分别与电源的两极（铅笔芯与电源的正极相接，回形针与电源的负极相接）相连接。

（2）接通电源，观察两电极上发生的现象。

（3）肥皂液抹在粗管的支管口（阴极）处，待肥皂泡增大后，将点燃火柴的火焰移近肥皂泡，观察是否有轻微的爆鸣声发生。

（4）将湿润淀粉-KI 试纸放在细管口上（阳极），观察试纸的颜色变化，并用手轻轻在细管口上扇动，闻一下气味。

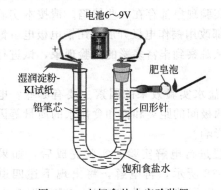

图 5-36 电解食盐水实验装置

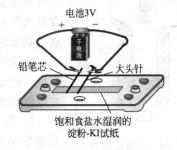

图 5-37 在试纸上电解食盐水

（5）断开电源，分别向两管口滴入 1~2 滴酚酞溶液，观察现象。

2. 在试纸上进行的食盐水电解

（1）在一张淀粉-KI 试纸上滴加 2~3 滴饱和食盐水，再加 1 滴酚酞试液。

（2）在湿润处分别压上大头针和铅笔芯两个电极，电极间距约 1~2cm，如图 5-37 所示连接直流电（铅笔芯与电源的正极相接，大头针与电源的负极相接）。

（3）电解约 5~10s 后，观察淀粉-KI 试纸上两电极处试纸的颜色变化。

五、讨论与研究

1. 实验评价：电解饱和食盐水提供了两种实验方法的设计，现象明显，阴阳极区生成氢气和氯气不用收集，且验证简单，实验快捷，趣味性高，可以培养学生的创新实验能力和环保意识。

2. 反应在 U 形管里进行，使得离子在两极之间迁移距离较长，造成整个电路的电阻较大，电源功率损耗较大，而且用较细的回形针作为电极，表面积又比较小，实验所产生的氢气量比较少。所以装置中 U 形管的粗管口端一定要密封好，稍有漏气，则很长时间都不能把肥皂泡吹鼓起来。故回形针拉直后（如果生锈，可用砂纸打磨至出现金属光泽），最好是直接穿过胶塞，以保证气密性。

3. 饱和食盐水要精制，除去钙、镁离子，以免电解时在阴极附近会产生 $Mg(OH)_2$ 沉淀而出现乳白色浑浊现象，并可能产生大量泡沫，导致气体不畅通。

饱和食盐水精制方法：在热的饱和食盐水中，分别加入 NaOH 和 Na_2CO_3 溶液（每 100g 食盐水大约加 2g Na_2CO_3），到溶液明显呈碱性为止。加热，沉降后用棉花滤去 $CaCO_3$、$Mg(OH)_2$、$MgCO_3$ 等沉淀物，再往滤液中滴加稀 HCl 至酚酞指示剂刚刚褪色。

4. 电解饱和食盐水的速度取决于施加的电压、阴阳两极间的距离和两电极插入溶液的深度，电压越高，电极间的距离越近，两电极插入 U 形管底部，使两电极靠近，电解速度就越快。一般要求电压不低于 6V。

5. 将湿润淀粉-KI 试纸放在阳极上检验 Cl_2，在观察试纸的颜色变化时，常常会看到淀粉-KI 试纸在变蓝后，如果继续放在阳极处，又慢慢变为白色的异常现象。其原因是由于所通 Cl_2 时间过长的缘故，过量的 Cl_2 会和 I_2 继续反应生成无色的 HIO_3 和 HCl（$5Cl_2+I_2+6H_2O \Longrightarrow 2HIO_3+10HCl$，该反应是 Cl_2 强氧化性的具体体现）。

六、思考题

1. 在苏教版《实验化学》（2006 年第 1 版 70 页）拓展课题 5-3 "用铜电极电解饱和食盐水"中，其实验设计及实验现象都存在一些缺陷。请按本实验图 5-36 的装置，阴阳两极都改用铜作电极开展"用铜电极电解饱和食盐水"的实验探究。从观察到丰富多彩的实验现象，试进行合理的现象解释。

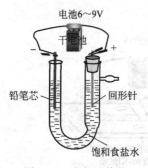

图 5-38　电极反接的电解食盐水实验

2. 影响电解饱和食盐水实验效果的因素主要有哪些？电流强度、电极材料、阴阳两极间的距离和饱和食盐水的质量等因素对电解实验效果各有何影响？

3. 先按图 5-36 装置进行电解实验。实验完成后，如果将直流电源反接，如图 5-38 所示，再电解，将出现下述四道化学景观。我们在观赏这些化学实验的美景时，试想想两极的电解产物与反接电源前是不是还一样？试解释观察到的实验现象。

第一道景观：回形针变成了点"雪"魔棒。连接电源正极的回形针身上布满白色絮状物，在回形针下端白色絮状沉淀缓缓下落，犹如漫天飘雪。

第二道景观：当絮状物沉到管底部时，白色逐渐变为翠绿色，随着时间的推移铁极区的絮状物呈现更为优雅的色调，上部雪白色，中部白色和翠绿色交融，底部呈翠绿色。

第三道景观：关闭电源后，铁极区沉淀继续下移，最终沉至 U 形管底部，此时的 U 形管的 U 形部分犹如翡翠玉镯。

第四道景观：将上述如翡翠玉镯般的 U 形管放置至第二天观看，呈灰绿和翠绿交融状。

实验十六　喷泉微型实验

一、实验目的

1. 认识氨极易溶于水的性质。
2. 掌握形成喷泉的实验原理和方法。
3. 探讨使用微型实验仪器进行各种形式喷泉实验的最佳方法。

二、实验原理

参考第三章实验十四"二、实验原理"。

三、实验用品

1. 仪器和材料

U 形管、小水槽（仪器盒托盘）、侧泡具支试管、尖嘴管、止气夹、小试管、多用滴管、乳胶管、微型实验操作台。

2. 药品

NH_4Cl 固体、NaOH 固体、浓氨水、红色石蕊试纸、酚酞试液。

四、实验内容及操作

1. 仪器的安装

取干燥的 U 形管作收集氨气的容器，将带尖嘴管的导管套上乳胶管（用止气夹夹住）伸进 U 形管的细管口并密封。再取一支预先吸入约 1/5 体积水的多用滴管用乳胶管套在 U 形管的支管上并密封（不能漏气），装置如图 5-39 所示。

2. 氨气的制备

取 NH_4Cl 和 NaOH 各约 0.5g，混合后放入小试管中，然后注入约 0.3mL 浓氨水。将小试管迅速插入到 U 形管的粗管口端，即可看见小试管内物质发生剧烈反应，并有氨气放出。用湿润的红色石蕊试纸在 U 形管的粗管口端处检验氨气是否充满。当氨气充满 U 形管后，拉出小试管，并迅速用胶塞堵住管口。

3. 氨溶于水形成喷泉

在小水槽的水中滴入 2 滴酚酞试液，把胶管的下端浸在水中，如图 5-40 所示。挤压多用滴管使水挤进 U 形管里，并迅速打开套在胶管上的止气夹，观察现象。

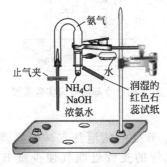

图 5-39　氨气的制备

图 5-40　氨气的喷泉实验

五、讨论与研究

1. 实验评价：微型实验装置也能完成效果非常好的喷泉实验。装置简单，不需要外部加热；操作简便，从开始制取氨气到氨溶于水形成喷泉，整个实验过程 3min 即可完成，并且现象明显、成功率高，利于该实验的普及。

2. 各连接处宁紧勿松，装置的气密性完好是实验成功的最基本要求。

3. 集气仪器必须是干燥的。气体一定要保证收集满，这是确保实验效果的关键因素。

4. 尖嘴管的小孔越细越好，这是形成喷泉是否持久的关键。

5. 如果收集氨气的时间过长，由于温度下降，氨气放出的速度减慢，这时用酒精灯稍微加热即可继续收集。

6. 根据喷泉实验的原理，巧换实验装置、捕捉奇异现象、点燃创造性思维的火花，可以设计各种装置和方法的喷泉实验。

(1) **吸收法喷泉** 实验如图 5-40 所示。U 形管充满氨气。在小水槽中的水中盛装 3% $CuSO_4$ 溶液，挤压多用滴管使水挤进 U 形管里，马上打开胶管上的止气夹，由于氨的溶解，产生负压，外面的液体被吸入而形成美丽的蓝色喷泉。

$$2CuSO_4 + 2NH_3 \cdot H_2O == (NH_4)_2SO_4 + Cu_2(OH)_2SO_4 \downarrow \text{（浅蓝色絮状沉淀）}$$

$$Cu_2(OH)_2SO_4 + 8NH_3 == 2[Cu(NH_3)_4]^{2+} + SO_4^{2-} + 2OH^- \text{（深蓝色溶液）}$$

按图 5-40 装置还可以设计为各种气体的喷泉。若 U 形管中充满的是 CO_2 气体，水槽和多用滴管中是 NaOH 溶液，由于 CO_2 气体可被 NaOH 溶液充分吸收，挤压多用滴管后，产生喷泉。也可用 SO_2、H_2S、Cl_2 等气体代替 CO_2。

(2) **扩容法喷泉** 在 U 形管的支管处连接滴管胶头（或小气球），挤压后用止气夹夹住（即无气体），实验如图 5-41 所示。A 处的 U 形管充满氯化氢气体（或氨气），B 处水槽的水中滴有 3 滴石蕊试液（或滴入 2 滴酚酞试液）。启动喷泉时，先打开止气夹 d，让气体扩散到滴管胶头（或小气球）里，再打开止气夹 c，由于减少气体压强，而形成喷泉。

(3) **冷却法喷泉** 实验如图 5-42 所示。A 处的 U 形管充满氨气（或氯化氢气体）。B 处小水槽中的水中滴入 2 滴酚酞试液（或 3 滴石蕊试液）。打开胶管上的止气夹，用吸收乙醚的棉花球不断地涂擦 U 形管外壁。约 1min 乙醚因挥发吸热降温，U 形管内形成负压，外面的水被吸入而形成喷泉。

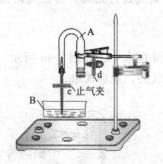

图 5-41 扩容法喷泉实验装置

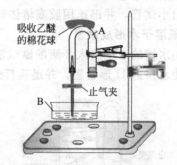

图 5-42 冷却法喷泉实验装置

(4) **压迫法喷泉**

① 实验如图 5-43 所示。A 处的 U 形管内是氨气。B 处的侧泡具支试管盛满水及滴入 1 滴酚酞试液。用一个洗耳球在 B 处的侧泡具支试管的支管处吹气使少量 B 管的水压到 U 形管内，随即拿开洗耳球。由于氨的溶解产生负压，B 管的水被吸入而形成

喷泉。

② 实验如图 5-44 所示。A 处的 U 形管内是氨气。B 处的侧泡具支试管盛满水及滴入 1 滴酚酞试液，C 处侧泡具试管加入一小药匙 MnO_2，D 处胶头滴管内盛有 H_2O_2。挤下 H_2O_2，迅速打开止气夹。由于产生的 O_2 能够把 B 管的水压到 U 形管内，由于氨的溶解产生负压，外面的水被吸入而形成美丽的喷泉。

③ 实验如图 5-45 所示。A 处的 U 形管内是空气。B 处的侧泡具支试管盛满水，C 处侧泡具试管加入 4 小药勺 NH_4HCO_3，D 处胶头滴管内盛有稀盐酸，挤下稀盐酸，迅速打开止气夹。由于产生大量的 CO_2 能够把 B 管的水压到 U 形管内，而形成喷泉。

图 5-43 压迫法喷泉实验装置（Ⅰ）

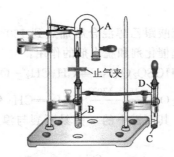
图 5-44 压迫法喷泉实验装置（Ⅱ）

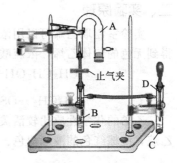
图 5-45 压迫法喷泉实验装置（Ⅲ）

(5) 双色喷泉　取两个 U 形管，支管连接，在 U 形管中分别集满 NH_3 和 HCl，如图 5-46 连接装置。水槽中装入水，滴加几滴紫色石蕊试液。打开止气夹 a，可以看到有白烟生成（发生反应：$HCl + NH_3 \rlap{=}{=} NH_4Cl$）。U 形管内压强降低。关闭止气夹 a，打开止气夹 b、c，可以在两 U 形管内同时看到美丽的蓝色和红色喷泉。

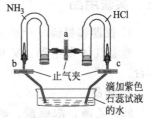
图 5-46 双色喷泉

(6) 五彩喷泉　课本上的喷泉都是红色的，如果根据喷泉原理进行综合创新也能够设计得到其他颜色喷泉的趣味实验：用 H_2S 与碱液（加酚酞），H_2S 与 $CuSO_4$ 溶液，CO_2 与澄清石灰水溶液，NH_3 与 $CuSO_4$ 溶液，NH_3 与 $FeCl_3$ 溶液，Cl_2 与淀粉-KI 溶液，C_2H_4 与溴水、C_2H_4 与酸性 $KMnO_4$ 溶液，SO_2 与品红溶液等，可分别设计成红色、黑色、白色、浅蓝色、红褐色、蓝色、橙色变无色、紫红色变无色、粉红色变无色等不同颜色的五彩喷泉。

六、思考题

1. 在图 5-40 装置进行的实验中，U 形管支管口上的装水多用滴管作用是什么？若多用滴管内不装水，试想还有哪些方法使该实验顺利进行。

2. 从图 5-40、图 5-43 和图 5-45 等实验中获得启发，也可以参考这些装置的原理或根据实验中产生的想法，设计装置进行下列喷泉实验，探讨各种引发喷泉的方法。

① 参考图 5-40 装置，U 形管内充满 SO_2，水槽中盛水；

② 参考图 5-40 装置，U 形管内充满 CO_2，水槽中盛 NaOH 溶液；

③ 参考图 5-43 装置，U 形管内充满 NH_3，将 U 形管支管口与充满 HCl 的具支试管相连接，水槽中盛水；

④ 参考图 5-45 装置，U 形管内充满空气，B 中盛水，C 中有金属钠，D 吸有水。

实验十七　乙烯的制备及性质微型实验

一、实验目的

1. 掌握乙烯的制取及化学性质一体化微型实验的方法。
2. 认识乙烯的性质。

二、实验原理

实验室制取乙烯可以用浓硫酸跟乙醇混合后加热到 160~170℃，使乙醇分子内脱水而得到无色的气体乙烯，浓硫酸起催化剂和脱水剂的作用：

$$CH_3CH_2OH + HOSO_2OH \rightleftharpoons CH_3CH_2-OSO_2OH + H_2O$$

$$CH_3CH_2-OSO_2OH \xrightarrow{160\sim170℃} CH_2=CH_2\uparrow + H_2SO_4$$

乙烯的化学性质比较活泼，其双键中的 π 键易断裂与溴水发生加成反应生成 1,2-二溴乙烷，使棕红色的溴水褪色：

$$CH_2=CH_2 + Br_2 \xrightarrow{CCl_4} Br-CH_2CH_2-Br$$

乙烯也可被高锰酸钾溶液氧化，使紫色的高锰酸钾溶液褪色。这个反应可用于双键的定性检验。

三、实验用品

1. 仪器和材料

微型气体发生器、V 形侧泡反应管、尖嘴管、微型酒精灯、多用滴管、微型实验操作台。

2. 药品

95% 乙醇、浓硫酸、磷酸、1% 溴的四氯化碳溶液、0.1% 酸性高锰酸钾溶液、10% NaOH 溶液、棉花。

四、实验内容及操作

(1) 在微型气体发生器中加入乙醇约 0.8mL，然后边摇动边慢慢滴加约 0.3mL 磷酸和 1.3mL 浓硫酸，再加入一小粒沸石（碎瓷片），把内套管倒置在微型气体发生器内，并在其上方放一小团棉花。在 V 形侧泡反应管的侧泡处分别加入 1~2 滴 1% 溴的四氯化碳溶液、0.1% 酸性 $KMnO_4$ 溶液，在 V 形处盛装 10% NaOH 溶液，如图 5-47 所示连接仪器装置。

(2) 用微型酒精灯加热，使气体发生器内的反应物发生反应，生成乙烯，观察 V 形侧泡反应管各处试剂的颜色变化

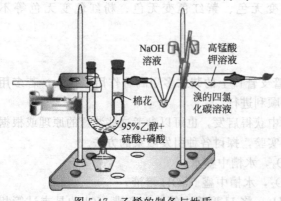

图 5-47　乙烯的制备与性质一体化实验装置

现象。

(3) 在尖嘴管的管口处点燃气体，观察火焰颜色及燃烧情况。

五、讨论与研究

1. 实验评价：用该微型仪器装置可以实现乙烯的制备与性质一体化的实验。装置简单、操作简便、现象明显、成功率高。

2. 安装仪器时，要注意整套装置的气密性。

3. 制备乙烯要注意控制温度，因为乙醇的脱水产物有两种，140℃出来的是乙醚，而160℃出来的才是乙烯。迅速加热到160℃以上是为了减少乙醚的生成。由于微型仪器的体积和管径都比较小，进行加热操作时，要特别注意，防止冲料。如果有液体往上冲的迹象，就要稍稍移开一下酒精灯，稍后再继续加热。

4. 微型气体发生器内套管上放上一小团棉花是为了防止在加热过程中液体冲到V形侧泡反应管中而影响乙烯的性质实验。

5. 乙烯制备中，由于浓硫酸具有氧化性，乙醇在高温下易变黑最终形成大量炭渣耗费了不少乙醇，使出气量小且清洗仪器困难。适量加入磷酸可大大减小反应液变黑炭化，且生成的乙烯气体量多，因此反应物总体积只有 2.4mL，所生成的气体足以完成乙烯的性质实验。磷酸是中强酸，也可作醇类脱水生成烯烃的催化剂。经试验各反应液最佳体积比为硫酸：磷酸为 4∶1，乙醇∶混合酸为 1∶2。

6. 混合浓硫酸和乙醇时应将浓硫酸慢慢滴入到乙醇中，且是边滴边摇动，不能把乙醇滴到浓硫酸中。

7. 微型气体发生器中加入沸石（碎瓷片）是为防止加热时液体爆沸。

8. 浓 H_2SO_4 不但是脱水剂，也是强氧化剂，易将乙醇氧化成 CO 和 CO_2，同时硫酸本身被还原成 SO_2，这些气体会随着乙烯一起出来。而 CO_2、SO_2 会使溴水、高锰酸钾溶液褪色，可通过装 10%NaOH 溶液洗涤除去制得到较纯的乙烯。在乙烯中虽杂有 CO，但它与溴和高锰酸钾溶液均不起作用，故不除去也不妨碍。

在V形侧泡反应管的V形处盛装的 NaOH 不要过多，加入液体的量不要充满V形处，要保留一些空隙让气体通过，否则产生的气体容易把V形处的液体冲出来。

六、思考题

1. 微型气体发生器中溶液颜色为什么会加深，甚至变黑？怎样验证乙烯燃烧的产物？

2. 如果在V形侧泡反应管的V形处装载过多的 NaOH，使液体的量充满了V形处，实验时将会造成什么影响？

3. 试利用该套微型仪器设计一个能除去乙烯气体中混有的杂质气体 CO_2、SO_2 效果比较好的乙烯制备及性质一体化的实验装置。

实验十八　乙炔的制备及性质微型实验

一、实验目的

1. 学会用微型化学实验仪器制取乙炔的方法。
2. 认识乙炔的性质。

二、实验原理

乙炔的实验室制备方法是利用电石（碳化钙）跟水反应：

$$CaC_2 + H_2O \longrightarrow HC\equiv CH\uparrow + Ca(OH)_2$$

乙炔分子中有碳碳叁键，与烯烃一样可以发生加成反应。如与溴水反应，可使棕红色的溴水褪色：

$$CH\equiv CH + Br_2 \longrightarrow Br-CH=CH-Br \xrightarrow{Br_2} Br_2CH-CHBr_2$$

乙炔易被高锰酸钾氧化，使酸性的高锰酸钾溶液褪色，使中性紫红色的高锰酸钾溶液变为褐色沉淀。

三、实验用品

1. 仪器和材料

微型气体发生器、V形侧泡反应管、尖嘴管、直形通气管、滴管胶头、多用滴管、微型实验操作台。

2. 药品

电石（碳化钙）、0.1%酸性高锰酸钾溶液、15%NaOH溶液、1%溴的四氯化碳溶液、棉花。

四、实验内容及操作

1. 乙炔的制备及性质（Ⅰ）

（1）在微型气体发生器中加入适量（花生粒大小）的电石，把内套管倒放在微型气体发生器粗管一端，并在其上方放一小团棉花。在直形通气管中连接上滴管胶头使其组成一支滴管，吸入15%NaOH溶液，紧塞在该微型气体发生器的细管端。

（2）在V形侧泡反应管的侧泡处加入1~2滴0.1%酸性高锰酸钾溶液，在V形处加入2~3滴1%溴的四氯化碳溶液，按图5-48连接好装置。

（3）挤压胶头使NaOH溶液与电石接触发生反应生成乙炔，观察V形侧泡反应管中各反应试剂的实验现象。

（4）在尖嘴管口点燃乙炔，观察乙炔燃烧的实验现象。

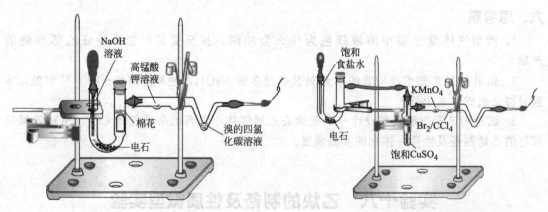

图5-48 乙炔的制备与性质一体化实验装置（Ⅰ）　　图5-49 乙炔的制备与性质一体化实验装置（Ⅱ）

2. 乙炔的制备及性质（Ⅱ）

（1）取体积约为花生粒大小的电石加入到在微型气体发生器中，在胶头滴管中吸入饱和食盐水，在侧泡具支试管中加入饱和硫酸铜溶液约 2mL，在 V 形侧泡反应管的侧泡处分别加入 1～2 滴 0.1％酸性高锰酸钾溶液、1％溴的四氯化碳溶液，按图 5-49 安装仪器。

（2）挤压胶头滴下饱和食盐水，观察在微型气体发生器、侧泡具支试管和 V 形侧泡反应管中所发生的一系列现象。

（3）在尖嘴管口点燃乙炔，观察乙炔燃烧的实验现象。

五、讨论与研究

1. 实验评价：用该微型仪器装置可以实现乙炔的制备与性质一体化的实验。装置简单、操作简便、反应速度容易控制、现象明显、成功率高。

2. 电石要取用块状的，粉末状的电石已经风化了，不能使用。实验中，电石一次不要加入太多，否则整个实验完成了，还剩余较多的电石继续与水反应，而不能停止。所以加入的电石宜少不宜多，如果电石不够可以随时补加。

3. 纯乙炔为无色无味的气体，工业电石中常含有硫化钙、磷化钙、砷化钙等杂质，它们与水作用，产生硫化氢、磷化氢、砷化氢等气体夹杂在乙炔中，使乙炔具有强烈的恶臭。可将乙炔气体通过装有饱和 $CuSO_4$ 或重铬酸-硫酸溶液或 NaOH 溶液的洗气瓶，除去这些气体杂质。

4. 在乙炔的制备及性质（Ⅰ）中，采用 15％NaOH 溶液直接与电石反应制乙炔，可省去洗涤装置。简化了实验的装置，使生成的硫化氢、磷化氢等杂质可以在微型气体发生器内与 NaOH 反应而被除去。

5. 微型气体发生器内套管上放上一小团棉花是为了防止制备乙炔中，伴随有大量泡沫冲到 V 形侧泡反应管中而影响乙炔的性质实验。

6. V 形侧泡反应管的 V 形处盛装的 Br_2/CCl_4 溶液不宜过多，液体不要充满 V 形处，要保留一些空隙让气体通过，否则气体容易把该处的液体冲出来。

7. 实验证明，用饱和食盐水代替水跟电石反应，可以避免反应过于剧烈，从而得到平稳而均匀的乙炔气流。

8. 由于该微型实验仪器反应管内的空间小，一旦有气体产生，管内空气很快即被排掉，避免了可燃气体与空气混合燃烧发生爆炸的危险。

六、思考题

1. 本实验使用 15％NaOH 溶液与电石反应制取乙炔，而不是直接用水或饱和食盐水与电石反应，该设计方法有什么优点？

2. 试利用该套微型仪器设计一个效果比较好的，能除去硫化氢、磷化氢、砷化氢等杂质的乙炔制备及性质一体化的实验装置。

实验十九　乙酸乙酯的制备和水解微型实验

一、实验目的

1. 学会用微型化学实验仪器制取乙酸乙酯。
2. 认识酯类的重要性质——水解。

二、实验原理

参考第三章　实验十六"二、实验原理"。

三、实验用品

1. 仪器和材料

侧泡具支试管、反边小试管、直角形通气管、微型酒精灯。

2. 药品

95％乙醇、冰醋酸、浓硫酸、饱和碳酸钠溶液、酚酞溶液、小瓷片（沸石）。

四、实验内容及操作

1. 乙酸乙酯的制备

（1）在侧泡具支试管中盛约 1.2mL 95％乙醇，然后边摇边慢慢加入约 0.4mL 浓硫酸和 0.8mL 冰醋酸，并放进一小块碎瓷片，按图 5-50 连接好装置。

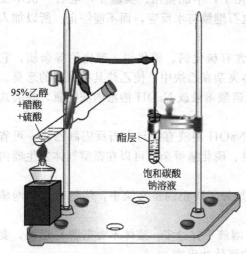

图 5-50　乙酸乙酯的制备及其水解实验装置

（2）用酒精灯小火均匀地加热侧泡具支试管，让产生的蒸气缓缓经导管通到盛约 0.5mL 饱和碳酸钠溶液和滴加 1 滴酚酞溶液的小试管中。当小试管中看到明显的分层并收集到约 0.5mL 的乙酸乙酯后，停止加热，观察现象并闻其气味。

2. 乙酸乙酯的水解

取下小试管，轻轻振荡，静置，观察现象。如果还有分层现象，可以用酒精灯小心加热，再进行观察分层和香味的现象及粉红色是否褪去。

五、讨论与研究

1. 实验评价：乙酸乙酯的制备微型实验装置简单实用，减少了仪器和药品，实验操作简便、快速、安全、现象明显、成功率高。

2. 在小试管加入饱和碳酸钠约 0.5mL 和 1 滴酚酞。其作用为：①冷凝乙酸乙酯蒸气，减小乙酸乙酯在水中的溶解度（利于分层），酚酞与碱生成红色更易看到生成的乙酸乙酯浮在上层；②由于制备的乙酸乙酯中有乙酸挥发出来，对乙酸乙酯的气味有影响，故在反应完成后，可以振荡一下小试管，使 Na_2CO_3 跟挥发出的乙酸反应，生成没有气味的乙酸钠，更好地感受乙酸乙酯的香味，同时也可以溶解混合在乙酸乙酯中的乙醇；③在做乙酸乙酯的水解实验时，就不用再加碱了，使实验的连贯性更强。

3. 实验中不能用 NaOH 代替饱和碳酸钠，NaOH 虽然也能吸收乙酸和乙醇，但由于 NaOH 碱性强，会催化乙酸乙酯彻底水解，而导致实验的失败。

4. 制备乙酸乙酯时反应温度不宜过高，要保持在 60～70℃左右，温度过高时会产生乙醚和亚硫酸或乙烯等杂质。液体加热至沸腾后，应改用小火加热。事先可在试管中加入 1 小块碎瓷片，以防止液体暴沸。

5. 由于侧泡具支试管的管径比较小，进行加热操作时，要特别注意，不要加热太剧烈，以防止液体冲出支管处。如果有液体往上冲的迹象，就要稍稍移开一下酒精灯，稍后再继续加热。

6. 直角形通气管不要伸入到小试管的液面下，应置于饱和 Na_2CO_3 溶液的上方处，防止受热不均匀，造成 Na_2CO_3 液体倒吸现象的发生。

六、思考题

1. 在进行乙酸乙酯的水解实验中，可以通过哪些方法判断不同条件下乙酸乙酯水解速率差别？在碱性条件下乙酸乙酯的水解是否可以利用酚酞的变色来判断？

2. 由于微型仪器的体积和管径都比较小，在进行加热操作时，要特别注意，防止冲料。你认为用什么方法可以比较好地解决对微型仪器进行控制加热的问题？

第六章 传感技术在化学实验中的应用

传感技术，又称手持技术、掌上技术，是一项发展迅速的新技术。国内厂家根据中学理科实验教学的需求，开发出将计算机软件、数据采集器以及含有多种传感器结合在一起的中学理科实验系统，可以及时实现数据采集、处理，具有便携、实时、准确、直观的特点，便于进行课堂演示和学生实验。

第一节 传感技术实验操作指南

一、传感器

传感器是传感技术的核心，它能感受到待测物的相关信息，并按照一定规律转换成可用输出信号，经数据采集器处理之后在屏幕上显示并储存在内存中。常用传感器如表 6-1 所示。

表 6-1 常用传感器简介

常用传感器	传感器照片
1. 温度传感器 适用条件：适合测量固态、液态或气态物体的温度 测量范围：$-25\sim110℃$ 使用方法：直接将传感器伸入待测物质进行测量	
2. 压强传感器 适用条件：测量气体的绝对压强 测量范围：$0\sim700kPa(0\sim7atm)$ 使用方法：使传感器软塑料管的开口端处于待测环境进行测量	
3. 电导率传感器 适用条件：测量溶液的电导率 测量范围：$0\sim20mS$ 使用方法：把电导率传感器插入到待测溶液进行测量，溶液液面应没过传感器前端的电极	

续表

常用传感器	传感器照片
4. pH 传感器 适用条件:测量溶液的 pH 测量范围:0~14 使用方法:把 pH 传感器插入待测溶液进行测量,溶液液面应没过传感器前端的玻璃泡	
5. 色度计传感器 适用条件:测量溶液的透光率 测量范围:0~100%透光率 使用方法:将盛装待测液的比色皿放入色度计中,测量待测液的透光率	
6. 电流传感器 适用条件:测量电路中的电流强度 测量范围:-250~+250mA 使用方法:与普通电流表的使用方法相同,将传感器的黑线与负极连接,红线与正极连接	
7. 电压传感器 适用条件:测量电路中两点之间的电压 测量范围:-25~+25V 使用方法:与普通电压表的使用方法相同,将传感器的黑线与负极连接,红线与正极连接	

二、数据采集器

"探世界"万能数据采集器是一个具有强大数据采集与数据分析功能的综合理科实验系统。它把实验过程中的物理信号转变为数字信号输出,全程跟踪实验过程中的数据变化并以多种形式显示实验结果。

1. 插入传感器

数据采集器有四个连接端口用来连接传感器,四个连接端口有时会同时使用。如果连接传感器的数目少于四个,则从端口1开始依次排列,中间不要有间隔,即在第一个插口连接第一个传感器,第二个插口连接第二个传感器,以此类推。如果只使用一个传感器,务必接到第一个插口上。

2. 启动数据采集器

按下 ON 键,稍后会看到数据采集器的初始化屏幕,各图标的功能在图 6-1 中标出。

3. 采样设置及数据采集

使用前进▶和后退◀按钮,选中"采样设置"项 ⊤,然后按执行键 ↵ 确认即进入设置菜单。

光标指向"RATE",即可设置采集速率。使用前进▶和后退◀的按钮来选择想要的采

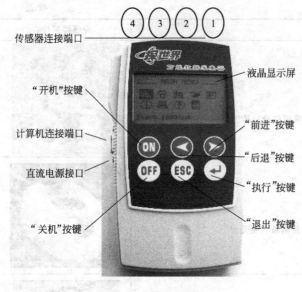

图 6-1 数据采集器细节图

集速率，然后按执行键⏎确认，当采集速率大于 10/s 时，数据采集器将在采集结束后显示数据。

光标自动切换到"SAMPLES"（采集样本总数）。

使用前进▶和后退◀的按钮来选择想要的采集样本总数，然后按执行键⏎确认。光标自动切换到"DISPLAY"（显示模式）。

使用前进▶和后退◀按钮来选择想要的数据点的显示模式，然后按执行键⏎确认。

Numeric（数字）——显示测量的数据和采样的数目。

Meter（仪表）——以仪表的形式显示采集到的数据。

Table（表格）——在一个表格中以动态的形式显示当前采集到的最近的 6 个数据。

Graphic（图形）——以图形的形式显示采集到的数据。

按下前进▶，可开始采集数据。按执行键⏎，可以重新进行设置。开始数据采集之后，可以随时按退出键(ESC)来中断数据采集，再次按退出键(ESC)即可返回初始化屏幕。在开始新的实验时，如果不需重新进行采样设置，直接由初始化屏幕选择"启动采样"项📊即可开始数据采集。

三、实验数据处理程序

将数据采集器通过计算机连接端口与 PC 机连接后，即可与"探世界"综合理科实验室系统软件进行通信。它能够帮助你更便捷地对数据采集器进行操作，并且更好地把握实验的动态，以及对实验结果进行分析、推测。

1. 连接数据采集器

① 把数据采集器连接到电脑上；

② 接入传感器；

③ 启动数据采集器；

④ 启动"探世界"应用程序。

2. 激活视频

① 把摄像头连接到电脑上；

② 单击主工具栏内的视频图标📷，显示视频窗口；

③ 把摄像头对准实验装置。

3. 设置数据采集器

① 单击主工具栏内的设置向导图标[SETUP]；

② 按照设置向导的指令进行设置即可。

4. 采集数据

单击主工具栏内的运行图标 ![run], 进行数据采集。任何时候都可以通过单击主工具栏内的停止按钮 ![stop] 来终止数据采集。

5. 录制同步录像

"探世界"允许在显示实验数据图形化过程的同时播放实验过程的同步录像。实验录像和实验数据也可以作为文件保存下来,以后可以随时播放实验录像和数据图形,重现实验过程。

① 单击主工具栏右侧的录制按钮 ![rec],开始录制,然后启动数据采集;

② 数据采集过程结束以后,单击停止视频记录按钮 ![stopvid] ;

③ 单击播放按钮 ▶,即可播放实验过程的录像,并同步显示实验数据。

注:保存实验数据文件的时候,视频记录也将同时被保存。

6. 下载实验数据

如果在实验的过程中采集器与电脑没有建立通信联系,试验数据被保存在采集器上。运行"探世界"程序,单击主工具栏内的下载命令 ![dl],就会启动发送实验传输模式,当数据传输完毕,实验数据将会被自动显示在图形窗口和列表窗口。

四、注意事项

1. 数据采集器脱机使用时(不与计算机连接),"采样总数",若选"continuous"项,数据采集器则不能保存实验数据。

2. 温度传感器与 pH 等传感器同时使用时,温度传感器应接数据采集器右端第一个端口。

3. 压强传感器不能用于检测 Cl_2 等强腐蚀性气体的压强。

4. 电导率传感器与 pH 传感器、电流传感器与电导率传感器会相互干扰,不能用于同时测量同一溶液的相应指标。

5. pH 传感器长期放置,使用前应校正。

6. 在定量实验中,色度计测量溶液的透光率之前需用蒸馏水调节透光率为 100%。

第二节 利用传感技术感受物质变化中的能量转换

实验一 锌粉与硫酸铜溶液反应

一、实验目的

1. 熟悉温度传感器、数据采集器的使用方法。
2. 通过测定温度的变化感受物质在化学反应过程中的能量变化。

二、实验原理

温度传感器是传感技术中定量测定温度的仪器,通过测量物质变化前后的温度,从而可以判断物质变化过程中的能量转换情况。本实验利用温度传感器探究锌粉和硫酸铜反应过程的能量变化。

三、试剂与仪器

1. 仪器

温度传感器、数据采集器、磁力搅拌器、烧杯、量筒、玻璃棒。

2. 试剂

锌粉、0.2mol/L $CuSO_4$ 溶液。

四、实验步骤及数据处理

1. 按图6-2组装实验装置并依次连接温度传感器、数据采集器；打开数据采集器，按照如下指标设置数据采集器：

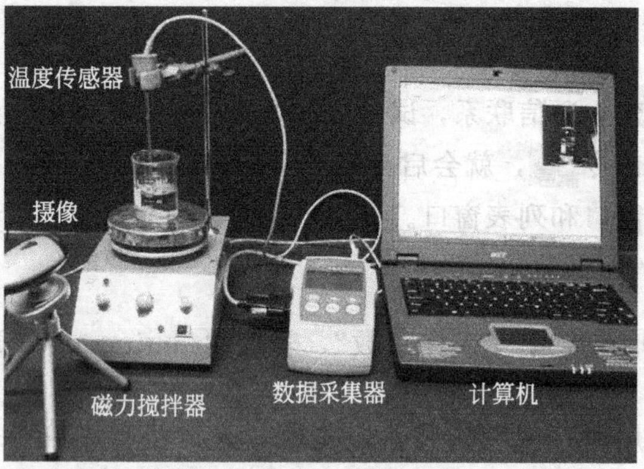

输入1：温度；

采集速率：1/s；

采集时间：100000。

2. 向100mL烧杯中加入30mL 0.2mol/L $CuSO_4$ 溶液，放入一颗磁子，将烧杯置于磁力搅拌器上，将温度传感器放入溶液中的合适深度。

3. 打开磁力搅拌器，开始采集数据。

4. 待数据采集器读数稳定后，向烧杯中迅速加入1g锌粉。注意观察实验现象和实验过程中温度的变化情况，直到温度不再上升时停止数据采集。

5. 读出并记录反应的初始温度和终止温度，保存实验数据。

图6-2 锌粉与硫酸铜溶液反应

实验数据记录与处理如表6-2所示。

表6-2 实验数据记录与处理

初始温度	终止温度	温度变化	结论

五、思考题

实验过程中的实验误差主要来自哪些方面？可以采取哪些措施来降低由此引起的误差？

实验二 碳酸氢钠与柠檬酸反应热效应的研究

一、实验目的

探究碳酸氢钠与柠檬酸反应的热效应。

二、实验原理

碳酸氢钠与柠檬酸反应产生二氧化碳气体。碳酸饮料就是用柠檬酸与碳酸氢钠配制，在加压的条件下，饮料中溶解了大量反应生成的二氧化碳，饮用之后，二氧化碳来不及被胃吸收,便从口中排出,这样带走热量,使人觉得清凉。本实验利用传感技术探究二者反应的能量变化。

$$3NaHCO_3 + C_6H_8O_7 = C_6H_5O_7Na_3 + 3H_2O + 3CO_2 \uparrow$$

三、试剂与仪器

1. 仪器

温度传感器、数据采集器、磁力搅拌器、烧杯、量筒。

2. 试剂

碳酸氢钠固体、柠檬酸固体、蒸馏水。

四、实验步骤及数据处理

1. 两种固体直接混合

(1) 连接数据采集器和温度传感器,开启数据采集器,按照如下指标设置数据采集器:

输入1:温度;

采集速率:1/s;

采集总数:100000。

(2) 分别称取3g碳酸氢钠和2g柠檬酸于两个干燥的烧杯中,启动数据采集,分别测量两种固体的温度。用手握住温度较低的烧杯下部,用玻璃棒搅拌固体,同时检测温度变化。当温度上升到与另一种固体温度相同时,将两种固体混合,并用玻璃棒迅速搅拌,记录温度变化。实验数据记录与处理如表6-3所示。

表6-3　实验数据记录与处理

初始温度	终止温度	温度变化	结论

2. 将固体混合物加入水中

(1) 向烧杯中加入40mL水,放入一颗磁子,将烧杯放在磁力搅拌器上,如图6-3所示。启动磁力搅拌和数据采集,记录温度曲线。

(2) 向烧杯中加入实验1中的固体混合物,观察实验现象以及温度变化。实验数据记录与处理如表6-4所示。

3. 检测固体溶解过程中的热效应

(1) 向烧杯中加入20mL水,放入一颗磁子,将烧杯放在磁力搅拌器上,启动磁力搅拌和数据采集,向水中加入3g碳酸氢钠固体,观察实验现象以及温度变化,记录数据。

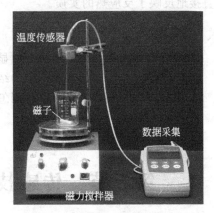

图6-3　固体混合物直接加入水中

(2) 重复同样操作进行2g柠檬酸溶于20mL水的实验,实验数据记录与处理如表6-5所示。

表6-4　实验数据记录与处理

初始温度	终止温度	温度变化	结论

表 6-5　实验数据记录与处理

初始温度	终止温度	温度变化	结论

4. 检测柠檬酸溶液与碳酸氢钠溶液反应的热效应

(1) 向两个烧杯中分别加入 20mL 实验 3 中的柠檬酸溶液和碳酸氢钠溶液。

(2) 启动数据采集，用温度传感器分别检测两种溶液的温度。在温度较低的溶液中放入一颗磁子，并把烧杯放在磁力搅拌器上，启动磁力搅拌，打开磁力搅拌器的加热键，加热至两种溶液温度相等。

(3) 将两溶液混合，记录温度曲线，待温度无明显变化后停止采集，保存数据。

实验数据记录与处理如表 6-6 所示。

表 6-6　实验数据记录与处理

初始温度	终止温度	温度变化	结论

五、注意事项

1. 碳酸氢钠和柠檬酸都很容易吸潮，对实验结果产生影响，因此应迅速称量并放入烧杯中，不能久置。

2. 在两种反应物混合之前，要分别测量两者的温度，如果温度不同，则很难说明混合后的温度变化是由反应引起的还是由混合引起的。对于溶液，可以用磁力搅拌器的加热键进行加热，也可以向溶液中滴加热水加热，加热的同时用温度传感器检测，最终使两溶液温度相同。对于固体样品，可用手捂住烧杯对温度较低的固体加热，同时用玻璃棒搅动固体，使两固体温度相同。

3. 将两种固体先配成溶液，再将溶液混合，检测温度变化，可以消除溶解热的影响，更直接地反映了反应热的实质。

六、思考题

1. 两种固体直接混合，有没有明显的温度变化？两种物质是否可以直接反应呢？
2. 向固体混合物中加入水产生的结果由溶解引起的呢，还是由反应引起的？
3. 两种固体分别溶于水可以得到怎样的结果？

第三节　传感技术在化学平衡中的应用

实验三　反应条件对化学平衡的影响

一、实验目的

1. 学习使用色度计传感器。
2. 掌握浓度对化学平衡的影响。

二、实验原理

色度计是检测溶液透光率（T）的传感器，原理如下：

光源发出的光透过滤光片变为单色光（光强度为 I_0），入射单色光通过装有溶液样品的比色皿，一部分入射光被溶液吸收，透射光（光强度为 I）被光电二极管检测，从而可计算出该溶液的透光率 $\left(T=\dfrac{I}{I_0}\times 100\%\right)$，见图 6-4。

$FeCl_3$ 溶液与 KSCN 溶液混合反应后，可以建立以下平衡：

$$Fe^{3+}+SCN^- \rightleftharpoons [Fe(SCN)]^{2+}$$

$[Fe(SCN)]^{2+}$ 可以吸收蓝色光（所以溶液的颜色为红色）。如果将溶液装入比色皿中，用色度计检测溶液的透过率，溶液中 $[Fe(SCN)]^{2+}$ 的浓度越大（溶液的颜色越深），对光的吸收程度越大，即透光率（T）越小。

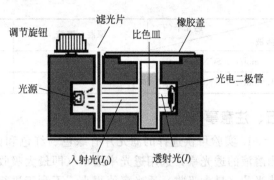

图 6-4　色度计原理图

因此，改变反应物的浓度，通过检测溶液透光率的变化，可以分析 $[Fe(SCN)]^{2+}$ 浓度的变化，进而推知化学平衡移动的方向。

三、试剂与仪器

1. 仪器

色度计、数据采集器。

2. 试剂

0.01mol/L $Fe(NO_3)_3$ 溶液、0.01mol/L KSCN 溶液、1.0mol/L $Fe(NO_3)_3$ 溶液、1.0mol/L KSCN 溶液。

四、实验步骤及数据处理

1. 数据采集器设置与色度计的校正

（1）连接色度计和数据采集器如图 6-5 所示，色度计选用绿色滤光片。在比色皿中加入蒸馏水，放入色度计中，盖上橡胶塞。开启数据采集器，按照如下指标设置数据采集器：

输入 1：透光率；

采集速率：1/s；

采集总数：100000。

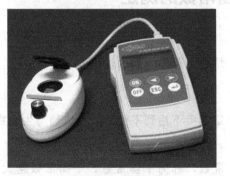

图 6-5　色度计装置图

（2）启动数据采集，监测透光率变化，调节色度计旋钮，使透光率为 100%。

2. 溶液透光率的测定

（1）取 5mL 0.01mol/L $Fe(NO_3)_3$ 溶液与 5mL 0.01mol/L KSCN 溶液混合，取 3mL 分别注入两支比色皿中，分别检测溶液的透光率。

（2）向一支比色皿中滴加一滴 1.0mol/L KSCN 溶液，振荡摇匀后检测溶液的透光率。同样，再滴加 4 滴 KSCN 溶液，并检测溶液的透光率。

（3）向另一支比色皿中滴加一滴 1.0mol/L $Fe(NO_3)_3$ 溶液，振荡摇匀后检测溶液的透光率。同样，再滴加 4 滴 Fe(NO₃)₃ 溶液，并检测溶液的透光率。实验数据记录与处理如表 6-7 所示。

表 6-7 实验数据记录与处理

溶液 \ 透光率(T)	原混合溶液	+1 滴	+4 滴
1.0mol/L KSCN 溶液			
1.0mol/L Fe(NO₃)₃ 溶液			

五、注意事项

1. 实验可供选择的滤光片有绿色、红色和蓝色三种，可分别使用不同的滤光片测定待测溶液的透光率，选用透光率最小（即最大吸收）时的滤光片。对于本实验，如果使用蓝色滤光片（最大吸收）透光率值很小，不利于进行比较透光率的变化。因此本实验可选用绿色滤光片。

2. 研究浓度对 Fe^{3+} 与 SCN^- 络合平衡的影响，一般是向混合溶液中加入浓的 Fe^{3+} 或 SCN^- 溶液，溶液颜色变深，说明平衡正向移动，现象非常明显。利用传感技术进行的实验，是向混合溶液中连续滴加 5 滴浓溶液。在这一过程中，加入前两滴时还能清楚看到溶液颜色的改变，之后用肉眼就很难观察了，而通过色度计检测到的数据可以说明溶液颜色的确变深。传统实验说明反应物浓度增加，平衡正向移动；改进后的实验则可以说明反应物浓度持续增加，平衡持续正向移动。

六、思考题

1. 反应物浓度增大后溶液的透光率怎样改变，说明平衡如何移动？
2. 如果反应物浓度减小，或者产物浓度改变，对平衡移动又有什么影响？如何设计实验？

实验四 化学反应平衡常数的测定

一、实验目的

测定铁离子与硫氰根离子络合反应的平衡常数，增进对化学平衡的认识。

二、实验原理

对于可逆反应：$aA+bB \rightleftharpoons cC+dD$，反应在一定温度下达到平衡后，反应物与生成物的浓度不随时间变化而改变。

若令 $K=\dfrac{[C]^c[D]^d}{[A]^a[B]^b}$，则在一定温度时，$K$ 为一常数，称为平衡常数，平衡常数越大，则正反应可以进行得越完全。

本实验测定铁离子与硫氰根离子络合反应的平衡常数：

$$Fe^{3+}+SCN^- \rightleftharpoons [Fe(SCN)]^{2+}$$

$$K=\dfrac{c[Fe(SCN)^{2+}]}{c(Fe^{3+})c(SCN^-)}$$

用已知浓度的 $Fe(NO_3)_3$ 溶液与 KSCN 溶液混合,就有深红色 $[Fe(SCN)]^{2+}$ 生成,$[Fe(SCN)]^{2+}$ 的浓度越大(溶液的颜色越深),对光的吸收程度越大,即透光率(T)越小。溶液的吸光度定义为 $A=\lg(1/T)$,则吸光度与络离子浓度符合以下关系式:

$$A=\lg(1/T)=Kc$$

式中,T 为透光率,可以用色度计测定;K 为一常数,它与溶液的性质和溶液液层的厚度有关;c 为溶液的浓度,mol/L。

由上式可知,两种浓度不同的溶液存在以下关系:

$$\frac{A_1}{A_2}=\frac{c_1}{c_2}$$

如果式中 c_1 为标准溶液中 $[Fe(SCN)]^{2+}$ 的浓度,A_1 为标准溶液吸光度,测定待测溶液的吸光度 A_2,由上式即可求出待测溶液中络离子的浓度 c_2(即平衡浓度)。再根据 Fe^{3+} 和 SCN^- 初始浓度,求出平衡时各物质的浓度,代入平衡常数表达式中,就可计算出该反应的平衡常数。

三、试剂与仪器

1. 仪器

色度计、数据采集器、烧杯、移液管。

2. 试剂

0.002mol/L $Fe(NO_3)_3$ 溶液、0.200mol/L $Fe(NO_3)_3$ 溶液、0.002mol/L KSCN 溶液、浓硝酸。

四、实验步骤及数据处理

1. $[Fe(SCN)]^{2+}$ 标准溶液的配制

在洁净干燥的小烧杯(编号为 1 号)中加入 10.0mL 0.200mol/L $Fe(NO_3)_3$ 溶液、2.00mL 0.002mol/L KSCN 溶液和 8.00mL H_2O,加 2 滴浓硝酸充分混匀(抑制 Fe^{3+} 的水解产生的有色离子),得 $c[Fe(SCN)^{2+}]=2.00\times10^{-4}$mol/L。

注:当 $c(Fe^{3+})\gg c(SCN^-)$ 时,推动平衡尽可能地向右移动,可以近似地认为,SCN^- 全部转化为 $[Fe(SCN)]^{2+}$,因此,$[Fe(SCN)]^{2+}$ 的标准浓度就是所用 KSCN 的初始浓度。

本实验中标准溶液的初始浓度为:

$c_0(Fe^{3+})=0.100$mol/L,$c_0(SCN^-)=2.00\times10^{-4}$mol/L

2. 待测溶液的配制

在 2~5 号洁净干燥的小烧杯中分别按照表 6-8 中的剂量配制,再加入 2 滴浓硝酸,混合均匀。

表 6-8 待测溶液配制　　　　　　　　　　　　　　　　　　　　　　　单位:mL

烧杯编号	$c(Fe^{3+})=0.002$mol/L	$c(SCN^-)=0.002$mol/L	H_2O
2	5.00	5.00	0.00
3	5.00	4.00	1.00
4	5.00	3.00	2.00
5	5.00	2.00	3.00

3. 测量溶液的透光率

（1）连接色度计（选择绿色滤光片）和数据采集器，设置数据采集器，启动数据采集。

（2）向比色皿中盛装蒸馏水，校正色度计读数为100%。

（3）分别测定1~5号溶液的透光率，并记录数据。

实验数据记录与处理如表6-9所示。

表 6-9 实验数据记录与处理

烧杯编号		1	2	3	4	5
	透光率(T)					
	吸光度(A)					
初始浓度	$c_0(Fe^{3+})$/(mol/L)	—				
	$c_0(SCN^-)$/(mol/L)	—				
平衡浓度	$c[Fe(SCN)^{2+}]$/(mol/L)	2.00×10^{-4}				
	$c(Fe^{3+})$/(mol/L)	—				
	$c(SCN^-)$/(mol/L)	—				
平衡常数 K		—				
平衡常数平均值						

五、注意事项

1. 由于$FeCl_3$溶液有明显的颜色，会影响数据的测量，因此本实验不可用$FeCl_3$替代$Fe(NO_3)_3$使用。

2. 根据吸光度A计算出来的浓度为平衡状态$[Fe(SCN)]^{2+}$络离子的浓度，在计算平衡常数的过程中，注意Fe^{3+}和SCN^-的浓度也都要使用平衡浓度，即用Fe^{3+}和SCN^-的初始浓度分别减去各自反应掉的浓度。

3. 色度计测得的数值的单位为"%"，在代入数据计算时应注意，例如读数为80.1%，则应代入0.801计算。

4. 由于在一定条件下，平衡常数是一定值，因此第2、3、4、5组实验计算出的平衡常数应近似相等，偏差较大的值应该舍去。本实验由于忽略了Fe^{3+}和多个SCN^-络合的情况，加上实验操作、实验仪器等多方面的误差，四组数据计算出的平衡常数会有一定的差异，属于正常情况，四个值求平均值即可作为该反应的平衡常数。

5. 对于平衡常数的测定，不同的方法存在相当的差异，因此不同的文献值也可能相差较大。有文献值$\lg K=2.3$，供参考。

6. 由于实验条件的限制，中学阶段可选用的定量实验非常少。传感器的使用，可以开发出一批可供中学化学选用的定量实验，平衡常数的测定就是一个很好的定量实验的案例。通过该实验的研究，可以大大加深学生对平衡的理解，训练学生数据分析与处理的能力。

六、思考题

1. 请写出数据处理过程中用到的公式，并说明每个公式的含义。

2. 通过实验结果说明反应物浓度的改变对平衡常数有无影响？

3. 弱酸的水溶液中存在电离平衡：$HA \rightleftharpoons H^+ + A^-$，能否设计方案测定这一反应的平衡常数？

实验五　浓度、催化剂对双氧水分解速率的影响

一、实验目的

1. 研究浓度、催化剂等条件对反应速率的影响。
2. 理解气压的变化快慢与氧气放出速率的大小成正相关的关系。
3. 掌握催化剂在反应过程中的作用。

二、实验原理

化学反应平衡常数反映了反应能够进行的程度。对于类型相同的化学反应，平衡常数越大，反应能够进行的程度越大，产物的平衡转化率越大。然而对于实际生产和科学研究来讲，仅仅关注化学平衡是远远不够的，还要研究化学反应的速率，那些平衡转化率高、反应速率快的反应更加具有应用价值。温度、浓度、催化剂等条件都会对反应速率产生影响，因此在生产中常常通过改变反应条件来改变反应速率。

在研究化学反应速率时，往往很难直接检测反应过程中反应物或生成物浓度的变化。化学反应常常伴随有现象变化或一些物理属性的改变，可以通过检测这些变化，再将其转化为物质浓度的信息，进而推算反应速率的大小。

在本实验中，以双氧水分解为例，反应产生氧气，通过检测放出氧气的速率来判断反应进行的快慢。如果该反应在定容密闭容器内进行，随着反应的进行，气体浓度增加，容器内压强随之增大。使用压强传感器测量并记录压强随时间变化的数据，绘制压强-时间曲线，根据曲线的斜率可判断反应速率的快慢。曲线斜率越大，单位时间内压强的增加量越大，即反应每秒钟放出的气体越多，反应速率越快。

三、试剂与仪器

1. 仪器

压强传感器、数据采集器、锥形瓶、橡胶塞、量筒。

2. 试剂

3％ H_2O_2 溶液、5％ H_2O_2 溶液、10％ H_2O_2 溶液、二氧化锰、$FeCl_3$ 溶液。

四、实验步骤及数据处理

1. 浓度的影响

（1）将带孔的橡皮塞与压强传感器相连；连接数据采集器和压强传感器，仪器组装如图 6-6 所示。开启数据采集器，按照如下指标设置数据采集器：

输入 1：压强；

采集速率：1/s；

采集总数：100000。

（2）向锥形瓶中加入 5mL 3％ H_2O_2 溶液，启动数据采集，开始检测压强变化，绘制压强-时间曲线，计算曲线的斜率。

（3）用同样的方法采集 5％、10％ H_2O_2 分解的数据曲线，并对曲线进行线性拟合，将斜率填入表

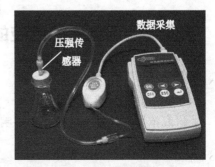

图 6-6　H_2O_2 分解装置图

6-10。比较这些反应的反应速率的快慢。

实验数据记录与处理如表 6-10 所示。

表 6-10　实验数据记录与处理

浓度	3%	5%	10%	结论
斜率				

2. 催化剂的影响

向三个锥形瓶中均加入 5mL 3% H_2O_2 溶液,其中一个加入少量二氧化锰粉末,一个加入少量 $FeCl_3$ 溶液,一个不添加其他物质,检测压强变化。实验数据记录与处理如表 6-11 所示。

表 6-11　实验数据记录与处理

条件	不使用催化剂	二氧化锰	$FeCl_3$ 溶液	结论
斜率				

五、注意事项

1. 在进行实验之前,首先要检查装置的气密性。

2. 双氧水的分解速率比较慢,为了节约时间,在比较不同浓度的双氧水分解速率时可向每种浓度的双氧水中都滴加 5 滴 $FeCl_3$ 溶液作催化剂,以加快反应速率。

3. 通过直线的斜率,可以比较不同条件下反应速率的快慢,从而研究条件对反应速率的影响。随着反应的进行,反应条件(如浓度等)会发生改变,反应速率也会受到影响。因此在求取斜率时,应该选择从反应开始到反应一段时间线性较好的一段曲线求斜率。

4. 对于双氧水分解速率的研究,一般是通过观察气泡的速度或者用量筒排水法测量生成气体的体积。利用传感技术,使实验研究准确化、数据化、曲线化,从另一个角度对反应速率的快慢进行研究。

六、思考题

1. 分析实验结果,总结影响双氧水分解反应速率的因素,它们对反应速率产生怎样的影响?

2. 在进行线性拟合、计算曲线的斜率时,如何选取起始点和终止点,为什么?

3. 向双氧水中加入催化剂后,迅速分解放出气体,再塞上塞子检测压强变化会带来一定的实验误差,能否设计方案来减弱这一误差?

实验六　氢氧化钠溶液的浓度对酯的水解反应速率的影响

一、实验目的

1. 掌握电导率传感器的使用。
2. 研究浓度对化学反应速率的影响。

二、实验原理

乙酸乙酯在碱性条件下发生水解反应:

$$CH_3COOC_2H_5 + OH^- \rightleftharpoons C_2H_5OH + CH_3COO^-$$

在反应体系中，乙酸乙酯和乙醇的电导率可以忽略不计，仅 OH^- 和 CH_3COO^- 浓度变化对反应体系的电导率影响较大。随着反应的进行，导电能力强的 OH^- 逐渐被导电能力弱的 CH_3COO^- 所取代，溶液电导率逐渐减小，测定不同时刻溶液电导率的大小，体现了反应进行的程度。因此，溶液的电导率变化情况同样反映了该反应的反应速率的大小。

三、试剂与仪器

1. 仪器

电导率传感器、数据采集器、磁力搅拌器、烧杯、量筒、胶头滴管。

2. 试剂

0.01mol/L NaOH 溶液、0.02mol/L NaOH 溶液、乙酸乙酯。

四、实验步骤及数据处理

1. 连接数据采集器和电导率传感器，并组装仪器如图 6-7 所示。启动数据采集器，按照如下指标设置数据采集器：

输入 1：电导率；

采集速率：1/s；

采集总数：100000。

2. 向 100mL 烧杯中加入 40mL 0.01mol/L NaOH 溶液，并放入一颗磁子。将电导率传感器放入 NaOH 溶液中的合适深度，启动磁力搅拌器。

3. 启动数据采集，检测 NaOH 溶液的电导率。

4. 用胶头滴管向 NaOH 溶液中加入 2 滴乙酸乙酯，观察显示的数据曲线的变化。

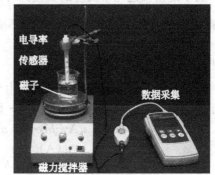

图 6-7 乙酸乙酯在碱性条件下水解装置图

5. 当电导率数据无明显变化时停止数据采集，选取反应起始时线性较好的一段曲线进行线性拟合，计算斜率。

6. 用同样的方法采集 20mL 0.02mol/L NaOH 溶液与 2 滴乙酸乙酯反应的电导率-时间曲线，并计算斜率。

实验数据记录与处理如表 6-12 所示。

表 6-12 实验数据记录与处理

NaOH 溶液的浓度	0.01mol/L	0.02mol/L	结论
斜率			

五、注意事项

1. 酯的碱性水解通过电导率的变化说明反应速率的快慢，监测反应的进程。需要说明的是 NaOH 浓度不能太高，否则会超过电导率传感器的量程，且 NaOH 浓度高的情况下，水解反应速率较慢，如果要使电导率发生明显变化需要的反应时间较长。

2. 改变 NaOH 溶液的浓度，分别绘制电导率-时间曲线，对起始时线性较好的一段曲线进行线性拟和求斜率，可以比较不同浓度 NaOH 溶液对反应速率的影响。

六、思考题

1. 根据电导率-时间曲线的变化趋势，结合本反应的化学方程式，可以得出什么结论？

2. 与前面的实验相比，本实验数据曲线的线性较差，可能的原因是什么？（提示：从 NaOH 在反应过程中的消耗角度考虑）为此，应该选择哪一段曲线计算斜率？
3. 请通过实验说明碱的浓度对乙酸乙酯水解反应速率有什么影响。

实验七　镁与盐酸反应速率的测定

一、实验目的

1. 学习定量描述反应速率的方法。
2. 测定镁与盐酸反应的反应速率，比较不同浓度盐酸与镁条反应速率的大小。

二、实验原理

为了定量描述化学反应的快慢，可以用单位时间内某种反应物的减少量或某种产物的增加量来表示，即：$v=\frac{\Delta n}{\Delta t}$；对于体积不变的化学反应，也可以用单位时间内浓度的变化量来表示，即：$v=\frac{\Delta c}{\Delta t}$。

对某一个具体的化学反应来说，由于不同物质的化学计量数不同，因此在用不同的物质表示反应速率时，所得数值往往不同，因此一般规定用以下方法表示。

对于任意化学反应：$aA+bB = dD+eE$

$$v=\frac{1}{-a}\times\frac{\Delta c(A)}{\Delta t}=\frac{1}{-b}\times\frac{\Delta c(B)}{\Delta t}=\frac{1}{d}\times\frac{\Delta c(D)}{\Delta t}=\frac{1}{e}\times\frac{\Delta c(E)}{\Delta t}$$

镁与稀盐酸反应放出氢气，如果该反应在定容密闭体系内进行，则随着氢气浓度的增加压强随之增大，通过记录压强随时间变化的数据，绘制压强-时间曲线，根据该曲线的斜率即可计算出反应速率：

$$Mg+2HCl = MgCl_2+H_2\uparrow$$

$$\Delta pV(H_2)=\Delta n(H_2)RT$$

$$\Delta p=\frac{\Delta n(H_2)}{V(H_2)}RT=\Delta c(H_2)RT$$

$$v=\frac{\Delta c(H_2)}{\Delta t}=\frac{\Delta p}{RT\Delta t}=\frac{\Delta p}{\Delta t}\times\frac{1}{RT}$$

由于该反应为生成气体的反应，气体的体积和溶液的体积不同，因此用 H_2 浓度变化表示的反应速率与用 HCl 或 $MgCl_2$ 浓度变化表示的反应速率并不相同。

三、试剂与仪器

1. 仪器

50mL 锥形瓶、橡胶塞、压强传感器、数据采集器、砂纸。

2. 试剂

2.0mol/L 盐酸、1.5mol/L 盐酸、1.0mol/L 盐酸、0.5mol/L 盐酸、镁条。

四、实验步骤及数据处理

1. 将带孔的橡胶塞与压强传感器相连，连接数据采集器和压强传感器，仪器组装如图 6-8 所示，并检验装置的气密性。打开数据采集器，按照如下指标设置数据采集器：

输入1：压强；
采集速率：1/s；
采集总数：100000。

2. 用砂纸将镁条打磨光亮，剪成4段长度都为2cm的小段。

3. 向锥形瓶中加入20mL 2.0mol/L的盐酸，在橡胶塞内侧扎一根折成"L"形的大头针，将镁条折成"V"形挂在大头针上（图6-9），塞紧橡胶塞。

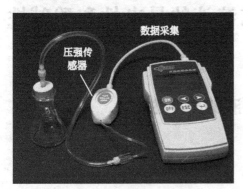

图6-8 镁与盐酸反应装置图

图6-9 镁条悬挂示意图

4. 启动数据采集，倾斜锥形瓶，使盐酸接触镁条，反应开始进行，锥形瓶内压强增大。待镁条完全反应后，停止数据采集，得到压强-时间曲线。

5. 按上述步骤分别采集1.5mol/L、1.0mol/L、0.5mol/L的盐酸与镁条反应的数据。实验数据记录与处理如表6-13所示。

表6-13 实验数据记录与处理

盐酸的浓度/(mol/L)	2.0	1.5	1.0	0.5
$\dfrac{\Delta p}{\Delta t}$/(Pa/s)				
v/[mol/(L·s)]				

五、注意事项

1. 由于反应在密闭容器中进行，因此镁条取量要少，并且在反应的过程中要用手压紧橡胶塞，防止压强过大冲开橡胶塞发生危险。

2. 反应会伴随一定的热效应，这是本实验的主要误差来源之一，因此同样要求镁条取量不宜太多，使热效应不至于太明显。另外，也可以通过水浴等方法，减弱体系温度的变化。

3. 随着反应的进行，酸不断消耗以及镁条体积发生改变，反应速率也随之变化，因此在进行线性拟合时，应选取前面一段线性好的曲线求斜率。

4. 如果要用H^+和Mg^{2+}浓度变化、镁条质量变化等来表示反应速率时，可测量氢气的体积，再根据$pV=nRT$进行换算。氢气体积＝锥形瓶的容积（注意考虑橡胶塞占的体积）－溶液的体积。

六、思考题

1. 实验得到的反应速率是用H_2浓度的变化量来表示的，将它换算成用氢气的物质的量来表示应如何表示？用H^+浓度、镁条质量以及Mg^{2+}浓度的变化量应该如何表示呢？

2. 根据实验数据，盐酸浓度的改变对该反应的速率产生了怎样的影响？除了盐酸的浓度之外，镁条形状和长度会对反应速率有影响吗？如果使用镁粉呢？还有哪些因素对反应速率有影响，如何影响？

第四节　利用传感技术研究溶液的导电性和酸碱性

实验八　测定溶液的导电性

一、实验目的
利用电流传感器测定溶液的导电能力。

二、实验原理
物质的水溶液能够导电是因为其中含有可以自由移动的离子。一般来说，离子浓度越大，溶液的导电能力越强。对于不同种类的离子，其导电能力也可能不同。导电能力可以通过电流强度这一指标进行衡量。在外加电压等其他外部条件相同的情况下，通过某溶液的电流强度越大，其导电能力越强。

三、试剂与仪器

1. 仪器

电流传感器、数据采集器、直流电源、100mL锥形瓶。

2. 试剂

蒸馏水、自来水、无水乙醇、0.1mol/L HCl 溶液、0.1mol/L 醋酸溶液、0.1mol/L NaOH 溶液、0.1mol/L 氨水、$CaCO_3$ 固体、$Ca(OH)_2$ 固体、NaCl 固体。

四、实验步骤及数据处理

1. 按图 6-10 组装实验装置：直流电源正极→一根石墨电极，另一根石墨电极→电流传感器的红色导线（正极），电流传感器的黑色导线（负极）→直流电源负极；将电流传感器与数据采集器相连接。按照如下指标设置数据采集器：

输入1：电流；

采集速率：1/s；

采集时间：100000。

2. 在100mL锥形瓶中加入40mL蒸馏水，然后插入石墨电极。打开直流电源，调节电压为10V，

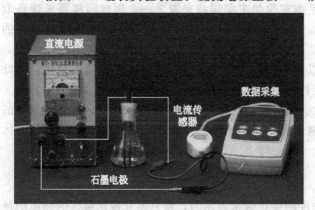

图 6-10　测定溶液导电性实验装置图

启动数据采集器，测定电流强度并记录实验结果。

3. 用同样的方法分别测定通过 40mL 乙醇和自来水的电流强度并记录实验结果。

4. 用同样的方法分别测量通过体积均为 40mL 的 0.1mol/L HCl 溶液、0.1mol/L 醋酸溶液、0.1mol/L NaOH 溶液、0.1mol/L 氨水的电流强度，记录实验结果并保存实验数据。

5. 分别将 2g 质量相同的 $CaCO_3$、$Ca(OH)_2$ 和 NaCl 固体溶解在 40mL 蒸馏水中 [$CaCO_3$ 和 $Ca(OH)_2$ 固体有剩余]，然后分别测定通过这些溶液的电流强度。记录并保存实验结果。

实验数据记录与处理如表 6-14 所示。

表 6-14　实验数据记录与处理

物　　质	电流强度	物　　质	电流强度
蒸馏水		0.1mol/L NaOH 溶液	
自来水		0.1mol/L 氨水	
乙醇		$CaCO_3$ 溶液	
0.1mol/L HCl 溶液		$Ca(OH)_2$ 溶液	
0.1mol/L 醋酸溶液		NaCl 溶液	

五、注意事项

1. 用过的电流传感器必须清洗干净并擦干后才能用于测定另一物质。

2. 电流强度除与溶液（液体）的性质有关，还与溶液没过电极的高度有关，因此在测量过程中应注意使电极淹没在溶液中的高度相同。

六、思考题

1. 比较通过乙醇、蒸馏水和自来水的电流强度的大小，可以得出怎样的结论？通过自来水的电流强度为什么比蒸馏水大？

2. 比较物质的量浓度相同的盐酸和醋酸的电流强度，哪一个更大一些？为什么？NaOH 溶液和氨水呢？

3. 比较通过蒸馏水、$CaCO_3$ 溶液、$Ca(OH)_2$ 溶液以及 NaCl 溶液的电流强度，可以得出怎样的结论？

实验九　温度、浓度、盐等对冰醋酸电离度的影响

一、实验目的

1. 掌握两种传感器同时使用时的方法。
2. 探究影响弱电解质电离度的条件。

二、实验原理

电离度就是当弱电解质在溶液里达到电离平衡时，溶液中已经电离的电解质分子数占原来总分子数的百分数。同一电解质在不同的外界因素影响下电离度是不同的，其影响因素有几方面：温度、浓度和外加电解质。本实验以醋酸为例，利用 pH 传感器实时跟踪溶液 pH 的变化，探究以上三个因素对电离度的影响。

当电解质电离成离子时一般需要吸收热量，所以温度升高，电离平衡一般向电离的方向移动，从而使电解质的电离度增大，溶液的pH下降。

对于同一电解质，通常是溶液越稀，离子互相碰撞而结合成分子的机会越少，电离度就越大，然而在稀释的过程中电解质浓度又逐渐减小，故浓度对电离度的影响取决于二者综合影响的结果。

冰醋酸溶液中存在电离平衡，加入醋酸钠固体后，溶液中CH_3COO^-浓度迅速增大，平衡向电离的反方向进行，使电离度减小，溶液的pH增大。

$$CH_3COOH \rightleftharpoons CH_3COO^- + H^+$$

三、试剂与仪器

1. 仪器

pH传感器、温度传感器、数据采集器、烧杯、酸碱滴定管。

2. 试剂

蒸馏水、0.5mol/L冰醋酸溶液、醋酸钠固体。

四、实验步骤

1. 温度对电离度的影响

（1）将温度传感器和pH传感器分别与数据采集器的第一个端口和第二个端口相连接，按照如下指标设置数据采集器：

输入1：温度；

输入2：pH；

采集速率：1/s；

采集时间：100000。

（2）将一盛有30mL 0.5mol/L冰醋酸溶液的烧杯放在磁力搅拌器上，放入磁子，将温度传感器和pH传感器放入溶液中的合适深度。

（3）开始搅拌，并开始采集数据。打开磁力搅拌器的加热开关，开始加热，当温度升至50℃时停止采集数据。

（4）绘制温度对电离度的影响曲线图，分析温度对电离度的影响。

2. 浓度对电离度的影响

（1）将pH传感器与数据采集器相连接，按照如下指标设置数据采集器：

输入1：pH；

采集速率：1/s；

采集时间：100000。

（2）将一盛有30mL 0.5mol/L冰醋酸溶液的烧杯放在磁力搅拌器上，放入磁子，将pH传感器放入溶液中的合适深度。在烧杯的旁边固定一滴定管，滴定管内盛有蒸馏水。

（3）开始搅拌，并旋转滴定管旋钮，让蒸馏水缓缓流下。开始采集数据，待pH值变化不大时停止采集数据。

（4）绘制浓度对电离度的影响曲线图，分析浓度对电离度的影响。

3. 加入醋酸盐对醋酸电离度的影响

（1）将pH传感器与数据采集器相连接，按照如下指标设置数据采集器：

输入1：pH；

采集速率：1/s；

采集时间：100000。

（2）将一盛有 30mL 0.5mol/L 冰醋酸溶液的烧杯放在磁力搅拌器上，放入磁子，将 pH 传感器放入溶液中的合适深度。

（3）开始采集数据，搅拌片刻后，迅速加入 1g 醋酸钠固体，继续搅拌。待 pH 值变化不大时，即可停止采集数据。

（4）绘制盐对电离度的影响曲线图，分析加入盐对电离度产生的影响。

五、注意事项

1. 温度传感器与 pH 等传感器同时使用时，温度传感器应接数据采集器右端第一个端口。

2. 绘制温度对电离度的影响曲线图时，横坐标为时间，纵坐标主坐标为 pH，副坐标为温度。

六、思考题

通过实验数据说明温度、浓度、盐等对冰醋酸电离度产生怎样的影响？

实验十　绘制酸碱中和滴定曲线

一、实验目的

1. 通过使用 pH 传感器实时监测中和反应过程中混合溶液 pH 的变化情况，绘制中和滴定曲线，感受滴定过程中"突跃"的存在，并计算待测溶液的浓度。

2. 通过使用温度传感器检测反应过程中混合溶液的温度变化情况。

二、实验原理

向酸（或碱）溶液中滴加碱（或酸）溶液，混合溶液的 pH 必然会发生变化。使用 pH 传感器监测混合溶液在滴定过程中 pH 的变化情况，即可得到酸碱中和滴定曲线。

$$HCl + NaOH = NaCl + H_2O$$
$$n(HCl) = n(NaOH)$$

根据 $n = cV$，则有：

$$c(HCl) \times V(HCl) = c(NaOH) \times V(NaOH)$$

根据这一关系式，如果使用已知浓度的酸（或碱）溶液滴定一定体积的碱（或酸）溶液，只要测出消耗的已知浓度的酸（或碱）溶液的体积，很容易就可以算出待测的碱（或酸）溶液的物质的量浓度。

三、试剂与仪器

1. 仪器

pH 传感器、温度传感器、数据采集器、磁力搅拌器、烧杯、酸碱滴定管。

2. 试剂

蒸馏水、0.1mol/L HCl 标准溶液、NaOH 溶液、酚酞溶液。

四、实验步骤及数据处理

1. 将温度传感器和 pH 传感器分别与数据采集器的第一个端口和第二个端口相连接，

按照如下指标设置数据采集器：
输入1：温度；
输入2：pH；
采集速率：1/s；
采集时间：100000。

2. 在小烧杯中精确移取 10.0mL HCl 标准溶液，将温度传感器 pH 传感器放入溶液中合适深度，放入一颗磁子，然后向其中加入 2 滴酚酞指示剂，将烧杯放在磁力搅拌器上。

3. 酸碱滴定管中加入 NaOH 溶液，使其液面恰好与酸碱滴定管的 0 刻度线对齐。

4. 启动数据采集，向 HCl 溶液中逐滴加入 NaOH 溶液，注意观察实验现象以及测得的混合溶液 pH 的变化情况。当 pH 开始明显上升时减慢滴加速度。

5. 当 pH 值为 7 时，暂停 NaOH 的滴入，读出此时酸碱滴定管的刻度，以此计算 NaOH 溶液的浓度。此后继续向 HCl 溶液中滴入 NaOH 溶液，待烧杯中的溶液变成红色以后，再继续滴加过量 NaOH 溶液，停止数据采集，保存实验结果，绘制酸碱中和滴定曲线。

6. 同时监测滴定过程中溶液温度的变化，绘制该中和反应的中和热曲线。

实验数据记录与处理如表 6-15 所示。

表 6-15　实验数据记录与处理

实验编号	初始刻度/mL	pH=7 刻度/mL	消耗 NaOH 体积/mL	c_{NaOH}/(mol/L)
1				
2				
3				

五、注意事项

1. 根据酸碱滴定曲线，可以帮助学生认识滴定过程的"突变"是客观存在的。

2. 如果对滴定曲线求导，得到倒数曲线，从倒数曲线中可以确定出严格意义的滴定终点（倒数曲线的极值点）。

六、思考题

1. 绘制酸碱中和滴定曲线和反应的中和热曲线。
2. 计算 NaOH 溶液的浓度。
3. 实验过程中可能引起实验误差的因素有哪些？这些误差如何影响实验结果？

实验十一　酸碱指示剂及自制指示剂变色范围的测定

一、实验目的

利用 pH 传感器测定酸碱指示剂的变色范围，加深对酸碱指示剂的认识。

二、实验原理

实验室里常用酸碱指示剂来判断溶液 pH 值的变化。酸碱指示剂本身通常是一种有机弱酸或弱碱，当溶液 pH 值改变时，它本身的结构发生了变化从而引起颜色的变化。植物色素中含有丰富的花青素及其他有机酸碱，当环境 pH 改变时，有机酸碱的结构就改变，致使颜色发生变化，因而可以作为酸碱指示剂。自然界中许多植物的花、茎、叶中都含有色素，因此，可以利用一些植物的花、茎、叶提取物或浸出液来作为酸碱指示剂。

三、试剂与仪器

1. 仪器

pH 传感器、数据采集器、磁力搅拌器、烧杯、酸碱滴定管。

2. 试剂

蒸馏水、0.1mol/L HCl 溶液、0.1mol/L NaOH 溶液、酚酞指示剂、甲基橙指示剂、石蕊指示剂、时令鲜花、95%乙醇。

四、实验步骤

1. 连接 pH 传感器与数据采集器，按照如下指标设置数据采集器：

输入：pH；

采集速率：1/s；

采集时间：100000。

2. 在烧杯中移取 10mL 0.1mol/L HCl 溶液，加蒸馏水使溶液没过 pH 传感器，放入一颗磁子，然后向其中加入 2 滴酚酞指示剂，将烧杯放在磁力搅拌器上。

3. 向酸碱滴定管中加入 0.1mol/L NaOH 溶液。

4. 启动数据采集，向 HCl 溶液中逐滴加入 0.1mol/L NaOH 溶液，接近变色点时小心滴加，记录颜色变化时的 pH。

5. 采用同样方法测定甲基橙、石蕊及自制指示剂的变色范围。

6. 自制指示剂的简易制备：采集几种不同颜色的鲜花，研碎，取少许加入 95%乙醇浸泡 10min，过滤即得。

实验数据记录与处理如表 6-16 所示。

表 6-16 实验数据记录与处理

指示剂	变色范围	现象	结论
酚酞			
甲基橙			
石蕊			
鲜花 1			
鲜花 2			

五、注意事项

1. 实验可选择不同种类、不同颜色的时令鲜花测定其变色范围，颜色变化不明显或者颜色变化太复杂的花均不适合作为酸碱指示剂。

2. pH 传感器相对于其他传感器的响应速度要慢，如果用其指示酸碱中和滴定的终点进行定量测定，在接近终点时要放慢滴加速度，并充分搅拌，以减少引起的误差。

六、思考题

1. 测得的指示剂的变色范围与理论值是否一致？有哪些因素引起实验误差？

2. 通过实验说明，什么情况下选择酚酞作指示剂较好？什么情况下选择甲基橙较好？

3. 受课堂时间限制，自制指示剂浸泡时间有限，可否设计实验方案，对自制指示剂进行深入研究？

第五节　利用传感技术研究离子反应的实质

实验十二　稀硫酸与氢氧化钡在水溶液中的反应

一、实验目的

通过测定向 $Ba(OH)_2$ 溶液中滴加稀 H_2SO_4 的反应过程中混合溶液电导率的变化情况，加深对离子反应实质的认识。

二、实验原理

由于电解质的电离使得溶液能够导电。在反应过程中，溶液中自由离子的浓度发生改变，会导致溶液的导电能力发生变化。因此通过检测反应过程中电解质溶液电导率的变化情况，可以判断离子浓度的变化，从而研究电解质在水溶液中反应的实质。

稀 H_2SO_4 中硫酸以 H^+ 和 SO_4^{2-} 的形式存在，氢氧化钡在水溶液中以 Ba^{2+} 和 OH^- 的形式存在。当向 $Ba(OH)_2$ 溶液中滴加硫酸时，发生如下反应：

$$2H^+ + SO_4^{2-} + Ba^{2+} + 2OH^- =\!=\!= BaSO_4\downarrow + 2H_2O$$

由于在反应过程中生成了难溶的 $BaSO_4$ 沉淀和难电离的 H_2O，因此，随着 H_2SO_4 的滴入，溶液中的离子浓度逐渐降低，电导率逐渐减小。当 $Ba(OH)_2$ 恰好被 H_2SO_4 完全中和时，溶液中的离子浓度降到最低值，溶液电导率也减小到最低值。继续向溶液中滴加硫酸，溶液中的离子浓度增大，电导率又不断增加。

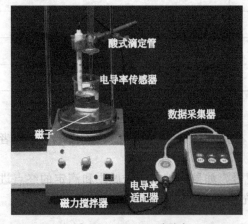

图 6-11　H_2SO_4 溶液与 $Ba(OH)_2$ 溶液反应装置图

三、试剂与仪器

1. 仪器

电导率传感器、数据采集器、磁力搅拌器、烧杯、酸式滴定管。

2. 试剂

0.02mol/L H_2SO_4 溶液、0.01mol/L $Ba(OH)_2$ 溶液、酚酞指示剂、蒸馏水。

四、实验步骤及数据处理

1. 按图 6-11 组装实验装置，将电导率传感器通过电导率适配器与数据采集器相连接，按照如下指标设置数据采集器：

输入1：电导率；

采集速率：1/s；

采集时间：100000。

2. 向 100mL 烧杯中加入 30mL 0.01mol/L Ba(OH)$_2$ 溶液，滴入 2 滴酚酞指示剂。向烧杯中放入一颗磁子，将烧杯放在磁力搅拌器上。

3. 向酸式滴定管中加入 0.02mol/L H$_2$SO$_4$ 溶液。

4. 将电导率传感器放入 Ba(OH)$_2$ 溶液中，启动磁力搅拌器，启动数据采集。

5. 待传感器测得的数据相对稳定后，开始向 Ba(OH)$_2$ 溶液中滴加 H$_2$SO$_4$ 溶液，注意控制滴加的速度，每秒 2～3 滴，观察实验现象及显示的数据曲线的变化。当溶液颜色变为无色时，注意观察数据曲线的变化趋势。

6. 当曲线到达最低点并开始上升后，继续滴加少量 H$_2$SO$_4$ 溶液。停止数据采集，保存数据。

数据记录与处理：

现象：_____

结论：_____

五、注意事项

1. 溶液液面应没过电导率传感器电极的金属片，且传感器不要碰到磁子。

2. 学生往往是通过化学方程式来认识化学反应的，而离子反应更能体现溶液中发生的化学反应的实质。因此本实验作为离子之间的反应是一个很好的例子。

六、思考题

1. 在滴定的过程中电导率的变化趋势是怎样的？产生这种变化的原因是什么？

2. 如果向 H$_2$SO$_4$ 溶液中滴加 Ba(OH)$_2$ 溶液，与本实验相比，它们的现象与结果有哪些异同？

3. 除了可以用电导率传感器检测反应过程中的电导率变化以外，还可以用什么检测指标来研究稀硫酸跟氢氧化钡在水溶液中的反应？

第六节　传感技术与探究性实验

实验十三　酒精灯火焰温度的测定

一、实验目的

用高温传感器探究酒精灯火焰不同位置的温度。

二、实验原理

酒精灯是化学实验中经常使用的热源。酒精灯火焰可以分为焰心、内焰和外焰三部分。焰心是观察到的比较暗的部分，内焰是最明亮的部分，呈黄色，外焰颜色比内焰淡，而且常飘忽不定。一般认为酒精灯火焰温度在 500℃ 左右,并且焰心、内焰、外焰的温度依次增高。其理论依据是:外焰燃烧充分,所以温度最高。中学化学实验对这个问题进行定性研究,通常的做法是用一根火柴梗在酒精灯火焰上加热,根据火柴梗不同部位炭化速度的快慢来判断各层火焰温度的高低,本实验利用传感技术分别测量酒精灯与微型酒精灯各部分火焰温度的高低,与中学定性实验结果相比较,使中学化学实验从定性研究走向定量研究。

三、试剂与仪器

仪器:高温传感器、直尺、酒精灯、微型酒精灯、铁架台、升降台。

四、实验步骤

1. 连接装置如图 6-12 所示,按照如下指标设置数据采集器:

输入 1:高温传感器;

采集速率:1/s;

采集时间:100000。

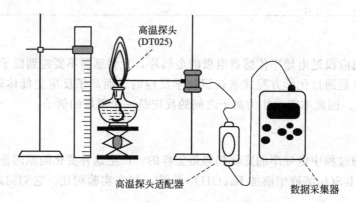

图 6-12 酒精灯火焰温度测定装置图

2. 调节传感器位置,使其与灯芯相贴,记下此刻灯座位置刻度,点燃酒精灯,待火焰稳定后,采集灯芯数据。

3. 每次以 0.5cm 为单位调低灯座,连续采集相差 0.5cm 火焰的温度数据,每次采集 50 个,时间为 50s;测量时将焰心、内焰、外焰的位置记录下来。平行测定三次。

4. 采用同样方法采集微型酒精灯各部分温度,并与普通酒精灯比较。

(1) 普通酒精灯实验数据记录与处理如表 6-17 所示。

表 6-17 普通酒精灯实验数据记录与处理

相对灯芯的高度/cm	各检测点温度/℃				各层火焰平均温度/℃
	1	2	3	平均值	
焰心					
内焰					
外焰					

(2) 微型酒精灯实验数据记录与处理如表 6-18 所示。

表 6-18 微型酒精灯实验数据记录与处理

相对灯芯的高度/cm	各检测点温度/℃				各层火焰平均温度/℃
	1	2	3	平均值	
焰心					
内焰					
外焰					

五、注意事项

1. 一般认为酒精灯火焰的最高温度出现在外焰，然而通过实验得出的结论却不是这样，这是因为酒精灯外焰虽然燃烧充分，但是容易受到空气影响，波动得比较厉害。
2. 采用微型酒精灯进行实验时，每次以 0.2 cm 为单位调低灯座。

六、思考题

1. 通过对普通酒精灯和微型酒精灯的实验数据比较，焰心、内焰和外焰分别出现在多少高度范围内（以灯芯平面作为高度参考面）？
2. 酒精灯三层火焰温度的大小顺序是怎样的？焰心、内焰和外焰的平均温度分别是多少？
3. 酒精灯的最高温度出现在酒精灯火焰的哪一部分？酒精灯的瞬时最高温度是多少？
4. 通过实验数据说明普通酒精灯和微型酒精灯的加热能力有多大区别？

实验十四 探究简易化学电池

一、实验目的

1. 通过电压传感器测量不同化学电池的电动势。
2. 学会简易化学电池的制备。

二、实验原理

化学电池是能把化学能转化为电能的装置。通过电压传感器可以测得不同金属电极和不同电解液组成的简易化学电池的电动势。

三、试剂与仪器

1. 仪器

电压传感器、数据采集器、烧杯。

2. 试剂

饱和 $CuSO_4$ 溶液、2mol/L H_2SO_4 溶液、饱和 NaCl 溶液、铜片、镁条、锌片。

四、实验步骤

1. 将电压传感器与数据采集器相连，按照如下指标设置数据采集器：

输入1：电压传感器；

采集速率：1/s；

采集时间：100000。

2. 简易化学电池（Ⅰ）

用砂纸清洁铜片和镁条的表面；向烧杯中注入 20mL 饱和 $CuSO_4$ 溶液。用导线将电压传感器上的红色一端（正极）与铜片连接，黑色一端（负极）与镁条连接。启动数据采集，开始采集数据。将铜片和镁条浸在 $CuSO_4$ 溶液中，如图 6-13 所示，这样就得到了一个简易的化学电池，两种金属作为电极，$CuSO_4$ 溶液作为电解液。记录数据，写出电极反应式。

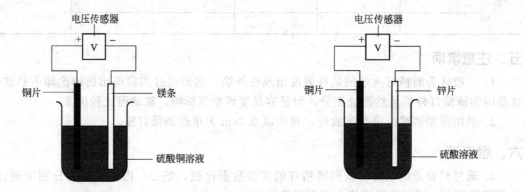

图 6-13　简易化学电池（Ⅰ）实验装置图　　图 6-14　简易化学电池（Ⅱ）实验装置图

3. 简易化学电池（Ⅱ）

用砂纸清洁铜片和锌片的表面；向烧杯中注入 20mL 2mol/L H_2SO_4 溶液。用导线将电压传感器上的红色一端（正极）与铜片连接，黑色一端（负极）与锌片连接。启动数据采集，开始采集数据。将铜片和锌片浸在 H_2SO_4 溶液中，如图 6-14 所示，这样就得到了一个简易的化学电池，两种金属作为电极，H_2SO_4 溶液作为电解液。记录数据，写出电极反应式。

4. 简易化学电池（Ⅲ）

用砂纸清洁铜片和锌片的表面；在两个烧杯中分别注入 20mL 饱和 NaCl 溶液。用导线将电压传感器上的红色一端（正极）与铜片连接，黑色一端（负极）与锌片连接。启动数据采集，开始采集数据。将铜片和锌片分别浸入两个烧杯中，两个烧杯之间用润湿了饱和 NaCl 溶液的滤纸条连接，如图 6-15 所示，这样就得到了一个简易的化学电池，两种金属作为电极，NaCl 溶液作为电解液。记录数据，写出电极反应式。

5. 简易化学电池（Ⅳ）

用砂纸清洁铜片和锌片的表面；将锌片放在一塑料薄片上。剪一张滤纸，大小与锌片差不多，将它浸在饱和 $CuSO_4$ 溶液中，将浸湿的滤纸放在锌片上。将铜片放在滤纸上，如图 6-16 所示。这样就完成了一个简易的化学电池。用导线将电压传感器上的红色一端（正极）与铜片连接，黑色一端（负极）与锌片连接。启动数据采集，开始采集数据。记录数据，写出电极反应式。

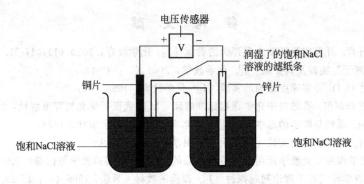

图 6-15　简易化学电池（Ⅲ）实验装置图

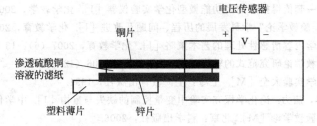

图 6-16　简易化学电池（Ⅳ）实验装置图

6．简易化学电池（Ⅴ）

用砂纸清洁铜片和锌片的表面；将铜片和锌片插入橙子内相同的深度，用导线将电压传感器上的红色一端（正极）与铜片连接，黑色一端（负极）与锌片连接，如图 6-17 所示，这样就完成了一个简易的化学电池。启动数据采集，记录数据，写出电极反应式。

实验数据记录与处理如表 6-19 所示。

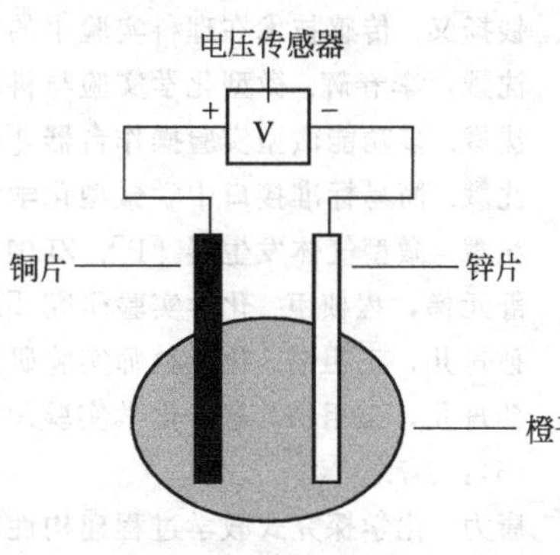

图 6-17　简易化学电池（Ⅴ）实验装置图

五、注意事项

1．实验还可以尝试用不同金属电极与多种水果组成的水果电池进行实验，也可以将多个水果串联或者并联来测量其电动势。

2．化学电池Ⅲ中的润湿了饱和 NaCl 溶液的滤纸条起到了盐桥的作用。

3．实验用到的铜片、锌片由于纯度不是很高，随着电极反应的进行，电极表面会产生一些黑色的附着物，而这并不是电极反应的产物。

表 6-19　实验数据记录与处理

项　目	简易化学电池（Ⅰ）	简易化学电池（Ⅱ）	简易化学电池（Ⅲ）	简易化学电池（Ⅳ）	简易化学电池（Ⅴ）
电池电动势					
电极反应式					

六、思考题

1．实验测定的几组化学电池中哪种化学电池的电动势最大？为什么？对实验有影响的因素有哪些？

2．对于橙子与金属组成的水果电池，如果将金属片插入橙子内的深度不同，或两金属片之间的距离不同，其电动势又有何不同？请通过实验说明。

参 考 文 献

[1] 陈启新，黄丹青. 开展实验活动表现评价的尝试 [J]. 化学教育，2010 (1)：17-21.

[2] 陈学民. "蓝瓶子"实验及其扩展 [J]. 化学教学，2001 (5)：47-48.

[3] 方汉纬. 碱对 H_2O_2 分解速度影响的实验 [J]. 化学教育，1998 (3)：29.

[4] 化学课程标准研制组. 普通高中化学课程标准解读 [M]. 武汉：湖北教育出版社，2004.

[5] 拉尔夫·泰勒. 课程与教学的基本原理 [M]. 北京：人民教育出版社，1994.

[6] 李广洲，陆真. 化学教学论实验 [M]. 北京：科学出版社，1999.

[7] 李旻. 初中化学探究实验教学运用 SOLO 分类法的尝试 [J]. 实验教学与仪器，2009 (11)：21-22.

[8] 李如密. 关于教学模式若干理论问题探讨 [J]. 课程·教材·教法，1996 (4)：25-29.

[9] 刘成坤. 化学教材内容处理方法的研究 [J]. 课程·教材·教法，2002 (5)：37-40.

[10] 刘一兵，沈戬. 一套值得推广的多功能微型化学实验仪器 [J]. 化学教学，2005 (6)：16-17.

[11] 刘一兵. "化学实验教学论"学科发展的历程、问题及改进 [J]. 化学教育，2011 (11)：6-9.

[12] 刘一兵. 化学教学内容情感性处理的艺术策略 [J]. 化学教育，2007 (6)：13-16.

[13] 刘一兵. 谈化学教学论研究范式的转换 [J]. 化学教育，2006 (12)：11-15.

[14] 刘正贤. 中学化学实验大全 [M]. 上海：上海教育出版社，1994.

[15] 陆余平，马振萍，唐力. 论化学探究实验中变量控制的缺失与重构 [J]. 中学化学，2008 (8)：1-3.

[16] 马建峰. 化学实验教学论 [M]. 北京：科学出版社，2006.

[17] 潘鸿章. 中学化学实验研究与创新 [M]. 海口：南方出版社，2001.

[18] 钱扬义. 传感技术在理科实验中的应用研究 [M]. 北京：高等教育出版社，2003.

[19] 沈戬，李春辉. 微型化学实验与科学探究（上册）[M]. 香港：中国评论学术出版社，2005.

[20] 沈戬. 多功能微型实验操作台器 [P]. ZL01258570.X，2002.

[21] 沈戬. 简易标准接口中学微型化学实验仪器 [P]. ZL01258568.8，2002.

[22] 沈戬. 微型气体发生器 [P]. ZL01258569.6，2002.

[23] 舒元梯，程桢臣. 化学实验研究 [M]. 成都：西南交通大学出版社，1996.

[24] 孙丹儿，王祖浩. 化学教师实验研究选题的新视角 [J]. 上海教育科研，2009 (2)：91-93.

[25] 孙丹儿，王祖浩. 基于化学实验思维发展的教材内容体系建构探析 [J]. 中学化学教学参考，2009 (5)：3-7.

[26] 唐力. 化学探究式教学过程建构性特征的研究 [J]. 课程·教材·教法，2002 (3)：54-58.

[27] 唐悦. 氢氧化亚铁制备实验的探究 [J]. 化学教学，2010 (5)：14-15.

[28] 王策三. 教学论稿 [M]. 北京：人民教育出版社，1985.

[29] 王程杰. 中学化学实验研究 [M]. 上海：华东师范大学出版社，2005.

[30] 王磊，魏锐等. 传感技术——化学实验探究手册 [M]. 北京：北京师范大学出版社，2007.

[31] 王磊. 中学化学实验及教学研究 [M]. 北京：北京师范大学出版社，2009.

[32] 王希通. 化学实验教学研究 [M]. 北京：高等教育出版社，1990.

[33] 王艳云，靳莹. 正交设计法在新课程化学实验探究中的应用 [J]. 实验教学与仪器，2009 (10)：24-25.

[34] 卫子光. 化学实验设计与研究 [M]. 天津：南开大学出版社，2000.

[35] 文庆城. 化学实验教学研究 [M]. 北京：科学出版社，2003.

[36] 吴俊明. 中学化学实验研究导论 [M]. 南京：江苏教育出版社，1997.

[37] 肖常磊，钱扬义. 中学化学实验教学论 [M]. 北京：化学工业出版社，2008

[38] 谢戈平，沈晓虹. 利用传感技术探究简易化学电池 [J]. 教学仪器与实验，2006 (8)：19-20.

[39] 熊言林等. 碳酸钠、碳酸氢钠与盐酸反应过程热效应的实验探究 [J]. 化学教育，2009 (1)：66-68.

[40] 熊言林，王闯. 蓝瓶子实验最佳反应条件的探究 [J]. 化学教学，2010 (10)：16-18.

[41] 严宣申. 关于氢氧化亚铁的几个问题 [J]. 化学教育，2009 (11)：74.

[42] 余震球. 维果茨基教育论选著 [M]. 北京：人民教育出版社，1994.

[43] 俞红珍. 课程内容、教材内容、教学内容的术语之辨 [J]. 课程·教材·教法, 2005 (8): 49-53.
[44] 张长江. 中学化学教学技术指导 [M]. 上海: 上海教育出版社, 2005.
[45] 张多霞. 中学化学实验手册 [M]. 广州: 广东教育出版社, 1997.
[46] 郑长龙. 化学实验教学的新视野 [M]. 北京: 高等教育出版社, 2003.
[47] 郑长龙. 化学实验教学论 [M]. 北京: 高等教育出版社, 2002.
[48] 中华人民共和国教育部. 普通高中化学课程标准（实验）[M]. 北京: 人民教育出版社, 2003.
[49] 中华人民共和国教育部. 义务教育初中化学课程标准（实验）[M]. 北京: 北京师范大学出版社, 2011.
[50] 周青. 化学教育测量与评价 [M]. 北京: 科学出版社, 2007.